Sabina Schutter

Frauenrolle vorwärts

Wie Sie Familie, Job und Finanzen
unter einen Hut bekommen – ohne Mental Load

SABINA SCHUTTER

Frauenrolle vorwärts

Wie Sie
Familie, Job und Finanzen
unter einen Hut bekommen –
ohne Mental Load

Inhalt

Der Kassensturz: War das schon alles?

> *Jan und Anne sind ein glückliches Paar. Sie haben sich mit Ende 20 im Internet kennengelernt, sich verliebt und schnell gemerkt, dass sie im Leben ganz ähnliche Ziele haben. Jan leitet mittlerweile eine Abteilung im Headquarter einer großen Bank. Anne ist eigentlich Sozialpädagogin. Eigentlich. Momentan ist sie allerdings »nur« Mama von Lena. Jan ist natürlich total engagiert als Papa. Er würde sich jederzeit um Lena kümmern – wenn er nicht viel mehr Geld als Anne verdienen würde. Und wenn sie sich nicht beide hingesetzt und ausgerechnet hätten, dass es einfach vernünftiger ist, wenn Anne erst mal zu Hause bleibt. Bevor Lena zur Welt gekommen ist, hat Anne als Sozialpädagogin ein Jugendprojekt geleitet. Wenn sie an die jungen Menschen denkt, denen sie damals geholfen hat, vermisst sie ihren Job sehr. Zeit für nostalgische Gedanken bleibt ihr allerdings keine. Denn Anne ist nun Spülmaschinenausräumerin, Staubsaugerin, Badputzerin Kuchenbäckerin, Erbrochenes-von-der-Bettwäsche-Kratzerin, Windelwechslerin, Einschlafbegleiterin, Entdeckerin, Vorleserin, Heldin, Stimmenimitatorin, Kindergeburtstagsplanerin – und manchmal auch Nervenverliererin. Jan und Anne waren sich einig, dass der Feminismus heute keine Frage mehr ist, sondern die Antwort.*

Kommt Ihnen das irgendwie bekannt vor? Was Jan und Anne erleben, ist die statistische Realität in Deutschland im Jahr 2021. Wir leben in einer Gesellschaft, in der für Frauen und Männer alles möglich ist. Die Gleichstellung der Geschlechter wurde mit mehreren Wellen der Emanzipation erstritten, zuletzt waren die Feministinnen der 1980er-Jahre dabei, die »gläserne Decke« zu durchbrechen und Frauen in Führungspositionen zu bringen. Mit der #MeToo-Bewegung wurde gerade in den letzten Jahren auch aufgedeckt, wie sich Sexismus und die Abwertung von Frauen durch alle Branchen ziehen. Es müsste also eigentlich kein Thema mehr sein, dass Frauen über genau die gleichen Chancen, finanziellen Mittel und die gleiche Macht verfügen. Immerhin ist in Deutschland eine Frau Bundeskanzlerin. Das muss doch was bedeuten! Theoretisch ist das richtig. Die Zahlen sprechen aber eine andere Sprache. Drei Viertel aller Professuren sind von Männern besetzt, zwei Drittel der Bundestagsmandate gingen 2017 an Männer,[1] 80 Prozent der Vorstandsmitglieder in DAX-Unternehmen sind männlich und in TecDAX-Unternehmen sind es sogar 96,1 Prozent.[2] Der Gender-Pay-Gap, also die Einkommenslücke zwischen Männern und Frauen, lag 2019 bei 19 Prozent.[3] Das Einkommen erwerbstätiger Frauen beträgt also nur vier Fünftel von dem der Männer – unter anderem weil sie in Teilzeit und in schlechter entlohnten Branchen arbeiten. Das Mehr an Einkommen zahlt sich für Männer lebenslang aus, denn das Alterseinkommen von Frauen liegt 46 Prozent unter dem der Männer.[4] 16,4 Prozent der Frauen ab 65 Jahren waren im Jahr 2018 von Altersarmut betroffen; von den Männern waren es nur 12,4 Prozent.[5] Das Erschreckende: Der Anteil von Frauen in Altersarmut steigt: Die jetzt 65-jährigen Frauen profitieren noch von den Renten ihrer Ehemänner, die jetzt 30-Jährigen können das nicht mehr erwarten. Das heißt, das Risiko für Frauen, spätestens im Alter zu verarmen, steigt.

Ihr Unbehagen bei diesen Zahlen, das Gefühl, dass irgendwas nicht stimmt, obwohl Sie persönlich vielleicht glücklich sind, ist durchaus berechtigt. Trotz aller verbalen und theoretischen Gleichberechtigung ist es vermutlich aktuell auch bei Ihnen so, dass Sie einen kleineren Teil zum Haushaltseinkommen beitragen, in Teilzeit arbeiten und/oder der nächste Karriereschritt nicht direkt vor der Tür steht. Vielleicht haben Sie sogar das Gefühl, beruflich und finanziell in einer Sackgasse zu sein, und vor lauter täglichen Aufgaben wissen Sie auch nicht, wie Sie das ändern können. Klar, Sie haben einen Mann, der das mit der Gleichberechtigung voll unterstützt. Er würde wirklich, wenn er könnte. Aber weil Sie eben bisher alles erledigt haben, ist es irgendwie einfacher, wenn Sie diese Dinge auch weiterhin mal eben schnell übernehmen. Leider bezieht sich das »mal eben schnell« dann auch wirklich auf alles, von der Essensplanung bis zur Putzmittelübersicht.

Sie sind nicht allein in dieser Situation. Das Beispiel von Jan und Anne, einem nahezu typischen Paar, das uns durch dieses Buch begleiten wird, zeigt, wie aus einer gleichberechtigten Partnerschaft im 21. Jahrhundert plötzlich eine Familie wird, die so lebt wie in den 1950ern.

Mit der Geburt von Lena hat sich für Anne irgendwie alles verändert. Als Anne schwanger wurde, war ihr Plan, im Mutterschutz ihre Doktorarbeit fertig zu schreiben. Aber dann gab es so viel zu organisieren. Die Elternzeit wollte sie wirklich nutzen, endlich voranzukommen. Jan wollte ursprünglich mindestens die Hälfte der Elternzeit nehmen. Doch dann wurde seine Abteilung umstrukturiert und er bekam die Abteilungsleitung. Lena ist mittlerweile zwei und die Erzieherin in der Krippe sagt, dass sie besser nur vier Stunden, allerhöchstens sechs Stunden pro Tag in die Krippe soll. Annes Projekt in der Jugendhilfe ist ausgelaufen und sie findet keine Stelle in der Nähe, die sie mit vier Stunden in Teilzeit anfangen kann. Viele Stellen in der Jugendsozialarbeit sind auf den Nachmittag oder Abend ausgerichtet, in Wohngruppen gibt es Schichtdienst. Annes Doktorarbeit geht auch nicht voran. Jan hat von seinem besten Freund zu Weihnachten ein T-Shirt geschenkt bekommen, auf dem steht: #feminist. Fanden sie alle lustig. Echt.

Die meisten Frauen erleben nach der Geburt eines Kindes einen Knick in ihrer beruflichen Biografie. Die Gründe: Frauen nehmen länger Elternzeit als Männer, erhalten kaum ein existenzsicherndes Elterngeld und arbeiten meist in Teilzeit, nachdem sie Kinder bekommen haben.

Der überwiegende Anteil von Männern dagegen arbeitet 40 Jahre oder länger ununterbrochen in Vollzeit, kann von seiner Rente leben und unterbricht bei der Geburt eines Kindes die eigene Arbeit lediglich für maximal drei Monate. Übrigens gilt das für west- und ostdeutsche Bundesländer gleichermaßen. Das ist nicht der Boshaftigkeit von Männern geschuldet, sondern der Tatsache, dass auch

11

Männer äußeren Rollenerwartungen unterliegen und versuchen, ihnen zu entsprechen.[6] Ein »neuer Vater« zu sein, wird im Beruf zwar als attraktiv angesehen, aber nur wenn damit keinerlei Einschränkungen einhergehen. Viele Frauen kehren nach einer Elternpause gar nicht in ihren alten Beruf zurück, sondern nehmen eine schlechtere Position an. Entweder hatten sie schon vor der Familiengründung einen Job, für den sie nicht gebrannt haben, oder sie denken, ihre Arbeitsbedingungen lassen sich nach der Elternzeit schwer mit der Familie vereinbaren.

Falls es Ihnen also ähnlich geht, kann ich Sie beruhigen: Sie sind nicht allein mit Ihrem aktuellen Lebensentwurf, Sie sind die Norm. Die Frage ist allerdings, ob die Norm das ist, was Sie langfristig glücklich macht, was Ihnen ein sicheres finanzielles Polster gibt und Ihnen Unabhängigkeit verleiht. Ein Problem an der relativ traditionellen Lebensführung vieler Familien ist nämlich, dass die individuelle Lebensplanung nicht mit gesetzlichen Regelungen vereinbar ist. So ermöglicht das aktuelle Unterhaltsrecht beispielsweise geschiedenen und getrennten Müttern nur noch eine kurze Pause, bevor sie voll für ihren Lebensunterhalt sorgen müssen.

Und jetzt? Egal, ob Sie geschieden, getrennt, alleinerziehend, kinderlos oder in einer glücklichen Partnerschaft sind: Jetzt steht ein Kassensturz an: Soll das alles so bleiben? Oder will ich doch noch wissen, was geht, was ich noch erreichen kann und was ich wirklich will?

Ab dem Berufseinstieg haben Sie Verpflichtungen, die Sie meistens nicht einfach so umschmeißen können. Kommen dann Kinder dazu, weiß man vor lauter Aufgaben und Erwartungen plötzlich nicht mehr, wo man anfangen soll. Da einfach mal an sich selbst zu denken, erscheint unmöglich. Es gibt immer tausend Gründe, das Durchstarten zu verschieben. Auf den Zeitpunkt, wenn die Kinder aus dem Gröbsten raus sind zum Beispiel. Die Frage ist, was genau das Gröbste ist – Kita, Schule, Pubertät, Abitur? Oder wenn Ihr Partner nicht mehr in dem »krassen Projekt« steckt. Doch kommt dann vielleicht das nächste Projekt?

Ich habe in meiner Forschung Interviews mit Ärztinnen geführt, mit Doktorandinnen, mit ehemaligen weiblichen Führungskräften und auch mit Erzieherinnen. Alle waren Mütter. Keine hat mir gesagt, dass es ihr leichtfällt, Teilzeit zu arbeiten oder ganz aufzuhören. »Ich vermisse meinen Beruf. Wirklich. Sehr«, sagte die Mitarbeiterin einer Uniklinik zu mir. Und trotzdem sah sie sich in der Pflicht, ihre eigenen Träume von der Klinikkarriere zu begraben. »Ich wollte gar nicht in der Kita arbeiten, aber das war das Einzige, was sich mit Kindern machen ließ«,[7] sagte eine andere.

Die Erwartungen an gute Elternschaft sind heute so hoch, dass Mütter ihnen nur noch gerecht werden können, wenn sie ihre eigenen Ziele der Elternschaft unterordnen. Es ist keineswegs so, dass Mütter Latte macchiato trinken und die Füße hochlegen. Im Gegenteil: Sie lesen Ratgeber über sichere Bindung, sie wagen es nicht, ihren Blick vom Kind zu wenden, während sie stillen (weil Bindungszeit), sie kochen Brei aus Biogemüse, versuchen interessiert bei den Entdeckungsreisen ihres Kindes zu sein und erstarren vor Angst, wenn die Erzieherin sie zum Elterngespräch einlädt. Die Angst zu scheitern ist wahrscheinlich bei niemandem so ausgeprägt wie bei Müttern.

Es wird also aller Wahrscheinlichkeit nach nicht so sein, dass Sie die Pausenbrotdose fallen lassen und sich fortan um Ihre Karriere kümmern, während Ihr Partner weiterhin im »krassen Projekt« arbeitet und Ihre Kinder sich ihr Mittagessen selbst im Kühlschrank zusammensuchen. Für Ihr persönliches Durchstarten brauchen Sie einen Plan. Dieser Plan fußt auf drei Säulen.

Die erste Säule lautet: »Zu Hause abstauben«. Frauen leisten zwei Drittel ihrer Arbeitszeit unbezahlt, Männer weniger als die Hälfte.[8] So wird eine scheinbare Gleichberechtigung aufrechterhalten, indem Männer nichts an ihren biografischen Plänen und Alltagspraxen ändern und alle zusätzlichen Belastungen von Frauen aufgefangen werden. Damit die Frauen nicht durchdrehen, machen sie dann eine Runde Achtsamkeitsmeditation und lassen los. Nun denn: Damit Sie wirklich nicht durchdrehen, schauen wir uns bei Säule I an, wie Sie entlastet werden.

Mit der zweiten Säule widmen wir uns Ihrer finanziellen Situation. Ein Blick unter die Motorhaube ist hier meist sehr ernüchternd. »Ich kann einfach nicht mit Geld umgehen«, hört man auch heute noch selbst von hartgesottenen Kassiererinnen. Der angeblich zerstreute Umgang von Frauen mit Geld ist eine Schwäche, die als verzeihbar gilt und belächelt wird. Zynisch betrachtet können Frauen jedoch offenbar wirklich nicht mit Geld umgehen: Ihre Einkommen liegen wie gesagt lebenslang unter denen der Männer, sie haben keine Rücklagen und befassen sich weder mit Steuer- noch mit Unterhaltsrecht. Im Ernstfall sind die meisten Frauen dann blank – sowohl finanziell als auch strategisch. Anhand von Modellrechnungen versuchen wir bei der zweiten Säule, einen sicheren Finanzplan aufzustellen, der Ihnen Luft für neue Pläne verschafft. Mit dieser Stabilität im Rücken können Sie erstens durchstarten, zweitens wissen Sie, dass Sie auch im Alter abgesichert sind, und drittens können Sie sich auf das konzentrieren, was Sie wirklich wollen.

Mit der dritten Säule ist die Frage nach Ihrer Rolle als erfolgreiche Businessfrau und Mama verbunden. Es ist kein Zufall, dass sich die Löhne von Männern und Frauen genau zum statistischen Erstgeburtenalter von Frauen auseinanderentwickeln; diese Lücke schließt sich bis zur Rente nicht mehr.[9] Zu Karriereunterbrechungen gibt es zahlreiche Daten. Sie belegen, wie ungünstig sich lange Erwerbsunterbrechungen auf die Einkommen von Frauen auswirken. Das Mindset »Mama« und die sehr deutschen Normen, die mit guter Mutterschaft verbunden sind, stellen vielen Frauen ein Bein. Wir schauen uns bei dieser dritten Säule auch die Fakten an: Was schadet Kindern wirklich? Welche Beweise gibt es, dass Kinderbetreuung Stress erzeugt? Und wer ist die wichtigste Komponente im kindlichen Aufwachsen?

Ihre dritte Säule führt also Ihre ersten beiden Säulen zusammen: Nur wenn Sie Ihre privaten Player im Boot haben und Ihre Finanzen im Griff haben, haben Sie die Freiheiten, sich auch für einen tollen Job zu entscheiden oder für eine Fortbildung, um Ihren persönlichen Zielen näher zu kommen.

Die öffentliche Diskussion dreht sich im Moment um politische Maßnahmen, die die Vereinbarkeit von Familie und Beruf verbessern sollen, oder um Frauenquoten in Vorständen. Mit der Lissabon-Strategie im Jahr 2000 hat die Europäische Union unter dem Stichwort Wissensgesellschaft vereinbart, dass die Chancengleichheit von Frauen und Männern erhöht werden soll und die Frauenerwerbsquote gesteigert wird. Ein Resultat davon war das Elterngeld. Der immer noch bestehende Fachkräftemangel zeigt, dass Frauen dringend gebraucht werden. Genau in der entscheidenden Karrierephase, zwischen 30 und 40 Jahren, stecken sie aber aller Politik zum Trotz zurück. Wir können lange über die Passgenauigkeit von Familien- und Gleichstellungspolitik diskutieren, es gibt sicherlich viel Verbesserungspotenzial.

Und ja, es gibt Ausnahmen. Es gibt Partnerschaften, in denen Mann und Frau sich die Verantwortung für das Private gerecht teilen. Es gibt alternative Lebenskonzepte, multiple Elternschaft, queere Eltern, Familien, die ihren Fokus nicht auf der Teilhabe am Erwerbsleben sehen und für eine lebenswertere Gesellschaft kämpfen. All diese Konzepte verdienen volle Anerkennung. Statistisch wachsen heute noch mehr als 70 Prozent der Kinder mit beiden leiblichen zusammenlebenden Eltern auf. In 85 Prozent dieser Konstellationen sind Männer die Haupteinkommensbezieher, während die Mütter in mehr oder weniger existenzsichernder Teilzeit arbeiten.[10, 11]

In diesem Buch geht es um genau diese Arrangements und darum, wie sie verändert werden können. Ich weiß, dass der Kapitalismus in diesem Kontext eine große Rolle spielt und dass es auch revolutionär sein kann, sich davon abzuwenden. Ich weiß und ich stimme zu, dass jede Frau ein Recht darauf hat, sich gegen eine Karriere zu entscheiden. Das Stichwort ist aber Entscheidung. Wenn diese Entscheidung auf dem Weg des geringsten Widerstandes beruht, wenn die Entscheidung nicht selbst getroffen wird, sondern sich eigentlich so ergeben hat, und wenn dieses Ergeben dem Großteil aller Frauen alternativlos scheint, dann ist es keine Entscheidung, sondern ungerecht.

Alle politischen Maßnahmen bringen nichts, wenn Frauen nicht im großen Stil und in großer Breite ihr Mindset ändern. Die Idee, was alles unmöglich ist, wurde uns so lange eingeimpft und vorgelebt, dass wir hinter unseren Möglichkeiten zurückbleiben. Im Kindergarten werden wir gefragt, wen wir heiraten wollen. Wir bilden uns in der Schule ein, dass wir kein Mathe können. Wir wählen ein Studienfach, das etwas mit Menschen zu tun hat, weil wir angeblich nicht mit Zahlen können. Wir steigen in einen Job ein und fordern zu wenig Gehalt, weil wir glauben, dass wir nicht alle Kriterien erfüllen. Uns schreckt eine Führungsposition ab, weil wir an eine zukünftige Familie denken. Wir stecken in der Elternzeit zurück, und weil das so schön ist, hängen wir direkt eine Teilzeit hintendran. Wir bekommen das nächste Kind und noch weniger Elterngeld. Wir kommen zurück und sind dankbar für die Teilzeitstelle, die uns dann angeboten wird. Und das wird uns dann als Vereinbarkeit von Familie und Beruf verkauft.

Das kann nicht alles sein.

Deshalb habe ich dieses Buch geschrieben. Ich habe Soziologie mit dem Schwerpunkt Familiensoziologie studiert und wurde in meinem ersten Job nach einem Jahr gekündigt. Und dann wusste ich erst mal nicht weiter. Über Umwege bin ich in die Familienpolitik geraten, wo ich mich ein paar Jahre in Berlin für Alleinerziehende eingesetzt und nebenbei promoviert habe. Nach meiner Doktorarbeit habe ich mich noch mehr mit Familien befasst: Ich habe dazu geforscht. Und ich habe zu Kitas, zu Kindern, zu Familienpolitik, zu Alleinerziehenden und zu Kinderrechten geforscht. Ich bin sehr, sehr neugierig und habe deshalb auch viele Menschen zu ihrem Privatleben ausgefragt. Die ganze Forschung muss irgendwo Anwendung finden, deshalb bin ich Professorin geworden, damit junge Studierende irgendwann mit dem ganzen Wissen die Welt besser machen. Und seit 2021 arbeite ich als Vorstandsvorsitzende für SOS Kinderdorf e. V. Mir ist es wichtig, dass eine Gesellschaft allen Menschen gerecht wird. Kindern und Erwachsenen, Männern und Frauen, allen Individuen gleichermaßen. Es gibt nichts, was rechtfertigt, dass irgendwelchen Gruppen weniger Rechte zugestanden werden. Und ich kann und will nicht akzeptieren, dass im Jahr 2021 Frauen eher am Herd stehen, als das zu tun, wofür sie brennen. Die Zeit durchzustarten ist jetzt. Politik und Gesellschaft zeigen, dass sie bereit sind für Frauen, die ihr Leben in die Hand nehmen. Holen Sie sich Ihr Stück vom Kuchen. Holen Sie sich die ganze Bäckerei, wenn Sie wollen. Mit einer Stabilisierung der drei Säulen haben Sie den richtigen Plan, um an Ihr persönliches Ziel zu kommen.

Eine kurze Anmerkung zu den Daten, die hier verwendet werden: Ich stelle Ihnen in diesem Buch wissenschaftliche Erkenntnisse zu Männern und Frauen, zu Beziehungen und Familien, zur Verteilung von Arbeit und Einkommen vor. Dabei werden sowohl große repräsentative Datensätze verwendet als auch kleinere qualitative Studien, die auf Interviews oder Beobachtungen beruhen. Diese Daten ergänzen einander. Während Befragungen von Tausenden von Personen eher einen Überblick über die ganze Gesellschaft geben, sind es gerade die kleinen Studien, die individuelle Begründungen und Handlungsweisen abbilden. Ich werde deshalb nicht immer im Detail darauf eingehen, welche Daten welche Aussagekraft haben – auch weil Sie sonst wahrscheinlich nach zwei Seiten einschlafen. Denn übermüdet sind Sie vermutlich ohnehin.

SÄULE I

Zu Hause abstauben

Wann endet die vorübergehende Lösung?

Was hat Gleichberechtigung mit der Spülmaschine zu tun? Wir leben ja nun wirklich nicht mehr in einer Zeit, in der man sich über die Aufteilung von Hausarbeit zwischen Frauen und Männern Gedanken machen muss. Zudem geht es hier um das Einkommen und die Karriere. Vielleicht geht es auch noch um die Vereinbarkeit von Familie und Beruf. Da hat schmutziges Geschirr keinen Platz.

Vielleicht ist Gleichberechtigung für Sie kein Thema, sondern eine Selbstverständlichkeit. Vielleicht würden Sie sagen, dass Sie und Ihr Partner die Aufgaben zu Hause gerecht aufteilen, normalerweise zumindest. Vielleicht ist es nur jetzt gerade vorübergehend so, dass Sie einen Großteil der Hausarbeit machen – weil Sie nun einmal mehr Zeit haben.

»Nur gerade jetzt«, »vorübergehend« oder »mal kurz« – diese Äußerungen liest man in vielen Interviews und Daten zur Arbeitsteilung zwischen Männern und Frauen im Haushalt. Man liest auch, dass er würde – wirklich (!) –, wenn er könnte. Er kann nur gerade vorübergehend nicht. Daten zeigen jedoch, dass aus dem Übergang längst eine Dauerlösung geworden ist. Frauen sind heute genau wie vor 70 Jahren zuständig für Heim und Herd. Sie nicht? Super! Dann springen Sie direkt ins nächste Kapitel.

Frauen im Erwerbsalter wenden 2,4-mal so viel Zeit für unbezahlte Fürsorgearbeit und das 1,6-Fache für Hausarbeit auf wie vergleichbare Männer. In Paarhaushalten mit Kindern liegt die Doppelbelastung voll aufseiten der Frauen, selbst wenn beide in Vollzeit arbeiten.[12]

Schmutzige Wäsche – Daten zur Arbeitsteilung zwischen den Geschlechtern

Vor Lenas Geburt, als Jan und Anne zusammengezogen sind, waren sie sich sicher: Wir sind gleichberechtigt. Genau genommen ist Anne bei Jan eingezogen, weil er die größere Wohnung hatte. Noch genauer genommen zahlt Anne auch nur ein Drittel der Miete, weil Jan mehr verdient. Aber das ist Nebensache, denn es geht hier ja um Gleichberechtigung. Jan hat, als er noch allein gewohnt hat, selten selbst gekocht. Mittags war er in der Kantine und abends hat er sich oft was bestellt oder die Küche blieb kalt. Anne achtet total auf Ernährung. Sie versucht, regelmäßig Biogemüse frisch zuzubereiten. Außerdem gibt es bei ihr selten Fleisch, und wenn, dann nur wenn sie weiß, wo es herkommt. Fürs Einkaufen hat Jan keine Zeit, Anne stoppt deshalb oft auf dem Heimweg im Biomarkt und kauft was fürs Abendessen ein. Jan ist nicht so wichtig, was er isst, aber wenn Anne gekocht hat, freut er sich. Er sagt dann ironisch: »Na, meine kleine Hausfrau?!«, und beide lachen. Nach dem Essen räumen sie die Spülmaschine zusammen ein, danach hat er oft noch einen Call und Anne spült noch schnell die Pfanne ab und geht über die Arbeitsflächen. Manchmal fühlt sie sich dabei schon wie eine kleine Hausfrau.

Die Tücke der Top Girls

Die Zuständigkeit von Frauen für die Fürsorgearbeit entpuppt sich heute als doppelte Benachteiligung: Zum einen übernehmen Frauen wie in den 1950er-Jahren den Löwenanteil aller privaten Aufgaben und gleichzeitig dürfen Sie es nicht zugeben, denn diese Tradiertheit entspricht nicht dem Bild moderner Weiblichkeit. So hört man Frauen nicht selten über ihre Männer sagen: »Nein, er gibt sich schon Mühe und den Müll bringt er auch regelmäßig raus, wenn man es ihm sagt.« Bei Lichte besehen ist das auch alles nicht so schlimm. Ich habe mal gestoppt, wie lange ich brauche, um die Spülmaschine auszuräumen. Es sind vier Minuten. Wer will sich wegen vier Minuten aufregen, geschweige denn streiten? Ich tröste mich bisweilen damit, dass ich ja immerhin auch voll im Beruf stehe und außerdem hoch qualifiziert bin. Währenddessen poliere ich ein Glas mit Wasserflecken.

Die Medienwissenschaftlerin Angela McRobbie kritisiert in ihrer Analyse »Top Girls« eine postfeministische Maskerade. Damit ist gemeint, dass nominell Frauen heute alles haben können: Sie können den Beruf haben, den sie sich wünschen, und eine glückliche Familie. Zudem können sie toll aussehen und begehrt werden. Dabei wird allerdings eine echte Gleichberechtigung unterlaufen, weil Frauen eventuelle Probleme mehr oder weniger mit sich selbst ausmachen.[13] Die Aufmerksamkeit für die dahinterliegenden Ungerechtigkeiten schwindet und damit auch das Bewusstsein feministischer Kritik. Diese etwas kompliziert erscheinende Analyse zeigt eines deutlich: In dieser Gleichung fehlt eine Person – der Mann. Wenn Frauen – und die folgenden Statistiken sprechen dafür – nach wie vor für Kinder und Küche zuständig sind, sie aber gleichzeitig versuchen, eine Karriere zu realisieren und am besten noch so tun, als wäre das total easy, muss das System scheitern. Und weil Scheitern keine Option ist, stecken Frauen zurück und tun so, als wäre das okay und eben: vorübergehend.

Gleichzeitig haben wir es mit Männern zu tun, die durchaus gern mehr Zeit in ihr Privatleben investieren würden. Der Wunsch nach einem aktiven Privatleben und involvierter Vaterschaft ist groß. Wunsch und Wirklichkeit klaffen aber auseinander, weil auch für Männer soziale Normen, Zwänge im Berufsleben und einige Hürden zu Hause im Weg stehen.

>> **Die Frage der Gleichberechtigung wird im Zusammenspiel der Geschlechter beantwortet. Sie können nicht alles leisten, wenn Sie nicht für die Unterstützung sorgen, die Sie brauchen.**

Die Weihnachtsgans und ihre Gefühle

Die private Lebensgestaltung ist für alle Beteiligten hoch emotional. Immerhin geht es darum, was wir unter Liebe, Partnerschaft und Familie verstehen. Wer noch nie den Familienkrach um eine verbrannte Weihnachtsgans erlebt hat, dem gratuliere ich hiermit; alle anderen wissen, es geht hier nicht um den verkohlten Vogel. Es geht um das, was der Braten symbolisiert – Liebe, Vertrauen und Verlässlichkeit. Wie wir unser Privatleben organisieren, was wir als Schmutz begreifen, wer welche Aufgaben machen soll und wer welche Rolle hat – mit diesen Fragen verbinden wir Gefühle, auch dann, wenn es eigentlich nur um dreckige Socken geht. Wir haben in unserem Elternhaus zentrale Vorstellungen davon erlernt, was es heißt, ein Paar zu sein oder eine Familie. Wir haben unseren Eltern zugeschaut, und weil das eben unsere Familie ist, hielten wir es für richtig. Und selbst wenn wir es nicht für richtig halten und wirklich echt alles ganz anders machen wollen, sitzt ganz tief in unserem Inneren eine kleine Stimme, die uns etwas anderes sagt. So wie meiner Freundin Mel, die es als Sozialwissenschaftlerin eigentlich besser weiß und die trotzdem immer putzt, bevor die Putzfrau kommt, damit die nicht denkt, es wäre dreckig. Kein Witz.

Für Ihre erste Säule brauchen Sie also einen neuen Blick auf die schmutzige Wäsche:

- Wo geht es beim Haushalt um die Aufgaben und wo eigentlich um was ganz anderes?
- Wie können Sie dies entwirren, damit Sie nicht am Ende doch für alles verantwortlich sind?

Sie brauchen auch einen klaren Blick für den Mann, der mit Ihnen am Tisch sitzt, und müssen wissen, warum Sie ihn ausgesucht haben:

- Wollten Sie insgeheim einen Versorger und wie geht es Ihnen damit, wenn der Versorger vielleicht in Teilzeit arbeitet und Sie auch Versorgerin werden?
- Wo stehen Sie einer aktiven Vaterschaft im Weg, weil Sie es ihm eigentlich doch nicht zutrauen?

Und Sie müssen ehrlich zu sich selbst sein:

- Wo stehen Sie sich selbst im Weg und wo denen, die Ihnen vielleicht helfen würden, wenn Sie sie ließen?
- Sind Sie eine schlechte (Haus-)Frau, wenn Sie jemanden fürs Putzen bezahlen?
- Hakt es wirklich am Geld oder sind es andere Dinge, die Ihnen im Weg stehen?

Werfen wir zunächst einen Blick auf die Datenlage zum Engagement von Männern und Frauen im Haushalt. Spoiler Alert: *It gets ugly.*

Mit seinem Buch *Schmutzige Wäsche* hat der Soziologe Jean-Claude Kaufmann 1994 für eine Sensation gesorgt.[14] In einer Mikroanalyse untersuchte er, wie 20 Paare mit Wäsche umgehen und wie allen Ideen von Arbeitsteilung zum Trotz eine nicht weggeräumte Socke schnell zum Rückfall in traditionelle Arbeitsteilung werden kann. Kaufmann kam zu dem Schluss: Männer wie Frauen haben ein sogenanntes Verhaltenskapital angehäuft. Das sind Vorstellungen von Zuständigkeit, von Sauberkeit und Ordnung, die so tief verwurzelt sind, dass spätestens nach der Geburt des ersten Kindes ein Rückfall in traditionelle Aufgabenteilungen erfolgt.

Es sind also weniger rationale Erwägungen, die rechtfertigen, dass Frauen die Wäsche waschen und Männer nicht. Es sind die dahinterstehenden Vorstellungen von Sauberkeit und Partnerschaft, die sich einschleichen. Dass sich daran nicht viel geändert hat, weist Arlie Russell Hochschild mit ihrer Studie *Keine Zeit* nach.[15] Die Studie untersucht die Arbeitsteilung von amerikanischen Paaren, wobei beide berufstätig sind. Auch hier übernimmt die Frau den Löwenanteil der Hausarbeit.

Diese Arbeitsteilung lässt sich auch für Deutschland belegen. Gemäß der repräsentativen Befragung »Beziehungen und Familienleben in Deutschland« von 2019 geben 64,7 Prozent der Paare an, dass die Frau mehr Hausarbeit leistet als der Mann. 82,9 Prozent geben an, dass der Mann mehr Reparaturen erledigt. Schauen wir uns die Kinderbetreuung an, so sind es 60,2 Prozent, die angeben, dass die Frau überwiegend zuständig ist. Leben Kinder unter zwölf Jahren im Haushalt, steigt der Anteil der Frauen, die vorwiegend für den Haushalt zuständig sind auf 74,5 Prozent.[16]

Mit Corona zurück in die 1950er

Im Frühjahr 2020 ist die Coronapandemie ausgebrochen. Wer bis dahin noch nicht wusste, wer für den Haushalt zuständig ist, dem wurde es vermutlich schnell klar. Die Medien zeigten Mütter am Rande des Nervenzusammenbruchs, schreiende Kinder und Väter im Homeoffice. Eine repräsentative Studie der Bertelsmann Stiftung zu Paaren[17], die zur Zeit des Lockdowns wegen der Coronapandemie in Deutschland erhoben wurde, belegt dieses Bild. 69 Prozent der Frauen, aber nur 11 Prozent der Männer haben angegeben, dass sie generell die Hausarbeit erledigen. Für Kinderbetreuung und Homeschooling haben sich etwa 15 Prozent der Männer, aber mehr als die Hälfte der Frauen verantwortlich gezeigt. Und doch haben 66 Prozent der Männer angegeben, dass die Aufgaben gerecht verteilt seien. Gerechtigkeit ist vermutlich Ansichtssache. Nichtsdestotrotz hat ein Großteil der Frauen berichtet, dass die häuslichen Pflichten auch schon vor der Krise ungleich verteilt gewesen seien.

Die Pandemie zeigt also durch den Wegfall der öffentlichen Kinderbetreuung vor allem eines: Gleichberechtigung funktioniert aktuell meistens ohne Männer. Die Autorin der Studie, Barbara von Würzen, rät deshalb dazu, dass Frauen und Männer sich mit ihren beruflichen und privaten Rollen befassen und die Aufgabenverteilung in der Familie aushandeln.[18]

Vermutlich brauchen Sie all diese Zahlen nicht, denn Sie erleben sie täglich live zu Hause. Sie haben quasi den *front row seat to history*. Eins ist aber klar: Aller Gleichberechtigung zum Trotz herrscht in Familien auch im 21. Jahrhundert die Arbeitsteilung von *Mad Men*. Nur dass Sie dabei vermutlich weder rauchen noch Bourbon trinken. Die Interviewdaten zeigen, dass diese Idee, wie ein Zuhause aussehen muss, bei Frauen so verankert ist, dass sie einen echten Bewusstseinswandel brauchen, um sich darüber hinwegzusetzen.

>> **Der erste Schritt hin zu Gleichberechtigung ist es, sich nicht allein deshalb für den Haushalt verantwortlich zu fühlen, weil Sie eine Frau sind. Sie leben mit einem Erwachsenen zusammen, der über die gleichen körperlichen und logistischen Fähigkeiten verfügt. Teilen Sie sich die Arbeit mit Ihrem Partner.**

Manchmal frage ich mich ja, ob all die Management-Skills, die Frauen heute haben, ihnen hier auch ein Bein stellen. In meinem akademischen und gleichberechtigten Umfeld erlebe ich immer mehr Frauen, die einfach auch die Hausarbeit so perfekt managen, dass sie ihre Männer als Low-Performer betrachten. Und trotzdem heißt es in vielen Haushalten immer noch, dass der Mann auf Anweisung allenfalls den Müll rausbringt und ansonsten keine Verantwortung im Haushalt übernimmt.[19] Oder sogar, dass er den Haushalt als Lappalie ansieht. Daraus entstehen zwar Konflikte, aber klar, derjenige, dem das ohnehin nicht wichtig ist, steht letztlich als Gewinner da.[20] Diese Beispiele stammen aus einer Studie zum Sorgerecht nicht verheirateter Eltern, in der auch das Thema Haushalt zur Sprache kam. Hier wurden mehr als 30 Paare dazu interviewt, wie sie als Familien zusammenleben. Aber man muss nicht einmal in diese kleinere Gruppe schauen, eine ähnliche Datenlage zeigt sich in vielen anderen Studien.[21] Und selbst bei Paaren, die eine gleichberechtigte Arbeitsteilung leben, weil sie zum Beispiel in Ostdeutschland sozialisiert sind, hört man den heimlichen Wunsch nach dem »Hausmütterchen«.[22] Viele Männer haben Sätze wie die oben gesagt und damit zum Ausdruck gebracht, dass sie sich in keiner Weise verantwortlich, geschweige denn schuldig fühlen. Der Haushalt ist eine Lappalie, die sich schon irgendwie regelt.

Ja, genau. Hören Sie einmal in sich hinein. Ich habe schon ein schlechtes Gewissen, wenn ich irgendwo zu Besuch bin und nicht beim Abräumen oder Abspülen helfe. Und Sie?

Gleichberechtigung im Haushalt kann gelingen

Zugegebenermaßen ist es äußerst unsexy, sich mit Hausarbeit auseinanderzusetzen. Es scheint kleinlich, den Müllbeutel gegen die zusammengelegten Socken aufzurechnen. Ich finde es auch uncool, wenn ich beim Wäscheabhängen alles auf dem Wäscheständer lasse, was nicht mir gehört. Mache ich aber, außer ich habe einen netten Tag (was sehr selten vorkommt).

Dass genau das aber der Kern einer gerechten Arbeitsteilung ist und dass Frauen keineswegs von Natur aus besser für Familien- oder Haushaltsaufgaben geeignet sind, zeigt beispielsweise Eve Rodsky mit ihrer Idee des *Fair Play*.[23] Sie hat die ganzen Aufgaben, die sie zu Hause erledigt hat, auf einer »Every single sh*t I do list« notiert und diese an ihren Mann geschickt. Der Begriff *Mental Load* ist die aktuelle Beschreibung dafür, dass Hausarbeit nicht nur aus den Aufgaben besteht, sondern auch aus den zahlreichen Organisationsaufgaben, die damit verbunden sind. Was bringt es, dass der Mann einkaufen geht, wenn sich die Frau vorher zuerst überlegen muss, was es an jedem Tag der Woche zu essen geben soll, und anschließend eine detaillierte Einkaufsliste schreiben muss? Das Abarbeiten dieser Einkaufsliste im Supermarkt ist hier der kleinste Faktor in der Gleichung. Seit der Begriff des *Mental Load* die Runde macht, sind eine Reihe von Büchern erschienen – es scheint fast, als gäbe es ein Aufatmen. Endlich wird mal nicht mehr nur über die Anzahl der Ladungen in der Waschmaschine gesprochen, sondern über die Ladung an Denkarbeit, die dahintersteht. Meine Freundin Mel (die vor der Putzfrau putzt) beschrieb es mir so: »Er macht ja echt sehr viel, aber ich hab halt trotzdem noch so viele Sachen auf dem Schirm. Wer schneidet dem Kind die Nägel? Wann hat es gebadet? Ist noch genug Brei da? Wann war der Hund Gassi? Wann hat die Katze das letzte Mal gefressen? Müssen wir Tierfutter nachbestellen? Wann räume ich auf, bevor die Putzfrau kommt? Und, und, und ...« Das beschreibt die mentale Ladung ganz gut, finde ich.

Rodsky schreibt, dass die Zeit beider Parteien in einer Partnerschaft gleich viel wert ist. Weil aber Erwerbsarbeit bezahlt ist und

Haus- und Familienarbeit (auf Wissenschaftsdeutsch übrigens Reproduktionsarbeit oder Care-Arbeit) nicht, scheint es nur selbstverständlich, dass alle Aufgaben auf der nicht oder in Teilzeit erwerbstätigen Frau abgeladen werden. Und alle heißt alle. Das beginnt mit der Organisation aller Anschaffungen für den Haushalt (»Haben wir eigentlich noch Milch?«, wird nicht selten unschuldig gefragt) und endet mit der Dose selbst gebackener Plätzchen, die zu Nikolaus in die Kita gebracht werden müssen (»Ach, ist das schon morgen? Können wir nicht einfach welche kaufen?«, wobei sich hier die Frage stellt, wer genau mit »wir« gemeint ist). Das Problem ist, dass all diese Kleinigkeiten nicht ins Gewicht zu fallen scheinen, denn einer muss es ja machen, und wenn Sie es nicht machen, wer macht es dann? Aber jede einzelne Aufgabe kostet Zeit. Und diese Zeit könnten Sie in eine Sache investieren, um die es in diesem Buch geht: Ihren eigenen Lebensentwurf, Ihre Karriere und Ihr Einkommen.

Zusammengefasst ergibt sich folgendes Bild: Frauen fühlen sich für das Gros der Haushaltstätigkeiten und die auf das Kind bezogenen Aufgaben verantwortlich – und für jede einzelne Sache, die sie erledigen, gibt es einen vermeintlich triftigen Grund. Beim Essen sind es die Ernährungsgewohnheiten, bei der Wäsche die empfindlicheren Sachen, beim Putzen das bessere Auge für Flecken – und am Ende ist es so, dass sie mehr macht und es dann auch »ihrs« wird, ist und bleibt.[24] Das Interessante daran ist auch, dass hier Männern Kompetenzen für intellektuell nicht besonders anspruchsvolle Aufgaben abgesprochen werden. Wenn Ihnen das bekannt vorkommt, können wir gern auch einmal die andere Seite beleuchten. Es ist ja nicht so, dass die Männer heute allesamt faule Paschas sind, die sich abends Pantoffeln und Bier bringen lassen. Die Situation stellt sich auch aufgrund der Geschlechterrollen, die wir schon von klein auf aufsaugen, deutlich komplexer dar und ist auch für Männer nicht leicht. Wir alle haben in unserer Kindheit gelernt, was es heißt, ein richtiger Mann oder eine richtige Frau zu sein, weil es uns vorgelebt wurde. Aus diesen Mustern können weder Frauen noch Männer einfach ausbrechen.

Wann ist ein Mann ein Mann? Mythen zur Männlichkeit

Die armen Männer. Haha. Nein, echt jetzt.

> *Jan versteht sich als Feminist. Er fördert Frauen in seiner Abteilung und er hat sich in Anne auch deshalb verliebt, weil sie so unabhängig ist. Anne ist politisch engagiert und hat Jan schon bei der ersten Verabredung einen theoretischen Vortrag über Gleichberechtigung gehalten. Das fand er süß, dass sie so dafür brennt. Natürlich war von Anfang an klar, dass er mehr Geld verdient als Anne, aber das muss nicht heißen, dass sie beide nicht gleichberechtigt sind. Trotzdem gibt es immer wieder Punkte, wo Anne schnell mal was im Haushalt macht. Manchmal ist sie auch ungeduldig und hat keine Lust, ihm was zu erklären. Eigentlich ist das auch egal, findet Jan. Emanzipation wird schließlich nicht in den kleinen Gesten entschieden. Er ist so erzogen, dass er Frauen die Tür aufhält, er hilft Anne gern in den Mantel und zahlt auch öfter mal. Schließlich macht man das so, als Mann. Aber das heißt ja nicht, dass er ein Macho ist oder so.*

Während Männer über den Löwenanteil an Macht, finanziellen Mitteln und öffentlicher Sichtbarkeit verfügen, sieht es für sie zu Hause mau aus. Denn außer Geld nach Hause bringen, Spinnen entfernen und ab und an mal was dübeln gibt es gar nicht so viele Dinge, die sie als Männer definieren. Das ist dann eher eine Schmalspur im Privaten. Der Soziologe Ulrich Beck bezeichnete 1986 die Modernisierung der Männer mit Blick auf die Beteiligung am Haushalt als »verbale Aufgeschlossenheit bei weitgehender Verhaltensstarre«.[25] Da ist bis heute etwas dran. Wenn wir die Daten oben betrachten, scheint zumindest ein Unterschied in der Aufgabenverteilung und der Wahrnehmung zu bestehen.

Aber woran liegt das?

Eine Erklärung kann zum einen in der Vorstellung von Geschlechtern gefunden werden und in den daraus abgeleiteten Verhaltensweisen, wenn es um die Partnersuche geht oder um das, was als begehrenswert gilt. Die Geschlechter- und Paarbeziehungsforschung liefert dazu Hinweise.

Das Verhalten der Geschlechter ist sozial bedingt

In der Geschlechterforschung wird Geschlecht als sozial hergestellt verstanden. Das heißt, unabhängig von ihrem biologischen Geschlecht sind Menschen täglich damit beschäftigt, durch kleine soziale Handlungen ihr Geschlecht zu bestätigen oder sich entsprechend ihrem Geschlecht zu verhalten. Sie sind zwar eine Frau oder ein Mann, aber das allein reicht in sozialen Situationen nicht aus, sondern Sie zeigen auch durch Ihr Verhalten, dass Sie eine Frau oder ein Mann sind. So gehen Sie zum Beispiel ganz selbstverständlich als Mann auf die Herrentoilette und nicht auf die Damentoilette. Frauen lächeln öfter, während Männer oft lauter sprechen. Die Konsumwelt ist zunehmend nach Geschlechtern aufgeteilt, so gibt es Damen- und Herrenrasierer, Cremes für Frauen und Männer, Überraschungseier für Mädchen und Jungen und überdimensionierte Taschentücher für große Männernasen.

Meine männlichen Studenten berichten mir, dass sie immer die »schweren Sachen« tragen, selbst wenn die jeweiligen Frauen größer und stärker sind. »Hier wird ein starker Mann gebraucht«, rufen die Kolleginnen dann und lassen Kisten und Taschen stehen. Der soziologische Begriff dafür lautet *Doing Gender*.[26] Das bedeutet keinesfalls, dass uns bewusst wäre, wie wir Geschlecht »tun« – es ist eine Vielzahl sozialer Selbstverständlichkeiten, die dazu beitragen, dass wir uns wie Frauen und Männer verhalten, und das lernen wir schon ab dem Kindesalter. Kinder haben oft erst einmal eine recht typisierte Vorstellung, was Geschlechter sind. So habe ich mal beim Metzger meine Mutter sehr laut gefragt, ob die Verkäuferin ein Mann ist, weil sie einen Damenbart hatte.

Während *Doing Gender* lange Zeit ausschließlich für Frauen erforscht wurde, ist auch die Männlichkeitsforschung diesem Thema seit einigen Jahrzehnten auf der Spur. Die Soziologin Raewyn Connell hat mit dem Buch *Der gemachte Mann* die Binnenbeziehungen innerhalb der Gruppe von Männern untersucht und das theoretische Konzept der »hegemonialen Männlichkeit« entwickelt.[27] Dieses Konzept wurde vielfach empirisch belegt.[28] Mit hegemonialer Männlichkeit ist gemeint, dass es in jeder Gesellschaft einen Typ Mann gibt, der als Leitbild für die anderen Männer gilt. Ein »richtiger Mann« also.

>> **Während in anderen Gesellschaften körperliche Kraft oder religiöse Weisheit oder ein hohes Alter als Leitbild gelungener Männlichkeit gilt, ist in den meisten westlichen Industrienationen der weiße Akademiker, berufstätig, körperlich gesund, heterosexuell, verheiratet und mit Kindern, das hegemoniale Bild von Männlichkeit.**

Dieser Typ Mann gilt in der gegenwärtigen Gesellschaft als das durchsetzungsfähigste Bild. Und auch wenn nicht alle Männer genau diesem Bild entsprechen, wird doch in vielen Feldern eine Ähnlichkeit erlebt, zum Beispiel auch bei Männern, die eine Ausbildung abgeschlossen haben und eben hetero und verheiratet sind und mit Frau und den gemeinsamen Kindern zusammenleben. Connell hat andere Männlichkeiten identifiziert, etwa die marginalisierte Männlichkeit (damit wären beispielsweise Männer mit Migrationshintergrund gemeint, die weniger berufliche Möglichkeiten haben) oder die unterdrückte Männlichkeit (damit sind unter anderem schwule Männer gemeint, die immer noch Diskriminierung und Abwertung erfahren) oder die komplizenhafte Männlichkeit. Mit Komplizenhaftigkeit ist gemeint, dass weniger mächtige Männer von anderen profitieren (wenn sie beispielsweise bei einer Aufstiegsposition bevorzugt werden). Aber es ist damit auch situativ die Verbündung gemeint, wenn etwa eine Gruppe von Männern einen sexistischen Witz macht. Ob gewollt oder nicht, orientieren sich die meisten Männer an der hegemonialen Männlichkeit und auch die Arbeitswelt und die Gesellschaft sind so aufgebaut.

Selbst Schönheitsideale orientieren sich beispielsweise schichtabhängig an diesen Merkmalen. So ist es im sogenannten Arbeitermilieu wichtig, sauber und frisch rasiert zu sein, gut zu riechen und viele Muskeln zu haben, während in Akademikerkreisen ein leichter Bartwuchs, der nachlässig wirkt, und eine eher mittlere Statur aktuell das männliche Ideal sind.[29]

Es sind also oft nur Nuancen, die die Unterschiede abbilden. Entscheidend ist aber, dass in der gegenwärtigen Gesellschaft ein Mann ein hohes Gehalt verdient, idealerweise in einem Beruf, der eine akademische Ausbildung voraussetzt. Das heißt, Geschlechterverhältnisse sind nicht einfach dadurch organisiert, dass Männer mächtiger als Frauen sind, sondern auch dadurch, dass bestimmte Männer mehr Macht und Ansehen haben als andere. Milieuabhängig manifestieren sich dabei auch Muster von Anziehungs- und Beziehungskonzepten.

Vom Chefarzt und der Frau Doktor

Einen gut aussehenden Mann als Partner: Das wünschen sich Frauen heute. Zumindest nach den Daten der Familienleitbilderstudie des Bundesinstituts für Bevölkerungsforschung. Das Aussehen hat demnach bei Frauen wie bei Männern an Bedeutung gewonnen.

Die Panelstudie hat mehr als 1800 Erwachsene zu ihren Vorstellungen von Partnerschaft und Familie befragt. 52,4 Prozent der Frauen und fast 70 Prozent der Männer sagen, »die bessere Hälfte« muss gut aussehen. Den Männern reicht das zumeist schon, Frauen brauchen da noch ein bisschen mehr, damit es auch langfristig funkt. Auch wenn hier abnehmende Tendenzen zu verzeichnen sind, sagen immerhin 37 Prozent der Frauen, aber nur 10 Prozent der Männer, dass die Partnerin oder der Partner gut verdienen muss.[30] Frauen suchen also heute nicht mehr alle einen Versorger. Interessanterweise bekommen die meisten Frauen ihn trotzdem. Den Versorger. Ob er versorgen will oder nicht.

Explizite Gleichberechtigung ist für eine Partnerschaft nur in einer kleineren Gruppe des akademisch individualisierten Milieus wichtig, in anderen Milieus wird dies nicht als zentral angesehen. So sagen ostdeutsche Männer in Interviews, dass sie sich gerade nicht als gleichberechtigt bezeichnen, weil es für sie selbstverständlich ist, gleichberechtigt zu sein.[31] Andererseits wird in sogenannten individualisierten urbanen Milieus eine Gleichberechtigung propagiert, oft aber nicht umgesetzt. Da haben wir sie wieder, die Verhaltensstarre, die Ulrich Beck 1986 festgestellt hat. In jedem Fall zeigen sich zu Beginn von Beziehungen und auch in der Stabilisierung eines Paares oft Verhaltensmuster, die doch ein Ungleichgewicht der Geschlechter betonen.

Ist Emanzipation ein gesellschaftlich inzwischen akzeptiertes oder sogar gefördertes Konzept, kommt es bei der Partnersuche eher als Makel daher. »Auf Emanzen stehe ich nicht«, sagt Audibär80 in einer Partnerbörse und postuliert, er suche eine Frau, die sich traue, »eine richtige Frau zu sein«.[32] Interessant wäre zu wissen, wie Audibär, der vermutlich 1980 geboren wurde, eine richtige Frau interpretiert, denn wenn wir annehmen, dass die Mama vom Audibär vielleicht Mitte 20 war, als sie ihn bekommen hat, hat sie die volle Welle der Emanzipation mitbekommen.

Wie kommen Paare zusammen und was führt dazu, dass sie zusammenbleiben? Die öffentliche Wahrnehmung zeigt ein reichlich banales Bild. Wer schon mal die handelsüblichen Rosenverteiler der TV-Dating-Welt beobachtet hat, wird sicher auch überrascht sein, dass viele Frauen den Auserwählten beschreiben wie ein Sofa, eine Versicherung oder ein Auto: »Er ist so groß, bei ihm fühl ich mich beschützt, da kann ich mich anlehnen.«

>> **In jedem Fall ist es auch heute noch ein Grund zur Rechtfertigung, wenn die Frau in einer Partnerschaft mehr verdient oder besser ausgebildet ist als ihr Partner.**

In der Familienleitbilderstudie wurden die Befragten auch danach gefragt, was sie glauben, was gesellschaftlich wichtig ist. Und auch wenn sie selbst es nicht wichtig finden, dass ein Mann die höhere Bildung hat, so nehmen 63,3 Prozent der Befragten an, dass die Gesellschaft diese Einstellung vertritt.[33] Zum Glück muss sich die Gesellschaft nicht groß umgewöhnen, die Paare folgen von magischer Hand geleitet diesem Ideal.

Mit Blick auf Einkommen und Ausbildung stellt sich heraus: Gleich und Gleich gesellt sich weiterhin gern. Und wenn nicht gleich, dann bitte höher – aus Sicht der Frau. Daten zeigen, dass Beziehungen heute oft (in etwa 60 Prozent der Fälle) auf dem gleichen Level von Ausbildung geschlossen werden (man spricht von Bildungshomogamie). In weiteren 30 Prozent hat der Mann die höhere Ausbildung. Das heißt: In 90 Prozent der Fälle hat die Frau entweder die gleiche oder eine geringere Ausbildung als der Mann, in nur 10 Prozent eine höhere.[34] Dass wir es hier nicht nur mit Zahlen zu tun haben, sondern dass dies auch durchaus in den Köpfen vieler selbstverständlich verankert ist, zeigen alltägliche Dinge wie Hotelbuchungen: Wenn mein Partner und ich im Hotel einchecken und ich meinen Titel angebe, wird er mindestens auch als Doktor oder gleich als Professor eingebucht.

Zudem bestehen in vielen Partnerschaften deutliche Unterschiede mit Blick auf die Einkommen und Karrierestufen. Das heißt, auch wenn heute der Arzt nicht mehr so oft die Krankenpflegerin heiratet, so heiratet der Chefarzt die Assistenzärztin. Diese Partnerwahlmuster sind sehr stabil, was auch heißt, dass sehr gut ausgebildete Frauen Schwierigkeiten haben, einen Partner zu finden, weil die Gruppe der Kandidaten auf gleichem oder höherem Bildungsniveau deutlich kleiner ist, wenn die Männer sich auch »nach unten« verpartnern können. Auf dem Partnermarkt hat die emanzipierte, finanziell eigenständige und gut ausgebildete Frau schlechtere Karten. Gleichzeitig gilt die finanzielle Absicherung auch als wichtiges Motiv für eine glückliche Partnerschaft: Fast 90 Prozent aller Paare halten dies für eine Voraussetzung für die Familiengründung.[35]

Der Ernährer stirbt langsam aus – die Arbeitsteilung scheint unsterblich

Wer glaubt, dass wir jetzt für immer den klassischen Ernährer erleben, liegt allerdings auch falsch. Denn der klassische Ernährer stirbt aus. Nicht alle Männer können heute noch allein mit ihrem Einkommen eine Familie ernähren. Lebensläufe sind brüchiger geworden und das Risiko der Arbeitslosigkeit dringt in viele Bereiche vor. Verbunden mit der Gleichstellung der Geschlechter führt dies zum sogenannten modernisierten Ernährermodell, in dem Frauen meist in Teilzeit arbeiten, um – genau richtig – Zeit für den Haushalt und die Kinder zu haben.

Hinzu kommt, dass ostdeutsche Biografien und Lebenspläne sich von westdeutschen unterscheiden. Ging die DDR von Partnerschaften aus, in denen beide in Vollzeit erwerbstätig waren, hat sich diese Vorstellung bis heute erhalten. Die Inanspruchnahme von Kinderbetreuung ist deutlich höher und auch die Erwerbsbeteiligung von Frauen ist selbstverständlicher.[36] Die Ideale der Erwerbsverteilung zeigen auch 2017 noch große Unterschiede. In den westlichen Bundesländern dominiert das Halbtagsideal. In Ostdeutschland herrscht weiterhin die Vorstellung, dass Mütter zumindest vollzeitnah arbeiten sollten.[37] Nichtsdestotrotz hält sich die Aufgabenteilung der Geschlechter. Denn auch in der DDR wurde die Frau als Hauptzuständige für den Haushalt angesehen. Und die Verhältnisse gleichen sich inzwischen in Ost- und Westdeutschland insofern an, als in beiden Gruppen die Teilzeittätigkeit von Frauen zunimmt und der Anteil, den Männer in Elternzeit gehen, gleichauf ist.

>> **All diese Studien zeigen eins ganz deutlich: Das Modell der Partnerschaft, in dem beide gleichermaßen für Haushalt und Einkommen verantwortlich sind, wird sich so bald nicht durchsetzen.**

Im Gegenteil: Lieber werden wortreiche Erklärungen, Umdeutungen und Normalisierungen von den Paaren geleistet, bevor eine echte

Modernisierung stattfindet. Die Wirkmächtigkeit der hegemonialen Männlichkeit ist so hoch, dass eine Änderung an den Grundfesten von Partnerschaften rüttelt und daher lieber nicht in Angriff genommen wird. Trotz der Öffnung und Wahlfreiheit in vielen Lebensbereichen, des Abschieds von sozialen und gesellschaftlichen Zwängen, halten sich bestimmte Verhaltensmuster extrem hartnäckig. Sie sind rationalen Überlegungen weniger zugänglich und bieten den Boden, auf dem ungleiche Geschlechterverhältnisse weiter gedeihen.

Ganz in Weiß mit einem Blumenstrauß

Wir sehen: Die Muster, in denen Frauen trotz Einkommen und Selbstbewusstsein in heterosexuellen Partnerschaften als schwächer codiert werden, nehmen eher zu als ab. Beobachten lässt sich dies zum Beispiel an der höheren Bedeutung, die die Hochzeit gegenwärtig hat. Die Gründe dafür sind vielfältig. Während Connell davon sprechen würde, dass das Patriarchat sich hysterisch zu verteidigen versucht,[38] lässt sich mit McRobbie eher annehmen, dass die Attraktivitätsnormen für Frauen durch mediale Inszenierungen angestiegen sind.[39] Ulrich Beck spricht von »Liebe als Religion«. Er ist der Auffassung, dass gesellschaftliche Regeln abnehmen; wir sind nicht mehr an Religion, Schicht, Nachbarschaft oder andere Gruppen gebunden, wenn es um Heirat geht. Beck zufolge ist dies jedoch ein Vakuum,[40] das wiederum durch die höhere (teils überhöhte) Bedeutung der Liebesbeziehung gefüllt wird. Partnerschaft wird romantisiert; die immer teureren, größeren und perfekt durchorganisierten Hochzeiten sind lediglich eine Begleiterscheinung. Diese Re-Ritualisierung der Hochzeit kann als vermischter Effekt dieser gesellschaftlichen Veränderungen beobachtet werden. In der neuen Bedeutung der Hochzeit wird besonders die Ungleichheit zwischen den Geschlechtern betont und die Frau steht als »Prinzessin« im Mittelpunkt.[41] (Persönlich finde ich ja die Codierung der Hochzeit als »schönster

Tag im Leben« besonders düster, denn das heißt, dass es danach nur bergab geht.«)

Während unsere Eltern oft noch relativ schnörkellos geheiratet haben und ein paar Bierbänke mit selbst gebackenem Kuchen vor der Garage ausgereicht haben, wird heute schon die »Frage aller Fragen« hochgejazzt, per Video dokumentiert und mit einem Diamantring belegt.[42] In den USA hat der Juwelier De Beers die Norm erhoben, dass ein Verlobungsring das Zweifache (inzwischen das Dreifache) des Monatsgehalts des zukünftigen Ehemannes kosten muss, um der Auserwählten ihren Wert zu verdeutlichen. Die Kampagne in den 1970er-Jahren war mit dem Bild einer jungen Frau geziert, über der stand: »2 months' salary showed the future Mrs. Smith what the future will be like.«[43] Zwar entspricht dieser Preis nicht ganz der Realität, dennoch zeigt die Norm, dass Liebe durchaus mit Geld in Zusammenhang gebracht wird, und zwar mit dem Monatseinkommen des Mannes.

Stephanie Bethmann zeigt anhand ihrer Daten und Befragungen auf Hochzeitsmessen, dass die extreme Rollenverteilung zwischen Männern und Frauen mit Blick auf die Hochzeit zunimmt.[44] Spätestens bei der normativen Codierung des Verlobungsrings zeigt sich aber ganz deutlich, wer zukünftig für das Haupteinkommen verantwortlich sein soll. Diese Verknüpfung von monetären Ressourcen und Gefühlen wirkt sich nicht nur auf dem Konto aus, sondern auch in dem Umstand, wie wir uns den Mann unserer Träume vorstellen und was derjenige glaubt, erfüllen zu müssen.

Die Soziologin Eva Illouz spricht vom »Konsum der Romantik« und kritisiert die Verknüpfung von Liebe und Konsumwelt, die sich durch alle Ebenen zieht (Valentinstag, Heiratsantrag, Hochzeit etc.).[45] Angefangen bei der Partnerwahl mit Blick auf Ausbildung und Einkommen bis hin zum eigentlich nur der Romantik verschriebenen Heiraten zeigt sich also, dass Geld und Liebe in einem engen Zusammenhang stehen.

Kein Geld – keine Liebe

Für Männer ist die Aussicht auf ein geringes Erwerbseinkommen, zum Beispiel durch die Wahl eines sozialen Berufs, also in mehrfacher Weise existenzbedrohend: Wer nicht über ein Einkommen verfügt, mit dem er eine Familie ernähren kann, sieht sich mit dem Risiko eines langen Singlelebens konfrontiert. Die Muster der Paarbildung zeigen, dass trotz aller Beteuerungen, dass das Einkommen nicht so wichtig sei, sich eben doch genau die Paare zusammenfinden, bei denen der Mann ein höheres Einkommen hat als die Frau. Und wenn das nicht schon zu Beginn der Partnerschaft klar ist, entwickelt sich die Einkommenslücke spätestens bei der Familiengründung.

In den Partnerschaften, in denen Mann und Frau sich bewusst für eine gleichberechtigte Arbeitsteilung entscheiden, und auch in den Beziehungen, in denen beide etwa durch die Arbeitslosigkeit des Partners dazu gezwungen werden, dass die Frau die Haupternährerin ist, zeigt sich, dass das Ernährermodell nicht in Stein gemeißelt ist. Einige Männer sagen in Interviews sogar, dass sie sich als aktiver Vater oder aktiver Hausmann als Besonderheit erleben und daraus Selbstbewusstsein und Anerkennung ziehen. Mit dem Begriff der *Caring Masculinity* wird beschrieben, wie Männer Fürsorglichkeit in ihr eigenes Bild von Männlichkeit integrieren.[46] Allerdings handelt es sich kaum um einen empirisch breiten Trend, sondern eben immer noch um Ausnahmen.

Das tradierte Muster, in dem Männer die Versorger sind, zeigt sich statistisch als dominante Lebensform. Ein potenzielles berufliches Versagen des Mannes ist damit gleichsam Ausdruck des privaten Versagens – einer subjektiv empfundenen unvollständigen Männlichkeit. Gleichzeitig bleibt Männern nicht die Option, sich in ihr Privatleben zurückzuziehen und sich »versorgen« zu lassen, weil das den sozialen Vorstellungen von Geschlechterverhältnissen widerspricht. Und jede Abweichung von dieser Norm ist begründungspflichtig. Es ist also nicht so, dass ein Mann sagen kann: »Ich warte auf die Richtige und dann will ich ein Kind und zu Hause bleiben.«

Er würde durchaus kritisch bewertet, würde er sagen: »Ich war nach der Geburt im Yogakurs und habe viele andere Väter kennengelernt. Dadurch habe ich gemerkt, was wirklich wichtig ist im Leben, und mache jetzt eine Fortbildung zum Reiki-Therapeuten.«

Es ist auch nicht so, dass ein Mann beim Date darauf wartet, dass die Frau die Kreditkarte zückt. Oder dass ein Mann beleidigt ist, wenn die Frau gar keinen oder den falschen Diamantring zur Verlobung bringt. Das alles sind Verhaltensweisen, die man bei Frauen mit einem freundlichen Lächeln abnicken würde. Bei Männern wäre man schon überrascht.

>> **Genau wie für Frauen erfordert die Emanzipation für Männer, dass sie bewusst von dem abweichen, was ihnen als Junge schon beigebracht wurde.**

Der moderne Mann ist kein Mythos – er ist aber noch lange nicht gesellschaftliche Realität, sondern Gegenstand von Verhandlung, Auseinandersetzung und partnerschaftlicher Solidarität, von beiden Seiten. Es zeigt sich aber: Männlichkeit ist im Wandel und auch Männer stehen vor der Herausforderung, ihre Vorstellungen, die vielleicht alten Modellen anhängen, zu überdenken und ihren Platz in der nachmodernen Beziehungsgestaltung zu finden.

Eine Partnerschaft kann heißen, dass sich beide im Team für gemeinsame Ziele einsetzen, aber dafür muss beiden die Zielgerade klar sein. Schauen wir uns also an, was nach dem Abspann der romantischen Liebeskomödie im Alltag passiert.

So werden Sie von der Türsteherin zur Türöffnerin

Seit der Geburt von Lena regt sich Anne darüber auf, dass Jan sich immer mehr aus den Aufgaben für Lena zurückzieht. Am Anfang hat er sich wirklich noch Mühe gegeben und auch Windeln gewechselt oder hat versucht, Lena zu beruhigen. Annes Nervenkostüm war am Anfang ziemlich dünn, und deshalb konnte sie es nicht lange ertragen, wenn das Kind geschrien hat. Also hat sie Jan Lena oft aus der Hand genommen und sie schnell gestillt. Genervt war sie auch, weil er das Kind einfach falsch gehalten hat. Jan war dann auch mal mit dem Kinderwagen draußen, damit sie Zeit für sich hatte. Nach zehn Minuten stand er mit der schreienden Lena jedoch wieder im Flur. Es hat dann noch mal fast eine halbe Stunde gedauert, bis Anne das Kind wieder beruhigt hatte. Jan ist ein guter Vater, findet Anne, aber er sieht oft einfach nicht, was zu tun ist. Bevor sie da lange herumdiskutiert, macht sie es einfach selbst. Jan sagt, dass Lena einfach ganz stark an die Mama gebunden ist, und hofft, dass es sich ändert, wenn Lena älter wird. Vielleicht können sie dann auch Fußball spielen oder so. Und er hat sich fest vorgenommen, dass er Lena in die Kita bringt, wenn sie einen Kitaplatz gefunden haben, der auf dem Weg zu seiner Arbeit liegt.

Die fünf Hürden auf dem Weg zum aktiven Vater

Neuere Studien zeigen, dass Väter durchaus ein hohes Interesse an einer aktiven Vaterschaft haben. Aber es gibt Hürden, die ihnen dabei im Weg stehen. Durch die hohe Bedeutung, die ein Beruf für die Identität von Männern hat, und die wenigen anderen Dimensionen, die dann übrig bleiben, entsteht im Privatleben von Männern ein Vakuum, das oft von den Partnerinnen aufgefüllt wird. Wenn Männer im Extremfall nicht auf ihre Gesundheit, Ernährung, ihre Kleidung oder den Haushalt achten, übernimmt eben die zweite erwachsene

Person im Haushalt diese Aufgaben und wird so nach und nach zum Profi im Privaten. So verschieben sich schrittweise Kompetenzen und Zuständigkeiten – und damit auch die Erwartungen. Wenn der Partner sich zu langsam anstellt, übernimmt die Frau die Arbeit und nimmt – pädagogisch ausgedrückt – dem Mann die Möglichkeit, an der Herausforderung des Toiletteputzens und Windelwechselns zu wachsen. Wenn wir aber an diesem Punkt sind, ergeben sich nach der Familiengründung nicht mehr viele Optionen. Denn eins ist klar: Mit Still-BH und total übermüdet haben Sie andere Sorgen, als sich um die Arbeitsverteilung zu streiten.

Hürde 1: Erwartungen der Gesellschaft

Die Frage, wer beruflich für die Familiengründung zurücksteckt, wird damit sowohl zur wirtschaftlichen Entscheidung als auch zur emotionalen Identitätsfrage. Die Selbstwahrnehmung als Familienernährer ist beim männlichen Geschlecht tief verankert. Wenn ein werdender Vater also länger als drei Monate Elternzeit nehmen will, dann reichen vielleicht bereits kleinere Widerstände seitens der Firma, um ihn zu entmutigen.

>> **Dem Bild des aktiven Vaters steht ein sehr machtvolles Bild des beruflich jederzeit leistungsfähigen Mannes entgegen.**

Dieses Bild wird von vielen Seiten gefördert: Arbeitgeber*in, Kolleg*innen, die eigene Familie – überall wird kritisch nachgefragt, wenn ein Mann aufgrund seiner Familie beruflich weniger Zeit zur Verfügung hat. Hinzu kommt die Angst vor dem Karriereknick. Es wundert also nur wenig, dass viele Männer solche Angebote oft in vorauseilendem Gehorsam gar nicht erst in Anspruch nehmen. Diese Hemmung von Männern, auch in familienfreundlichen Unternehmen Auszeiten zu beanspruchen, ist erforscht. Aus Angst vor einem Karriereknick bleiben Männer Vollzeit im Beruf, auch wenn sie vielleicht lieber eine Elternzeit nehmen würden. Es sind aber nicht Ängste vor einem Arbeitsplatzverlust, sondern eher die Befürchtungen, eine Außenseiterposition einzunehmen und Zuständigkeiten oder Verantwortung zu verlieren, die dazu führen. Dominantere Werte und ein Verhaltenskodex wie die jederzeitige Verfügbarkeit und die körperliche Anwesenheit am Arbeitsplatz können dann eine erwünschte Gleichberechtigung untergraben.[47]

Die Studie zu den Familienleitbildern von 2017 unterstützt genau dieses Bild. Zwar haben Männer eine Idealvorstellung und wünschen sich mehr Elternzeit, als sie tatsächlich nehmen. Damit steht aber das ebenso wirkmächtige Leitbild des Familienernährers im Konflikt. Väter glauben, dass ein gesellschaftliches Klima herrscht, in dem ein Zurückschrauben der Arbeit nicht akzeptiert wird. Dieses Bild wird von den befragten Frauen unterstützt: Sie wünschen sich zwar aktivere Väter, nicht jedoch auf Kosten des Familienernährers. Dieser doppelte Anspruch zeigt bei jungen Männern Überforderungserscheinungen und kann sogar zum Verzicht auf Kinder führen.[48]

Hürde 2: Toxische Männlichkeit

Das Stichwort der *Toxic Masculinity* spielt im männlichen Alltag eine wichtige Rolle. Damit ist eine Vorstellung von Männlichkeit verbunden, die sich vor allem an Stärke orientiert. Die Idee eines immer gesunden, immer leistungsfähigen, niemals Gefühle zeigenden und kontrollierten Mannes kann für Männer bedeuten, dass sie sich stark einschränken. Mit dem Begriff »geschlechtsspezifische Sozialisation« ist gemeint, dass Kinder neben allgemeinen Sozialisationsaufgaben auch die »Aufgabe Geschlecht« erlernen.

>> **Für Jungen heißt das, dass sie sich daran orientieren, was sie als männlich erleben. In Kitas erleben sie größtenteils weibliche Fachkräfte, daher gibt es für sie weniger Auswahl an *role models*.**

Die Geschlechterorientierung von Jungen kann daher viel leichter an Stereotypen ausgerichtet werden.[49] So führt die männliche Sozialisation tendenziell dazu, Gefühle weniger zu zeigen. Ein Indianer kennt schließlich keinen Schmerz. So wird bei Männern von klein auf viel weniger Gewicht auf die Selbstwahrnehmung gelegt und die Entscheidung, ob ein Junge lieber Mann oder Memme sein möchte, wird von der Gesellschaft gefällt.

Solche Einschränkungen können aber auch körperlich krank machen. So sind unerkannte Herz-Kreislauf-Erkrankungen eine häufige Todesursache von Männern im mittleren Alter. Während Depressionen und Burn-out häufiger bei Frauen diagnostiziert werden, werden gut drei Viertel aller Suizide von Männern begangen.[50] Nicht umsonst spricht man in Bezug auf Depressionen und Burn-out von einer Unterdiagnostizierung bei Männern.

Hürde 3: Intensive Mothering

Mit dem Begriff des *Intensive Mothering* wird eine Einstellung beschrieben, die sich bei vielen Müttern wiederfindet. Insbesondere westdeutsche und religiöse Mütter befürworten zum Beispiel, dass ein junges Kind überwiegend von der Mutter betreut werden sollte.

>> **In diesem Ideal werden das Kind und dessen Betreuung als oberste Priorität der Mutter bezeichnet. Es zeigt sich vor allem ein Misstrauen gegenüber der Kinderbetreuung in Einrichtungen.**

Diese Normen sind historisch gewachsen, daher erklärt sich auch der Ost-West-Unterschied.[51] Danach gefragt, welche Art von Erwerbstätigkeit für Mütter ideal ist, zeigt sich ebenfalls übergreifend und dauerhaft, dass Mütter junger Kinder die Teilzeitarbeit befürworten, und zwar häufiger als Männer. Vollzeit erwerbstätige Mütter werden regelrecht abgelehnt, und zwar geschlechterübergreifend: Eine Mutter, die Vollzeit arbeitet, könne keine gute Mutter sein.[52] Frauen sehen sich auch als zuständige Personen an, wenn es um die Nachmittagsgestaltung ihrer Sprösslinge geht.

Natürlich sind das alles nur Meinungen und Einstellungen. Wenn diese aber als gesellschaftlich dominant wahrgenommen werden, können sie durchaus das eigene Verhalten beeinflussen. Und gerade die »intensiven Mütter« laufen Gefahr, zur Hürde für das Engagement von Vätern zu werden.

Hürde 4: Die Gatekeeperin

Eine weitere Hürde auf dem Weg zu einer aktiven Vaterschaft kann an der Tür des Kinderzimmers stehen. Eine Mutter, die einen Großteil der Arbeit zu Hause übernimmt, beschreibt sich als den Boss. Sie wird bei jeder Kleinigkeit, die das Kind betrifft, gefragt, weil sie auch sonst immer die Verantwortung getragen hat. Das macht sie zum Boss, was sie auch fraglos akzeptiert.[53] Die Kehrseite dieser Selbstbeschreibung ist, dass diese Mutter auch immer für alle Fragen rund um das Kind zur Verfügung stehen muss. Damit steht der Vater des Kindes nie in der Verantwortung, sich eigenständig um etwas zu kümmern.

Direkt nach der Geburt eines Kindes übernehmen viele Frauen einen hohen Anteil der Versorgung des Kindes, zum Beispiel durch das Stillen. Damit einher geht oft eine Routiniertheit in allen Aufgaben, die mit dem Kind verbunden sind. Übernimmt eine weniger erfahrene Person dann entsprechende Aufgaben, können Mütter sich zu sogenannten *Maternal Gatekeepern* entfalten.[54] Das heißt, sie übernehmen alle Aufgaben, die sie schnell erledigen können, und überlassen die Aufgaben nur ungern dem Vater, da dieser weniger erfahren oder routiniert ist. Diese Muster bleiben erhalten, auch wenn längst nicht mehr gestillt wird. Es bedarf einer bewussten Übergabe von Verantwortung und Aufgaben, auch wenn diese vielleicht weniger gut oder schnell erledigt werden. Hier spielt die Verknüpfung von Mutterschaft und Weiblichkeit eine ungünstige Rolle. So wie die Rolle des Vaters mit der Identifizierung als Ernährer einhergeht, ist insbesondere in Deutschland die »vollendete« Weiblichkeit mit der Mutterschaft verbunden.[55] Diese hohe Bedeutung der Mutterschaft ist übrigens ebenfalls historisch bedingt: Die (west)deutsche Sozialpolitik hat nach dem Zweiten Weltkrieg die Kernfamilie als Norm in den Mittelpunkt gestellt und durch den geringen Ausbau der Kinderbetreuung, Ehegattensplitting und weitere Vergünstigungen befördert, dass das Hausfrauendasein sowohl als monetär rentabel als auch als normativ akzeptiert galt.

Hürde 5: Das bisschen Vatersein ist auch bequem

Erinnern Sie sich noch an den »Spitzenvater des Jahres«?[56] Besagter Mann erklärte sich dazu bereit, ein ganzes Jahr Elternzeit zu nehmen, damit seine Gattin als erste deutsche Astronautin ins All fliegen konnte, und bekam dafür einen Preis verliehen. Klar ist das toll. Und es ist sicher auch eine gute Promo für die gesellschaftliche Veränderung, wenn über so etwas groß berichtet wird. Aber leider zeigen solche Geschichten auch, dass Väter wesentlich mehr Anerkennung bekommen, wenn sie den Job übernehmen, der gesellschaftlich gesehen der Frau gehört. Ein Vater, der beispielsweise drei Monate Elternzeit nimmt, dafür in seinem hoch dotierten Job pausiert und sich in dieser Zeit kümmert, wird als modern angesehen. Bei einer Mutter, die den ganzen Rest der Elternzeit nimmt, dafür einen nach äußerer Bewertung weniger wichtigen Job unterbricht, wird dies als selbstverständlich angesehen.[57] Es entsteht also eine Anreizstruktur für Männer, die es ihnen ermöglicht, schon nur durch das Erreichen der *low hanging fruit* ein hohes Maß an Anerkennung zu bekommen. Alles, was sie zusätzlich tun würden, wäre reine Kür.

>> **Das heißt, sowohl für Männer als auch für Frauen ist es viel bequemer, alles so zu lassen, wie es ist, wie es schon immer war und wie es immer sein wird.**

Aber stopp: Die Frage ist, ob das mit der Gesellschaft, in der wir leben wollen, wirklich übereinstimmt. Ist es das, was Sie als Mutter oder Vater Ihren Kindern vorleben wollen, damit die genau das gleiche Mindset im Kopf haben wie Sie? Und hat es vielleicht auch für Männer Vorteile, sich von ihrem bewährten Bild von Männlichkeit zu verabschieden?

Rollenverteilung neu gedacht

Schauen wir uns einmal die individuelle Motivation an. Es ist ja nicht so, dass Kinder nur Arbeit bedeuten, sie machen auch glücklich und bereichern das Leben um viele Perspektiven. Diese Perspektiven geraten vielleicht aus dem Blick, wenn Sie gerade einer schreienden Dreijährigen eine Strumpfhose anziehen oder siebenmal in der Nacht das Neugeborene stillen müssen – aber hey, auch das ist ja eine Perspektive.

Wenn Männlichkeit auch während der Elternschaft auf das Berufsleben ausgerichtet bleibt und die einzige Option von Männern ist, auf Anweisung Hilfsarbeiten im Haushalt zu übernehmen, ist das ein ziemlich eindimensionaler und langweiliger Lebensentwurf. Die Lebenswelt von Kindern und ihre Wahrnehmung unterscheidet sich von der von Erwachsenen und gerade die Unmittelbarkeit ihrer Bedürfnisse kann auch den eigenen Fokus relativieren. Es ist also auch für Männer eine Bereicherung, ihre Lebenserfahrung durch eine aktive Vaterschaft zu verbreitern. Ein Vater, der sich aktiv in die Elternschaft einbringt, da er tagsüber für das Kind da ist, berichtet, dass er das Leben als Familienleben wahrnimmt. Er sieht sich gegenüber den Vätern, die erst abends nach Hause kommen, im Vorteil und geht davon aus, dass die anderen Väter ihre Kinder kaum erleben können und dadurch keine echte Vaterschaft erleben. Vaterschaft wird dann zum Privileg einer aktiv gelebten familiären Verantwortung.[58] Denn ja, Kinder geben einem tatsächlich nicht nur Augenringe, Schokoladenflecken auf der Couch und überschwemmte Badezimmer zurück. Und sei es nur, dass man plötzlich die Zeit ohne sie ganz anders genießen kann als vorher.

Besonders relevant für die Involvierung von Männern in die familiären Aufgaben wird in der Forschung das sogenannte Co-Parenting angesehen. Mit Co-Parenting ist ein gegenseitig unterstützender Erziehungsstil gemeint. Wenn also Väter und Mütter in Studien angeben, dass sie die Erziehungsstile teilen und sich gegenseitig als gute Eltern bewerten und gut zusammenarbeiten, dann sind Väter in der Regel aktiver. Auch eine gleichberechtigte Einstellung der Mutter und ihre höhere Erwerbsbeteiligung spielen eine Rolle. In qualitativen Studien berichten Väter von dem Wunsch, dass Mütter ihre elterlichen Bemühungen zulassen, dass sie ihnen zutrauen, sich zu beteiligen. Wichtig sei auch, dass Männer aus der bloßen Rolle des Helfers ausbrechen wollen.[59]

Wenn wir all diese Befunde zusammenfassen, zeigt sich, dass aus wahrgenommenem gesellschaftlichem Klima, der Selbstdefinition und der eigenen Einstellung ebenso wie aus dominanten Geschlechterstereotypen eine faktische Kraft des Normativen entsteht.

» **Diese Normen greifen so ineinander, dass es fast so scheint, als gäbe es immer nur eine Lösung für Frauen und Männer: Sie arbeitet in Teilzeit und kümmert sich als *gute Mutter* nachmittags um die Kinder, während er maximal drei Monate Elternzeit nimmt und den Rest der Zeit als *guter Ernährer* für das Familieneinkommen zuständig ist.**

Ganz schön dröge. Und vor allem auch erschreckend, denn irgendwie dachten wir doch, dass wir schon viel, viel, viel weiter sind.

Aber wie kommen wir privat und im Alltag aus diesen Mustern heraus? Es kann nicht erwartet werden, dass Mütter neben ihren eigenen Herausforderungen auch noch den Vätern helfen, ihre Rollen zu finden. Es braucht also ein strukturiertes Herangehen an den Umgang mit den jeweiligen Zeitkontingenten. Und Sie brauchen den Mut zur Auseinandersetzung. Eine Auseinandersetzung, die sich für beide Seiten auszahlt.

Private Zeitpolitik – Zwischen Zuhause und Karriere

Wenn Jan 45 Stunden und mehr in der Bank arbeitet, während Anne ihm den Rücken frei hält, haben beide zu wenig Zeit für das, was ihnen wirklich wichtig ist. Jan wünscht sich Zeit für seine Familie, während Anne ihren Beruf vermisst. Anne hatte gehofft, in der Elternzeit ihre Doktorarbeit fertig zu schreiben. Jan wollte schon immer ein engagierter Vater sein. Beide sind unglücklich, aber eine hat handfeste finanzielle und berufliche Nachteile dadurch. Damit wird die Verteilung der Zeit zwischen den beiden zu einer politischen Frage. Anne wünscht sich Zeit, um bessere berufliche Chancen zu entwickeln. Jan will nicht E-Mails beantworten, während er Lena beruhigt. Anne motzt Jan an, wenn er sich nicht voll auf das Kind konzentriert, Jan ist genervt, dass Anne kaum noch die unabhängige Frau ist, in die er sich verliebt hat.

Zeitpolitik – was soll das eigentlich heißen? Der Begriff Zeitpolitik hatte um die Jahrtausendwende Konjunktur, weil damit ein Plädoyer für mehr Zeit in den Lebensläufen junger Erwachsener verbunden war. Der siebte Familienbericht der Bundesregierung aus dem Jahr 2008 hat erstmals das Thema »Zeit« in den Mittelpunkt familienpolitischer Überlegungen gerückt.

Mit dem Begriff der *Rush Hour of Life* wird die Lebensphase zwischen 27 und 35 Jahren bezeichnet, in der Erwachsene alles in ihrem Leben erfolgreich bewältigen müssen: ihre Familiengründung, ihre Karriere und auch häufig im Anschluss direkt die Pflegeverantwortung für Angehörige.[60] Das heißt, durch die bei Akademiker*innen späten Einstiege in das Berufsleben und damit auch das relativ hohe Alter bei der Geburt des ersten Kindes fallen wichtige Lebensentscheidungen zusammen. Welchen Beruf will ich ergreifen, wo habe ich die besten Chancen, welchen Status hat meine Partnerschaft, wollen wir Kinder? Die Rushhour setzt sich damit aber eigentlich fort, und zwar insbesondere für Frauen. Denn neben der Vorstellung, dass die großen Lebensentscheidungen sehr verdichtet sind, ist auch der Alltag verdichtet, in dem die Vereinbarkeit von Beruf und Familie sich für viele anfühlt wie eine ständige Aneinanderreihung von Pflichten. Paare mit Kindern berichten gerade in der Anfangszeit davon, dass ihre Beziehung zu einem »Überleben« geworden ist. Die Paarbeziehung rückt in den Hintergrund, während Organisation, Versorgung und Fürsorge im Vordergrund stehen. Jeder Tag hat nur 24 Stunden, deshalb stellt sich die Frage, wie diese Zeit organisiert werden kann, damit ein Paar- und Familienleben möglich ist, das allen Bedürfnissen gerecht wird.

Ein erster Aspekt ist die Arbeitszeit, die Sie und Ihr Partner haben. Studien zeigen, dass Männer, die mehr als 40 Wochenstunden arbeiten, weniger aktiv in der Familie sind. Dies gilt insbesondere für Arbeitszeiten von mehr als 46 Wochenstunden. Arbeiten Mütter hingegen mehr als 36 Wochenstunden, steigt die Wahrscheinlichkeit, dass der Vater aktiver in der Familie ist.[61] Irgendwie ist es auch naheliegend: Wer gut zehn Stunden am Tag erwerbstätig ist, wird kaum noch zeitliche Verfügbarkeiten für andere Fragen aufbringen. Der Kopf ist voll, die Energie ist leer. Das zeigt aber: Die Verteilung von Arbeitszeiten ist eben nicht nur eine Frage der individuellen Karriere, sie ist hochpolitisch und sollte Gegenstand von Verhandlungen beim Paar sein.

>> **Es ist nicht selbstverständlich, dass unbegrenzt auf Ihre zeitlichen Ressourcen zugegriffen wird, nur weil Sie weniger Geld verdienen.**

Wo kommt jetzt die Zeit her, die Sie für Ihre berufliche Weiterentwicklung brauchen? Die Verteilung von Zeit zwischen Mann und Frau in einer Partnerschaft ist genau wie die Verteilung von Geld und Macht zentral und muss verhandelt werden.

Sie sind nicht für alles verantwortlich

Ich stimme voll zu, dass es nicht einfach ist, sich vom Gefühl zu verabschieden, für alles verantwortlich zu sein. Aber mit diesem Verantwortungsgefühl fängt die Frage der individuellen Zeitpolitik an. Denn wer für alles verantwortlich ist, übernimmt für eine Person sehr wenig Verantwortung: sich selbst. Wenn Sie den lieben langen Tag mit den Listen für den Kühlschrank, die Kita, die Arzttermine, die Waschmaschine und den Kalk im Bad verbringen, haben Sie keine Kapazitäten im Kopf, eine Liste zu erstellen mit Dingen, die für Sie als Person wichtig sind. Auch Ihr Kopf ist voll und Ihre Energie ist leer. Mütter berichten in Interviews, dass sie sich als »Gerüst« für die Familie verstehen.[62] Sobald Kinder eigenständiger werden, dünnt sich das Gerüst aus. Und sobald die Kinder ausziehen, spricht man vom *empty nest*. Da sind Sie dann vielleicht 50 Jahre alt, wenn Sie mit 30 Ihr erstes Kind bekommen haben. Und dann? Der erste Schritt der Zeitpolitik lautet also, Verantwortung zu verlagern, um Zeit zu gewinnen, in der Sie sich Ihren eigenen Fragen widmen können. Das kann Ihr Beruf sein, Ihre Interessen, Ihr Konto oder Ihre Fortbildung. Idealerweise ist für all das Zeit. Diese Zeit ist genauso relevant wie die Zeit aller anderen Familienmitglieder.

Kampf der Perfektion

Eine zweite Frage richtet sich an das Maß häuslicher Perfektion und Ansprüche an Elternschaft, die über die direkte Fürsorge hinausgehen. Wenn man bedenkt, dass heute – trotz all der elektrischen Haushaltshelfer – mehr Zeit mit Hausarbeit verbracht wird als in den 1950er-Jahren, ist es vielleicht auch eine Option, den eigenen Standard zu überdenken.

Hinzu kommt, dass insbesondere Organisationsaufgaben im Kontext von Schulfesten, Kita und Geburtstagen oft einen hohen sozialen Druck aufbauen. Die Art des Essens, das mitgebracht wird, das Geschenk zum Kindergeburtstag, der Kuchen, der selbst gebacken sein muss – all diese Fragen werden oft eher von den anderen Erwachsenen bewertet als von denen, um die es geht – die Kinder. Was würde denn passieren, wenn Sie keinen Biosalat zum Grillfest bringen? Ich weiß aus meiner Alltagsempirie, dass insbesondere unter Müttern streng beäugt wird, welches Essen zu welchen Anlässen mitgebracht wird. Viele Eltern packen beispielsweise die Lunchboxes ihrer Kinder strategisch nach äußeren Erwartungen. Es gibt dazu sogar eine Studie aus Großbritannien. Eine Mutter berichtete, dass ihr Kind partout kein rohes Gemüse mag. Dennoch wird in jede Lunchbox Gemüse gepackt, damit die anderen Eltern nicht denken, dass sie als Mutter ihre Kinder nicht gut ernährt.[63] Sie sehen also, dass dieser Essenskult weitverbreitet ist. Wagen Sie doch mal ein Experiment und bringen Sie fertigen Kartoffelsalat aus dem Plastikeimer mit. Ich verspreche Ihnen, Sie sind wochenlang Kitathema Nummer eins. Vielleicht werden Sie sogar Anlass für einen Elternabend zum Thema gesunde Ernährung – und davon hätten doch alle was!

Ich sage in jedem neuen Team allen Mitarbeiterinnen, dass ich nur Essen mitbringe, das man kaufen kann – meistens Baguette oder Brezeln oder einen Kuchen von der Bäckerei. Meine Referentinnen wissen immer schon vorher, wo sie mich in der Liste eintragen müssen. Meine Priorität liegt nicht darauf, dass mein Team denkt, dass ich gut kochen kann. Das ist mir völlig egal. Ich will niemandem einen Perfektionsanspruch unterstellen und ich finde es persönlich auch toll, selbst gebackenen Kuchen zu essen. Ich weiß nur ganz sicher, dass mein Zeitmanagement keinen Kuchen zulässt. Was ich damit sagen möchte, ist, dass die Verteidigung eigener Zeitkontingente Prioritäten erfordert. Und die Prioritäten können auch mal abseits der Kinder liegen. Das heißt: Prioritäten erfordern Opfer, und zwar auf allen Seiten. Und nicht zuletzt heißt Zeitpolitik hier auch, von Männern zu lernen. Viele meiner Interviewpartnerinnen berichteten völlig überrascht, dass ihre Männer Schmutz nicht sehen – Stichwort Haushalt als Lappalie. Probieren Sie das doch auch mal aus, das Leben wird gleich viel sauberer.

Gehen wir also davon aus, dass Zeit endlich ist, ein Tag hat 16 Stunden Wachzeit, das macht 112 Stunden pro Woche und Person. Davon sind 40 Stunden Arbeitszeit, für zwei Personen 80 Stunden. Wie sollen diese 80 Stunden verteilt werden und wie verteilt sich der Rest? Welche Kontingente stehen für Sie allein zur Verfügung? Was wollen Sie dafür einschränken? Es gibt tolle visuelle Möglichkeiten, Ihr Zeitmanagement zu überprüfen. Wenn Sie zum Beispiel ein Kuchendiagramm malen und prozentuell aufteilen, wie viel Zeit Sie für welche Aufgaben verbrauchen wollen. Die meisten Menschen kommen bei mehr als 100 Prozent raus.

Ich appelliere daher wirklich an Ihre perfekte Unperfektion. Machen Sie sich keinen Druck, nur um andere Menschen zu befriedigen, die Ihnen egal sein können. Überlegen Sie, welche Zutaten Sie in Ihren Zeitkuchen packen wollen – und wenn da kein Biosalat, sondern nur ein Glas saure Gurken bei rauskommt, dann ist auch das okay.

Neben diesen veränderten Denkweisen gibt es selbstverständlich Zeitfragen, die sich nicht so einfach lösen lassen. Hier sollten Sie darüber nachdenken, ob und wie Sie Hilfe organisieren können.

Organisieren Sie sich Hilfe

Schon mit 16 habe ich gesagt, dass ich mal so viel verdienen will, dass ich eine Putzfrau bezahlen kann. Zugegebenermaßen ist das weder politisch korrekt noch ein konkreter Berufswunsch. In jedem Fall sollte es aber keine Selbstverständlichkeit sein, dass Frauen allein oder überwiegend für den Haushalt verantwortlich sind.

Bei einer Umfrage im Kolleginnenkreis kamen zum Thema Reinigungskraft interessante Antworten. Eine Kollegin erzählte beispielsweise, dass sie die Arbeit mit ihrem Mann so aufgeteilt hat, dass sie alles macht, was drinnen zu tun ist, und er sich um draußen kümmert. Das heißt, er ruft den Schneeräumdienst an und bestellt das gehackte Holz, während sie die komplette Hausarbeit erledigt (neben einer 30-Stunden-Stelle). Ich habe dann gefragt, warum sie nicht eine Reinigungskraft bezahlen. Ihrem Mann sei es unangenehm, wenn Fremde im Haus seien. Wir fassen zusammen: Er will nicht putzen lassen, weil er niemand Fremdes im Haus haben will. Sie putzt. Ich habe ihr eine Vollzeitstelle angeboten. Sie sagte ab, weil sie den Haushalt mitmachen muss. Klar, verstehe ich ... nicht. Andere Kolleginnen berichteten von Schwiegervätern, die ungeputzte Fensterbänke mit den Worten bemäkeln: Kann deine Frau nicht das Haus sauber halten? Wieder andere berichteten von angeblich zu hohen Kosten für externe Hilfen und der Tatsache, dass der Mann das Wäscheaufhängen einfach nicht mehr lernt. Dass es hier Aufholbedarf gibt und Verhandlungen notwendig sind, liegt auf der Hand. Wie genau diese Auseinandersetzungen aussehen, ist aus der Ferne schwer zu sagen. Wenn es aber um die Auslagerung von Hilfe geht, macht es Sinn, einen rationalen Blick auf die Kosten zu werfen. Stellen wir uns vor, jemand kommt einmal pro Woche zu Ihnen nach Hause, um zu putzen. Wenn die Person nur saugt, die Böden putzt, das Bad und die Küchenoberflächen, sind das großzügig geschätzt vier Stunden Arbeit. Wenn wir von einem Stundenlohn von 20 Euro ausgehen, sind das im Monat 320 Euro, pro Jahr 3840 Euro. Haushaltsnahe Dienstleistungen können Sie außerdem anteilig bis zu 4000 Euro steuerlich geltend machen. Je nach Steuersatz reduzieren sich die Kosten dadurch. Klar, vielleicht sind Sie nicht zufrieden, weil irgendwas falsch geputzt ist oder nicht sauber genug, oder Sie müssen zwischendurch noch mal drübergehen. Aber zeitlich ist das ein Gewinn von mindestens 16 Stunden im Monat (plus der Zeit, in der Sie darüber nachdenken, also vielleicht 20 Stunden). Das allein wären 5 Stunden pro Woche, die Sie in Ihre berufliche Weiterentwicklung investieren könnten.

Eine weitere Möglichkeit ist es, ein Au-pair aufzunehmen. Au-pairs sind junge Menschen zwischen 18 und 26 Jahren aus dem Ausland, die Deutsch lernen wollen und für Kinderbetreuung und leichte Haushaltsaufgaben kostenfrei bei Ihnen wohnen. Ein Au-pair hilft Ihnen an 5 Tagen pro Woche jeweils 6 Stunden pro Tag. Neben Kost und Logis zahlen Sie noch 260 Euro Taschengeld im Monat. Für die Aufnahme eines Au-pairs brauchen Sie ein freies Zimmer und es sind verschiedene Pflichten und Kosten (etwa für einen Sprachkurs) damit verbunden. Es gibt natürlich immer Risiken, wenn jemand bei Ihnen wohnt. Es ist aber zumindest zu überdenken, ob das eine Lösung sein könnte. Auch die Kosten für ein Au-pair können Sie übrigens als Kinderbetreuungskosten steuerlich absetzen.

Die ehemalige Familienministerin Dr. Ursula von der Leyen hat bei ihren Reden häufig das Sprichwort benutzt: Um ein Kind zu erziehen, braucht es ein ganzes Dorf.[64] Das kann man finden, wie man will. Eins ist aber klar: Es reicht ganz sicher nicht aus, dass sich eine Frau allein für das gesamte Privatleben aufarbeitet und nebenbei noch versucht, in Teilzeit Karriere zu machen. Um Ihre erste Säule zu stabilisieren, brauchen Sie also externe Dienstleistungen. Neben den bereits genannten kann das jemand sein, der die Kinder aus der Kita abholt, für Sie einkauft, mit Ihrem Hund rausgeht oder Ihre Steuererklärung übernimmt.

Warum sollen Sie nicht jemanden für all das bezahlen? Wenn der Haushalt eine Lappalie ist, warum sollen Sie dann Ihr Leben auf diese Lappalie ausrichten? Und wenn Haushalt wirklich Ihre Lieblingsbeschäftigung ist, dann eröffnen Sie eine Agentur für haushaltsnahe Dienstleistungen. Die Nachfrage wird enorm sein.

Neue Wege und alte Probleme

Die Diskussion um den Haushalt wird von Feministinnen schon seit mehr als 50 Jahren geführt. Dabei wird auch problematisiert, dass die Auslagerung dieser Care-Arbeit an bezahlte Kräfte neue sozialpolitische Ungleichheiten mit sich bringt.

Man spricht von der *Global Care Chain* und meint damit, dass weniger privilegierte Migrantinnen in Deutschland die Arbeit machen, die die privilegierten Akademikerinnen nicht machen, weil sie erwerbstätig sind.[65] Die Rede ist von »neuen Dienstmädchen«, die häufig zu Niedriglöhnen ausgebeutet werden, weil ihnen keine andere Wahl bleibt.[66] Eine Chain – also Kette – ist es deshalb, weil die Pflegekraft aus Polen wiederum zu Hause jemanden beschäftigt, der sich um ihre Kinder kümmert. Kritisiert wird vor allem, dass Männer hierbei völlig außer Acht gelassen werden. Zudem wird beim Vorschlag, eine Putzfrau zu bezahlen, natürlich außer Acht gelassen, dass es Menschen gibt, die sich das nicht leisten können, Alleinerziehende zum Beispiel.[67] Es gibt verschiedene Forderungen im Zusammenhang mit diesen Problemen. Eine sind die Umgestaltung des Arbeitsmarktes und seine Abwendung vom Ideal des männlichen, allzeit bereiten Arbeitnehmers. Eine weitere Forderung ist, dass Frauen, wenn sie nicht erwerbstätig sind, einen Anspruch auf das halbe Erwerbseinkommen des Mannes haben. Eine weitere Forderung, die leider inzwischen auch von rechten Kreisen vereinnahmt wird, ist ein Müttergeld, also ein Grundeinkommen für Mütter, die zu Hause bleiben. Oder auch ein Grundeinkommen für alle, damit überhaupt mehr gesellschaftlich relevante Arbeit gemacht werden kann. Insbesondere die Idee des Grundeinkommens hat inzwischen viele Anhänger*innen und wird als ein Ideal für mehr gesellschaftliche Gerechtigkeit angesehen.

Mir ist klar, dass ich hier letztlich eine Anpassung von Frauen an männliche Erwerbsbiografien fördere. Mir ist auch klar, dass das allein nicht die Antwort auf die Ungleichheiten zwischen Männern und Frauen sein kann. Ich bin außerdem selbstverständlich dafür, dass Männer sich genauso an der Hausarbeit beteiligen wie Frauen. Ich fürchte nur, nachdem ich gut 15 Jahre in der Familienpolitik arbeite, dass das alles zumindest in den nächsten zehn Jahren nicht ausreichen wird. Natürlich wäre es toll, wenn wir Community-Gärten bauen und Kinder in der Sonne spielen, während alte Leute mit Rollator zum Supermarkt begleitet werden und das alles eine gesamtgesellschaftliche Verantwortung ist. Ehrlich, ich fände das toll. Im Moment sehe ich aber nur Frauen, die das machen.

Meiner Meinung nach gehen dabei so viele Potenziale verloren und Frauen verschenken ihre Möglichkeiten. Ich bin überzeugt, dass die jetzigen rechtlichen und wirtschaftlichen Rahmenbedingungen so gestaltet sind, dass sich die Situation, die wir jetzt haben – in der Frauen so tun, als wären sie freiwillig in Teilzeit, und trotzdem noch den ganzen Laden schmeißen –, sich nur für Frauen negativ auswirkt. Sie sind diejenigen, die von Altersarmut bedroht sind; sie sind diejenigen, die nach einer Trennung keinen Unterhalt beziehen; und sie sind diejenigen, die nicht in den Führungsetagen sitzen und mitentscheiden.

Von neuen Wegen kann erst dann die Rede sein, wenn zumindest ein erheblicher Anteil gut ausgebildeter Frauen die gleiche Möglichkeit auf eine Karriere hat wie Männer. Es stimmt: Gerade haben wir herausgearbeitet, dass das Leben von Männern ziemlich dröge ist, wenn sie eigentlich nur arbeiten und ansonsten mal einen Dübel in die Wand bohren oder den Müll rausbringen. In diesem Kontext wird häufig das schwedische Beispiel bemüht, in dem Frauen wie Männer nach 17 Uhr von ihren Vorgesetzten angesprochen werden, dass sie nach Hause zu ihren Familien gehen sollen. Dieses Beispiel höre ich seit 2005. Ich finde das ein schönes Beispiel, genau wie das Zitat mit dem Dorf und dem Kind und dem Erziehen. In den 15 Jahren meiner Beobachtung und der Recherche statistischer Daten hat sich aber an der Orientierung an der männlichen Normalbiografie nicht viel geändert.

» Mit der männlichen Normalbiografie ist das gemeint: 40 Jahre Vollzeit bis zur Rente arbeiten und die Frau hält ihm den Rücken frei, weil es anders nicht zu machen ist.

Aus feministischer Perspektive wird kritisiert, dass Frauen gegenüber diesem Modell nur verlieren können. Es heißt, dass Männer so lange einen Wettbewerbsvorteil und Frauen einen Wettbewerbsnachteil haben, wie Männer abliefern. Daraus wird die Forderung abgeleitet, dass Arbeitszeitmodelle für alle Menschen angepasst oder verkürzt werden.

Die Frage, die sich hier stellt, ist: Warum sollen sich Frauen von der Normalbiografie verabschieden, wenn diese noch genauso gültig ist? Warum sollen sie sich nicht anstrengen? Warum sollen sie nicht ihre Partner in die Pflicht nehmen, um das zu erreichen, was ihnen zusteht? Mit der nominellen Ablehnung der männlichen Erwerbsorientierung entsteht aktuell für Frauen nur ein Doublebind: Sozialpolitik, Familienpolitik und Steuerrecht orientieren sich mehr und mehr am Zweiverdienermodell. Frauen sollten zumindest wissen, worauf sie sich einlassen und welche Risiken drohen, wenn sie sich abhängen lassen. Bei aller politischen Problematik, die es mit sich bringt, weniger privilegierte Frauen für die eigene Hausarbeit zu beschäftigen, bei allen Problemen, die die männliche Normalbiografie mit sich bringt, kann es ja nicht sein, dass jetzt ganze Frauengenerationen ihre akademische Ausbildung beim Polieren von Edelstahlspülen einsetzen, während die dazugehörenden Männer ihre Lebensläufe zum Glänzen bringen.

Was nehmen Sie aus diesem Kapitel mit?

» Die aktuelle Verteilung der häuslichen Arbeitsteilung läuft weitgehend so ab wie in den 1950er-Jahren. Das heißt, Frauen schränken ihre Arbeitszeit zugunsten der Familie ein, Männer legen noch eine Schippe drauf und ziehen sich elegant aus der Hausarbeit zurück.

» Diese Verteilung wünschen sich weder Frauen noch Männer. Aufgrund unserer Geschlechtersozialisation kommen wir aus überkommenen Rollenvorstellungen nur schwer raus, denn alles baut darauf auf, insbesondere, wie wir uns selbst als Mann oder Frau definieren.

» Kommen Kinder in die Gleichung, wird die Situation ungleich schwieriger. Zu den vorhandenen Geschlechterstereotypen kommen die Vorstellungen von außen, die Ansprüche an gute Elternschaft steigen. Den *Mental Load* dieser gestiegenen Ansprüche übernehmen Frauen zu großen Anteilen. Sie machen sich Druck zum Bioessen, zur Kita, zum Haushalt und zur richtigen Erziehung. Männer – siehe oben – ziehen sich elegant in die Ernährerrolle zurück. Frauen stützen dies durch ihre Gatekeeper-Funktion.

Wie kommen Sie aus dieser Situation raus?

» Verhandeln Sie hart über Ihre zeitlichen Freiräume und tragen Sie die Konsequenzen dieser Verhandlung. Wenn Sie Verantwortung an Ihren Partner abgeben, leben Sie mit den Entscheidungen, die er in seinem Tanzbereich trifft.

» Organisieren Sie Hilfe – im Haushalt, bei der Kinderbetreuung, für Verwaltungskram. Jede Hilfe, die Ihnen ermöglicht, beruflich durchzustarten, lohnt sich dreimal. Für Sie, für Ihre Partnerschaft, für Ihre Familie.

» Verabschieden Sie sich von Perfektion. Treffen Sie eindeutige Entscheidungen darüber, wo es Ihnen wichtig ist, eine gute Mutter zu sein, und stellen Sie alles andere hintan.

SÄULE II

Ein finanzielles Polster schaffen

Geld ist kein Tabuthema mehr

»Ich kann einfach nicht mit Geld umgehen, deshalb hat mein Mann alle Kreditkarten.« Diesen Satz habe ich 2019 von einer Frau Mitte 20 gehört, die ein Studium und eine Ausbildung abgeschlossen hat und in einer Führungsposition arbeiten möchte. In der Gruppe, in der sie das gesagt hat, haben alle wohlwollend geschmunzelt. Es scheint normal zu sein, dass Frauen nicht mit Geld umgehen können. Nach Daten des Mikrozensus von 2019 ist bei 85 Prozent aller verheiratet zusammenlebenden Paare der Mann der Haupteinkommensbezieher – es scheint also kein Wunder, dass die Frauen nicht mit Geld umgehen können ... Oder?[68]

Machen wir uns nichts vor: Über Geld nachdenken macht nur Spaß, wenn man es hat. Ansonsten hat es eher was von einem Zahnarztbesuch. Irgendwie drückt da was am hinteren Backenzahn, aber will ich wirklich wissen, wie es an der Wurzel aussieht? Vielleicht verschiebe ich den Arzttermin noch mal, bis es richtig wehtut. In Partnerschaften ist es noch viel unangenehmer, denn Liebe und Geld – das sollte nichts miteinander zu tun haben. Über Geld sprechen ist in Deutschland tendenziell tabuisiert: Niemand offenbart sein eigenes Gehalt, Paare reden nicht rational über die finanzielle Verteilung und selbst bei einer Hochzeit, die eigentlich ein wirtschaftlicher Vertrag ist, muss man nichts Finanzielles regeln, wenn man es nicht explizit will. Die Modelle, mit denen Paare ihre Finanzen regeln, sind deshalb oft eher dem Zufall geschuldet. In vielen Fällen haben die Frauen sowohl weniger Überblick als auch weniger Entscheidungsmacht darüber, was mit den finanziellen Ressourcen des Paares passiert.

Wir wagen uns in diesem Abschnitt an die Wurzelbehandlung und schauen uns genau an, wie Ihre finanzielle Situation aussieht. Haben Sie eine kurz-, mittel- und langfristige Geldanlage? Haben Sie genug Geld für einen »Fuck-off-Fonds«? Welchen Anspruch auf Unterhalt hätten Sie im Fall einer Trennung? Lohnt sich Ihre Steuerklasse? Wer bekommt die Freibeträge? Und ja – auch wenn es wehtut: Was ist mit Ihrer Altersvorsorge?

Das alles soll Ihnen kein schlechtes Gewissen machen. Es ist ja kein Zufall, dass der Großteil der Frauen heute weniger Einkommen und Vermögen hat als Männer. Diese Strukturen haben sich seit der Industrialisierung etabliert und fortgesetzt. Das Idealmodell der deutschen Sozialpolitik war lange Zeit die Ernährerehe, in der der Mann das Geld verdient und die Frau nicht. Diese Muster verändern sich zwar, aber haben mehr Überlebenswillen als ein Zombie in *The Walking Dead*. Deshalb ist es nicht Ihr individuelles Versagen, dass Sie aktuell vielleicht finanziell nicht gut dastehen. Ihre Situation ist systematisch und Sie sind nicht allein damit. Aber Sie können diese Situation ändern und sich finanziell auf sicherere Füße stellen. Von diesem Startpunkt aus sind Sie auch souveräner im Arbeitsleben. Sie arbeiten dann nicht mehr, um etwas dazuzuverdienen (wie das klingt!), sondern um Ihre Existenz zu sichern und Vermögen zu bilden. Das Ziel ist finanzielle Mündigkeit, das heißt, Sie wissen, wie Sie investieren und warum Sie Ihr Geld wofür ausgeben. Und Sie sind in der Lage, mit Ihrem Partner sachlich über die Verteilung finanzieller Risiken zu sprechen.

Wenn wir mit diesen Themen fertig sind, haben Sie einen klaren Plan vor Augen, wie Sie sich ein finanzielles Polster zulegen. Ich kann nur wiederholen: Wenn Sie aktuell Ihre Finanzen nicht im Griff haben oder nicht wissen, wie es um sie steht, stehen Sie damit keineswegs allein da. Die vielen Frauen, die von Armut oder Altersarmut bedroht sind, zeigen, dass dies kein Einzelfall ist. Und es ist kein Grund, sich zu schämen, sondern ein Grund anzupacken. Wagen wir erst einen Blick auf die Fakten zu Geld und Vermögen in Beziehungen.

Warum Männer reich sind und Frauen arm

Jan verdient als Abteilungsleiter in seiner Bank knapp 100 000 Euro im Jahr. Die Wohnung, in der Jan und Anne wohnen, hat er inzwischen gekauft und zahlt sie in monatlichen Raten ab. Jan und Anne sind nicht miteinander verheiratet. Anne zahlt Miete an Jan, einen reduzierten Satz, natürlich, weil sie weniger als Jan verdient. Sie kauft meistens das Essen, weil sie nach der Arbeit was von unterwegs mitbringt, aber sie zahlt ja auch weniger Miete. Anne will nicht über Geld diskutieren, denn Jan ist echt großzügig. Und es fühlt sich auch gut an, wenn er im Restaurant die Kreditkarte zückt, irgendwie mondän. Also ironisch mondän. Jan arbeitet hart und will sich auch mal was gönnen. Anne kann sich das eigentlich nicht leisten, aber er lädt sie dann einfach ein. Manchmal fühlt sich Anne etwas mulmig und fragt sich, ob das alles so gleichberechtigt ist. Neulich sagte eine Freundin zu ihr: »Wenn ihr euch trennt, stehst du auf der Straße und hast ihm die Wohnung abgezahlt.« Das hat Anne nachdenklich gemacht. Sie haben keine Regelungen über ihre Finanzen getroffen, weil sich alles immer so gefügt hat. Anne hat nicht mal einen Untermietvertrag bei Jan. Ihre Freundin hat den Satz zwar scherzhaft gemeint, aber irgendwie ist da schon was dran, findet Anne. Plötzlich fällt ihr ein, dass sie gerade ohne Arbeit ist. Und sie weiß auch, dass das was mit Familien- und Sozialpolitik zu tun hat. Sie merkt, dass sie aktuell eigentlich lebt wie ihre Mutter – und so wollte sie niemals sein. Anne will endlich wieder durchstarten.

Wie gesagt: Bei fast allen Mann-Frau-Paaren, die zusammenleben, ist der Mann der Hauptverdiener. Hauptverdiener heißt, dass er mehr Einkommen hat als sie. Diese Ungleichverteilung führt logischerweise dazu, dass Frauen weniger Einkommen und Vermögen zur Verfügung haben, und dazu, dass sie in vielen Fragen, beispielsweise wenn es um Elternzeiten geht, die ungünstigere Verhandlungsposition haben. Diese schlechtere Verhandlungsposition führt zu vielen großen und kleinen Abhängigkeiten. Und sie führt teilweise zu finanzieller Verdrossenheit – denn warum soll ich mich um Geld kümmern, wenn ich ohnehin keins habe?

Aber warum verdienen Frauen weniger Geld als Männer?

Mythos Gender-Pay-Gap?

Geht es um die Verteilung der Einkommen zwischen Frauen und Männern, fällt oft das Schlagwort Gender-Pay-Gap. Am *Equal Pay Day*, der jedes Jahr ungefähr im März stattfindet, wird symbolisiert, wie lange Frauen länger arbeiten müssen, um den gleichen Lohn wie Männer zu erhalten. Politisch wird oft von etwa 19 Prozent Gender-Pay-Gap gesprochen. Ein Großteil dieser Lücke lässt sich dadurch erklären, dass mehr Frauen in Teilzeit arbeiten, weniger Frauen in Führungspositionen sind und Frauen in schlechter entlohnten Branchen, wie der Dienstleistungsbranche, arbeiten. Weil Statistik es gern ganz genau nimmt, wird hier viel herumgerechnet. Bereinigt, also wenn Teilzeit und geringere Karrierestufen herausgerechnet sind, liegt der unerklärte Teil des Gender-Pay-Gap nur noch bei 5 bis 6 Prozent.[69]

Viel dramatischer ist es aber, wenn man sich die Jahreseinkommen von Männern und Frauen ansieht. Das heißt, entscheidend ist hier nicht die Lücke des Lohnes bei gleicher Arbeit, sondern die reine Summe, die Frauen zur Verfügung haben. Angesichts dieser Zahlen gerät der Gender-Pay-Gap in den Hintergrund. Der Steuerexperte Stefan Bach vom Deutschen Institut für Wirtschaftsforschung hat anhand der Lohn- und Einkommensteuerstatistik errechnet, dass Frauen durchschnittlich nur die Hälfte (!) des Jahreseinkommens von Männern beziehen. Durch das Ehegattensplitting haben verheiratete Frauen mit geringeren Einkommen durch die höhere Steuerlast sogar noch schlechtere Einkommen als ledige Frauen.[70] Ich finde das eine sensationelle Statistik, weil sie das Problem der Lohndiskriminierung zwischen Männern und Frauen noch eindrücklicher zeigt und weil sie den Anteil zeigt, den Frauen selbst daran haben, wenn sie sich nämlich für das Splitting entscheiden. Die Einkommen von Männern entwickeln sich im Verlauf ihrer Karrieren nach oben. Die von Frauen stagnieren ab dem Alter von 30 oder gehen nach unten.[71]

Das heißt, unabhängig von der Frage, ob Frauen in Teilzeit arbeiten oder keine Führungspositionen einnehmen: Frauen haben am Jahresende deutlich weniger in der Tasche als Männer. Und diese großen Beträge machen den zentralen Unterschied, denn Frauen können kaum Vermögen aufbauen, sie können nicht privat vorsorgen, sie haben kein Wohneigentum und damit kaum Möglichkeiten, sich unabhängig von ihren Männern zu bewegen. Sie legen weniger Geld in Anlagen oder Fonds an, sie befassen sich nicht mit Börsenkursen und haben meistens nicht mal drei Monatsgehälter für kurzfristige Notfälle wie eine kaputte Waschmaschine auf der hohen Kante.

Frauen leben auf zu großem Fuß

Erst seit dem Jahr 1969 werden Frauen als geschäftsfähig angesehen. Davor mussten Ehefrauen rechtlich von ihrem Mann eine Zustimmung für Anschaffungen wie eine Waschmaschine einholen. Im Jahr 2021 haben die Männer einfach faktisch die Entscheidungsmacht darüber, ob die Waschmaschine gekauft wird oder nicht, denn sie haben die finanziellen Mittel. Übrigens, darum geht es weiter unten – im Ehegüterrecht haben die Ehemänner diese Entscheidung, und das ist vollkommen legal.

Das Problem ist, dass Frauen, wenn sie nur die Hälfte des Einkommens von Männern haben, eigentlich systematisch über ihre Verhältnisse leben. Denn in Partnerschaften steigt dann zwar das Haushaltseinkommen, es wird eine größere Wohnung gemietet und mehr Geld für den täglichen Bedarf aufgewendet. Wenn es aber wider Erwarten zu einer Trennung kommt, sieht die Lage abrupt anders aus, denn die meisten Frauen müssen dann plötzlich von ihrem eigenen Einkommen leben, das eben nur die Hälfte des Partnereinkommens ist.

>> Viele Frauen könnten nicht von ihrem eigenen Einkommen überleben. Das hat kurzfristige und langfristige Konsequenzen. Kurzfristig leben Frauen in der Abhängigkeit, langfristig können sie keine Rücklagen bilden.

Lassen wir mal die Zahlen sprechen: Jede vierte Frau, die Vollzeit arbeitet, verdient ein Monatseinkommen von unter 2000 Euro brutto; dies trifft dagegen nur auf jeden siebten Mann zu. Wenn Frauen weniger als 15 Wochenstunden arbeiten, ist fast jede zweite Frau auf finanzielle Leistungen von Angehörigen angewiesen, das trifft nur auf weniger als ein Drittel der Männer in derselben Lebenssituation zu, weil diese besser abgesichert sind, zum Beispiel eine Berufsunfähigkeitsversicherung oder Anspruch auf staatliche Leistungen haben.[72] Wenn Frauen nicht in die Sozialversicherungssysteme eingezahlt haben, bleibt ihnen im Notfall nur die Grundsicherung. In Haushalten mit männlichem Hauptverdiener haben 38,5 Prozent der Haushalte Wohneigentum, in Haushalten mit weiblicher Hauptverdienerin sind es nur 28 Prozent. Die ersteren Haushalte haben durchschnittlich 717 Euro Bruttogeldvermögen, die letzteren nur 392 Euro.[73] All diese Zahlen führen zu einem Befund: Frauen haben viel weniger Geld als Männer. Finden Sie das gerecht? Ich nicht.

Es ist also nicht so, dass ich Sie aus Selbstzweck zur feministischen Erweckung führen will und deshalb für eigenständige Einkommen plädiere. Sondern es gibt Szenarien, die eine gerechtere Verteilung von Einkommen als Sicherheit notwendig machen: zum Beispiel die chronische oder schwere Erkrankung eines Partners mit längerer Arbeitsunfähigkeit. Es kann aber auch der Wunsch sein, eine Zeit lang einen anderen beruflichen Weg zu gehen – das kann sowohl Ihr Wunsch als auch der Ihres Partners sein. Oder es kann eine Trennung sein. Es ist deshalb schlicht pragmatisch, dass Sie die Möglichkeit haben, auch von Ihrer eigenen Erwerbstätigkeit zu leben. Nicht zuletzt entlastet das den Partner von der alleinigen Verantwortung für die Existenzsicherung. Das mit der feministischen Erweckung kommt dann von ganz allein.

Denken wir hier noch einmal an die Verteilung bezahlter und unbezahlter Arbeit, die bei Säule I Thema war. Plötzlich ergibt diese Verteilung Sinn. Es ist nämlich nicht nur so, dass Sie die unbezahlte Arbeit machen – in der gleichen Zeit verdienen Männer mit bezahlter Arbeit Geld. Und genau dieses Geld akkumuliert sich in den Vorteilen von Vermögen, Geldanlagen, Eigentum und einem besseren Jahreseinkommen. Wie ebenfalls bei Säule I gesagt, ist für Männer der Verdienst wichtiger, um eine Partnerin zu finden, weil die meisten Männer ihre Rolle als Ernährer verstehen. Wenn es um die nackten Zahlen an Einkommen geht, zeigt sich, dass diese eigentlich diffusen Verteilungen und Rollenverständnisse knallharte Auswirkungen haben. Jutta Allmendinger, eine bekannte Soziologin, sagte in einem Interview, dass der Heiratsmarkt Frauen nach wie vor besser bezahlt als der Arbeitsmarkt. Ein Mann ist auch heute noch eine Altersvorsorge: Der Arbeitsmarkt bietet aktuell für Frauen weniger finanzielle Anreize. Das Problem ist, dass diese finanzielle Sicherheit des Heiratsmarktes Frauen in der Abhängigkeit hält.[74]

Finanzielle Mündigkeit heißt demgegenüber, dass Sie zu jedem Zeitpunkt über eigene Mittel verfügen. Ob diese daher kommen, dass Sie mit Ihrem Partner eine Vereinbarung über die Verteilung seines Einkommens getroffen haben oder dass Sie Ihr eigenes Geld verdienen, ist dabei erst einmal zweitrangig.

Männer haben eine Eigentumswohnung, Frauen Hartz IV

Männer haben Wohneigentum, Vermögen und Rücklagen. Frauen zahlen Miete und Überziehungszinsen. Frauen arbeiten zu 70 Prozent im Niedriglohnbereich und verbleiben dort auf Dauer; Männer im Niedriglohnbereich sind dort meist vorübergehend und im Alter von unter 25 Jahren.[75]

33 Prozent der Alleinerziehenden sind von Armut bedroht und beziehen Leistungen nach dem Zweiten Sozialgesetzbuch, also Hartz IV.[76] Anspruch auf Hartz IV hat nur, wer alle eigenen Vermögensreserven aufgebraucht hat. Diese Alleinerziehenden haben also auch keinerlei Rücklagen.

» **Wer Hartz IV bezieht, muss alle Einkommen offenlegen, muss einen Großteil des eigenen Vermögens aufbrauchen, kann von der Behörde zu einem Umzug verdonnert werden und muss eigentlich jeden Job annehmen, der angeboten wird, auch wenn dieser zum Beispiel unter dem Qualifikationsniveau liegt.**

Sie sind also auf den guten Willen Ihrer Case-Managerin oder Ihres Case-Managers angewiesen und – wieder einmal – in der Abhängigkeit.

Die Zahlen zeigen, dass Frauen aller Gleichstellung, aller familienpolitischen Anstrengungen, aller Sozialpolitik und aller Debatten zum Trotz im unteren Teil der Einkommensverteilung verharren und es teilweise sogar schlimmer wird und nicht besser. Mit Kollegen habe ich über eine Langzeitauswertung herausgefunden, dass insbesondere die Gruppe der Alleinerziehenden von der Sozialpolitik der letzten Dekade nicht profitiert hat, sondern tendenziell ärmer wird, vor allem im Vergleich zu verheirateten Müttern.[77]

Auf der anderen Seite machen Frauen die besseren Schulabschlüsse als Männer, schließen zu gleichen Teilen ein Studium ab. Frauen sind heute auf dem Sprung, aber irgendwann einfach weg vom Fenster. Die Potenziale aus Ausbildung, Können und Willen sind also da, in diesen Frauen steckt, pardon, viel Humankapital. Wo sind die Einkommenspotenziale dieser hoch qualifizierten Frauen und warum realisieren sie sich nicht in gleichem Ausmaß wie bei den Männern?

Wenn wir also über die Verteilung von Hausarbeit diskutieren, ist das kein rein politisches Wohlfühl-Gleichberechtigungsprogramm, das man tun oder auch lassen kann. Es geht hier um finanzielle Ressourcen und damit um Handlungsspielräume, Macht und Unabhängigkeit. Aus der unscheinbaren Entscheidung für eine vorübergehende Familienauszeit, aus der Zuständigkeit für schmutzige Socken und die Spülmaschine wird plötzlich die generelle Frage nach einer eigenständigen Existenzgrundlage. Die Frage, wer was im Haushalt übernimmt, kann – überspitzt formuliert – über eine Eigentumswohnung entscheiden, die man(n) hat oder eben nicht.

Vom finanziellen Verdruss zur finanziellen Mündigkeit

Sie sind eigenständig. Sie haben selbst entschieden, was Sie studieren, welchen Beruf Sie ergreifen und wo Sie leben wollen. Sie können sich für oder gegen ein Kind, für oder gegen eine Partnerschaft entscheiden. Sie entscheiden täglich, was Sie essen wollen, was Sie konsumieren, ob Sie Fahrrad fahren oder sich anderweitig fortbewegen. Frauen in Deutschland können seit mehr als 100 Jahren wählen und seit einigen Jahrzehnten auch selbst politische Ämter übernehmen. In all diesen Entscheidungen verhalten Sie sich mündig.

Fragen zu Einkommen und Vermögen sind bei Frauen oft mit Ängsten oder Vorbehalten verbunden. Sie haben nicht erlebt, dass ihre Mütter kompetent mit den eigenen Finanzen umgegangen sind, und es ist deshalb weniger selbstverständlich, eigene Ansprüche geltend zu machen. Das fängt im Privatleben an und hört bei der Gehaltsverhandlung mit dem Arbeitgeber nicht auf. Ich habe sogar Probleme damit, wenn ich Freundinnen Geld geliehen habe, davon etwas zurückzuverlangen. (Wer kennt's?) Aus vielen verschiedenen Gründen stehen Frauen deshalb finanziell oft weniger gut da als Männer.

Und wer wenig hat, fühlt sich dabei auch oft handlungsunfähig. In der Psychologie spricht man von mangelnden Selbstwirksamkeitserfahrungen. Frau versinkt in finanzieller Verdrossenheit, denn: »Was soll ich denn machen? Ich hab doch eh nichts!«

Ich bin absolut nicht bereit zu akzeptieren, dass Frauen, die heute alles erreichen können, in diesem Verdruss verharren. Lassen Sie uns deshalb über finanzielle Mündigkeit nachdenken. Genau wie Ihr Wissen zu Gesundheit, zu Ernährung, zu Politik und Gesellschaft können Sie gezielt Kompetenzen erwerben, die Sie in die Lage versetzen, Ihre finanziellen Interessen durchzusetzen. Als kompetente Partnerin in Finanzfragen nehmen Sie damit auch Druck von Ihrem Partner, der die Ernährerrolle ja auch schon lange nicht mehr so reizvoll findet.

>> **Im Zusammenspiel mit der privaten Arbeitsteilung und Ihren beruflichen Zielen stellen sich also die Fragen: Wo wollen Sie als Team hin, privat, beruflich und finanziell? Und wie können Sie das gemeinsam erreichen, ohne dass ein Part immer zurücksteckt? Finanzielle Mündigkeit als Paar heißt, dass Sie beide Verantwortung für Ihre finanzielle Situation übernehmen und jederzeit informiert sind, wo Sie stehen.**

Sehen wir uns kurz die politischen Rahmenbedingungen an.

Wir leben in einem konservativen Wohlfahrtsstaat

Die meisten jungen Paare sind heute progressiv eingestellt. In Umfragen zeigen sie sich offen für Gleichberechtigung, privat wie beruflich. Es ist schon lange nicht mehr so, dass Menschen in Umfragen nur die Konstellation Vater-Mutter-Kind als Familie ansehen.[78] Im Gegenteil, der damalige Bundespräsident Horst Köhler sagte schon 2006, dass Familie dort ist, wo Kinder sind, und vertrat damit ein sehr progressives Familienbild.[79] Das staatliche System, in dem wir leben, ist trotzdem konservativ. Warum ist das so?

Ehe und Familie stehen unter dem verfassungsrechtlichen Schutz des Staates (Art. 6 (1) Grundgesetz). Das heißt, viele politische Maßnahmen sind darauf ausgerichtet, dass Menschen, die füreinander Verantwortung übernehmen, diese Verantwortung honoriert bekommen. Ganz klar: Der Staat will, dass Menschen zusammenleben, dass sie finanziell füreinander einstehen und Familien gründen.

In der Politikwissenschaft geht man davon aus, dass Deutschland ein sogenannter konservativer oder paternalistischer Wohlfahrtsstaat ist.[80] Ein Merkmal dieses Wohlfahrtsstaates ist das sogenannte Subsidiaritätsprinzip. Das bedeutet, dass immer erst davon ausgegangen wird, dass familiale Unterstützung eintritt, bevor staatliche Leistungen gewährt werden. Daraus leitet sich zum Beispiel das Unterhaltsrecht ab, aber auch die Steuerfreibeträge für Kinder, die Pflicht, die erste Ausbildung des Kindes zu finanzieren, und auch die Verbreitung halbtägiger Betreuungsmodelle für Kinder.

» **Der deutsche Wohlfahrtsstaat setzt teilweise noch auf die Hausfrauenehe. Das heißt, dass Sie sich bewusst anders entscheiden müssen, wenn Sie im tradierten Modell leben wollen. Für dieses Modell brauchen Sie ein finanzielles Konzept.**

In liberalen Wohlfahrtsstaaten, also zum Beispiel den USA, ist der Anteil von Frauen in Führungspositionen höher.[81] Erklärt wird das damit, dass der deutlich geringere Schutz von Arbeitnehmerinnen bei Mutterschaft nicht zu Diskriminierung führen kann. In den USA ist Elternzeit vollständig Privatsache, es gibt keinen gesetzlichen Mutterschutz. Der Vollständigkeit halber muss man aber sagen, dass sozialdemokratische Wohlfahrtsstaaten, also diejenigen, die voll auf die staatliche Förderung von Gleichberechtigung setzen, ebenfalls einen höheren Anteil von Frauen in Führungspositionen haben.

Der deutsche Wohlfahrtsstaat befindet sich im Umbruch. Das heißt, es findet teilweise eine Abkehr vom paternalistischen Modell statt – aber eben nur teilweise. Logisch, die Menschen verändern ihr Zusammenleben, sie lassen sich scheiden, die Frauenerwerbstätigkeit steigt, Akademikerinnen entscheiden sich seltener für Kinder etc.

Da muss die Politik nachziehen und sich modernisieren. Die Kinderbetreuung wird und wurde ausgebaut, die Müttererwerbstätigkeit gefördert, das Elterngeld wird seit 2007 einkommensabhängig gewährt und das Unterhaltsrecht wurde 2008 geändert. Das heißt, ein Wohlfahrtsmodell wird schrittweise geändert, aber nicht alle Maßnahmen ändern sich gleichzeitig. Insofern gibt es eine Ungleichzeitigkeit von Familienrecht, Steuerrecht und Sozialversicherungsrecht. Das heißt, das Steuerrecht setzt andere Anreize als das Elterngeld, das Unterhaltsrecht andere Anreize als die Minijob-Regelung. Fazit: Staatliche Modernisierung verläuft ungleichzeitig. Deshalb passen viele politische und rechtliche Voraussetzungen nicht mehr zueinander. Paare und Familien sind gefragt, individuell passende Lösungen zu finden. Das kann die Umverteilung von Arbeitszeit sein oder eben die individuelle Lösung, dass Sie das Risiko einer Erwerbsunterbrechung nicht allein tragen.

Minijobs: Eine scheinbar praktische Lösung für Zuverdienerinnen

Verschiedene Bedingungen auf dem Arbeitsmarkt, von denen man es nicht vermutet, haben eine massive Auswirkung auf geschlechtsspezifische Einkommen. Genau wie bei den anderen politischen Maßnahmen setzen sie Anreize, die zu unterschiedlichem Handeln von Männern und Frauen führen und deshalb auch unterschiedliche Auswirkungen haben.

Eine Maßnahme ist der sogenannte Minijob. Eigentlich eine tolle Sache: Wer wenig verdient, muss weniger in die Sozialversicherung einzahlen. Zwei Drittel der geringfügig Beschäftigten sind Frauen, im Gesundheitsbereich liegt der Frauenanteil der Minijobberinnen bei 81 Prozent.[82] Wenn Sie also einen oder mehrere Minijobs ausüben und insgesamt weniger als 450 Euro im Monat verdienen, können Sie in die Rentenversicherung einzahlen, sich aber auch davon befreien lassen. Ende 2015 waren nur 18 Prozent der geringfügig entlohnten Beschäftigten im gewerblichen Bereich und 14 Prozent der Beschäftigten im Minijob in Privathaushalten rentenversicherungspflichtig beschäftigt.[83] Das heißt, gut 80 Prozent der Minijobberinnen erwerben keinen eigenen Rentenanspruch.

Finanzielle Mündigkeit heißt, sich auch darüber Gedanken zu machen, ob Sie Ihr Potenzial an Einkommen, Rente und Karriere mit einem Minijob wirklich ausschöpfen können. Meistens ist das nicht der Fall und für die Rente lohnt es sich auch nicht. Überlegen Sie, ob Sie nicht zumindest eine versicherungspflichtige Teilzeit aufnehmen können. Die lohnt sich dann auch für die neue Grundrente.

Die konservative Konstruktion funktioniert nur dann, wenn Paare verheiratet zusammenbleiben, wenn also Szenario A eingehalten wird. Gehen wir deshalb zunächst davon aus, was das konservative Wohlfahrtsmodell vorsieht, wenn alles nach Plan läuft.

Szenario A: Und wenn sie nicht gestorben sind ...

Als Anne schwanger geworden ist, hat Jans Mutter ihnen geraten zu heiraten. Irgendwie wäre es dann einfacher mit dem Sorgerecht, sagte sie, und dass Anne dann richtig abgesichert sei. Jan und Anne haben gelacht. Man heiratet ja nicht wegen der Sicherheit. Anne wollte erst heiraten, wenn sie bei der Hochzeitsparty auch wieder Alkohol trinken kann und in ein schickes Kleid passt. Und eigentlich fand sie das mit dem Heiraten ohnehin spießig. Jan hatte dann aber andere Sachen im Kopf wegen der Abteilungsleitung.

Jetzt, wo Anne immer noch keinen Job gefunden hat und die Krippeneingewöhnung so schwierig ist, denkt sie manchmal an die Worte von Jans Mutter. Ihr Konto ist ständig in den Miesen, auch weil sie die ganzen Sachen für Lena einkauft. Sie hat ja auch mehr Zeit und Jan kennt nicht mal Lenas Windelgröße. Jan hat Anne zur Geburt einen 300-Euro-Drogerie-Gutschein geschenkt, damit sie sich richtig austoben kann. Miete zahlt Anne inzwischen nicht mehr an Jan und er bezahlt den Wochenendeinkauf im Biomarkt.

Ich bin in einer Reihenhaussiedlung in der Nähe von Stuttgart aufgewachsen. Die Kinder aus unserer Straße waren mit mir in einer Klasse und mittags sind wir von der Schule zusammen nach Hause gelaufen. Die Mütter haben daheim Apfelpfannkuchen gebacken oder Spaghetti mit Hackfleischsoße gekocht und nach dem Mittagessen und den Hausaufgaben haben wir auf den Obstwiesen gespielt oder im Vorgarten. Ich habe mich nie gefragt, was die Mütter eigentlich machen und wo die Väter sind. Das Gehalt der Väter war genug, um ein Reihenhaus zu bezahlen, ein Auto, die Bestellung bei Bofrost und was man sonst so braucht. Warum haben damals alle so gelebt?

Die Verführung kommt in Form von Steuern

Damals wie heute funktionieren steuerliche Anreize in verheirateten Paarfamilien so, dass es sich für Ehefrauen lohnen kann, nicht zu arbeiten. Die steuerlichen Vorteile für (verheiratete) Paarfamilien bestehen aus drei Komponenten: die Wahl der Steuerklassen, das Ehegattensplitting und die Kinderfreibeträge.

Der lange Arm der Steuerklasse

Ehepaare können wählen, ob sie die Steuerklasse III und V kombinieren oder ob beide die Steuerklasse IV wählen. Paare, die ungleich verdienen, wählen meist die Kombination III/V und diejenigen mit ähnlichen Verdiensten IV/IV. Das heißt, die mit dem ungleichen Verdienst erhalten direkt unterschiedliche Steuersätze, die mit der gleichen Steuerklasse werden am Jahresende ausgeglichen.[84]

Wenn nur der Ehemann das Geld verdient und die Ehefrau sich um die Familie kümmert, werden ihr Grundfreibetrag (9744 Euro) und weitere Grundfreibeträge für Kinder (5460 Euro pro Kind) vom zu versteuernden Einkommen des Ehemannes abgesetzt.

Splittingvorteile stehen Ihnen zu gleichen Teilen zu

Im Jahr 2020 haben Männer als Arbeitnehmer in Vollzeit durchschnittlich 45 000 Euro an zu versteuerndem Einkommen erzielt. Für Alleinverdienerpaare resultiert daraus im Jahr 2021 ein Splittingvorteil von 4237 Euro, der Solidaritätszuschlag wird 2021 auf diese Einkommen nicht mehr erhoben. Wenn die Zweitverdienerin 10 000 Euro im Jahr verdient, sinkt der Splittingvorteil auf 1456 Euro. Verdient sie 20 000 Euro, liegt der Splittingvorteil nur noch bei 654 Euro.[85] Der Vorteil durch das Ehegattensplitting ist also vor allem dann wirksam, wenn die potenzielle Zweitverdienerin gar nicht arbeitet. Besonders brisant daran ist die Argumentation, dass viele Frauen auf eine Erwerbstätigkeit verzichten, weil sie sagen, dass sie nicht mehr verdienen, als die Kinderbetreuung kostet. Die Kinderbetreuung wird in diesen Argumentationen eins zu eins mit dem Einkommen der Mutter verrechnet.[86] Das Einkommen des Mannes wird dabei nicht herangezogen. In der Zusammenwirkung sinkt der Anreiz, dass verheiratete Frauen erwerbstätig sind. Machen Sie sich Folgendes bewusst:

- Ein Splittingvorteil von 4237 Euro steht mindestens zur Hälfte Ihnen zu. Noch genauer haben Sie einen Anspruch auf die Hälfte des Einkommens Ihres Ehegatten.
- Auch die Steuervorteile aus den Kinderfreibeträgen sollten mindestens den Kindern zugutekommen. Sie können diese aber auch in Kinderbetreuung investieren – und die so gewonnene Zeit für Ihre Karriereplanung nutzen.
- Rechnen Sie gemeinsam aus, welchen Anspruch Sie aus dem gemeinsamen Einkommen haben, wenn Sie das Ehegattensplitting nutzen.

Nicht arbeiten zahlt sich (nicht) aus

Für Kinder und nichterwerbstätige Ehepartner*innen gilt zudem die Mitversicherung in der gesetzlichen Krankenkasse. Ist ein Ehemann also berufstätig und gesetzlich versichert, läuft die ganze Familie auf seine Krankenversicherung. Ein Anteil von 21 Prozent der Versicherten in der gesetzlichen Krankenversicherung sind beitragsfrei mitversichert, darunter Ehefrauen und Kinder.[87] All das wird von der Subsidiarität umfasst: Man steht füreinander ein und der Staat hilft erst dann, wenn die innerfamiliären Ressourcen nicht mehr ausreichen.

In der Summe wirken das Ehegattensplitting, die beitragsfreie Mitversicherung in der gesetzlichen Krankenversicherung und die Privilegierung der Minijobs so, dass viele Paare sich weiterhin für ein Ernährer- oder ein Zuverdienermodell entscheiden. Trotz verbaler Fortschrittlichkeit scheint das Modell Hausfrau sehr verlockend zu sein. Oder wollen wir alle wirklich insgeheim das Heimchen am Herd sein? Ist es unser aller Lebensziel, in Lululemon und Daunenjacke mit dem SUV die Kinder abzuholen und einen Body-Mass-Index von 19 zu erreichen? Naaaa? Eben. Schnarch.

Wenn Ehepaare lebenslang zusammenbleiben, dann hat die Ehefrau im Alter Anspruch auf die Rente ihres Mannes und bekommt oft für ihre geringfügigen Jobs und die Kindererziehungszeiten eine kleine eigene Rente. Wenn beide bis dahin das Haus abgezahlt haben, können sie nun zufrieden ihren Enkelkindern beim Aufwachsen zusehen.

>> **Die Konstruktion der Hausfrauenehe funktioniert nur dann, wenn Paare lebenslang zusammenbleiben. Ein Verzicht auf Erwerbsarbeit zahlt sich daher mittelfristig nicht aus, nur langfristig, wenn die Ehe hält.**

Die Wahrscheinlichkeit dafür ist gar nicht so gering. Ein Großteil der Ehen hält bis ans Lebensende und wird durch den Tod von Mann oder Frau aufgelöst.

Mein Vater ist gestorben, als ich in der Grundschule war. Die Reihenhausidylle mit Apfelpfannkuchen war dann erst mal vorbei, denn von einer Hinterbliebenenrente lässt sich kaum die Miete zahlen, wenn der Renteneinzahler jung stirbt. Meine Mutter war Anfang 30, hatte keinen in Deutschland anerkannten Berufsabschluss und wir saßen damit erst mal auf dem Trockenen.

Gemäß der zusammengefassten Scheidungsziffer werden 32 Prozent der in einem Jahr geschlossenen Ehen innerhalb der nächsten 25 Jahre wieder geschieden. Im Jahr 2018 wurden insgesamt 148 066 Ehen geschieden, davon waren in 74 523 der geschiedenen Ehen minderjährige Kinder betroffen. Insgesamt waren das 121 343 Kinder.[88] Tatsächlich steigt die Trennungswahrscheinlichkeit nach der Familiengründung signifikant an, da die Geburt eines Kindes ein echter Stressor für eine Partnerschaft ist.[89]

In geschiedenen Ehen wird die Frage des Unterhalts- und Ehegüterrechts relevant. Was ist also Szenario B, wenn es nicht läuft wie geplant?

Szenario B: In guten wie in schlechten Zeiten?

Anne hat den Gedanken an eine Hochzeit noch nicht ad acta gelegt, hat aber auch nicht wieder mit Jan darüber geredet. Er hat ja auch immer noch so viel zu tun. Eine Freundin von Anne hat sich gerade scheiden lassen. Sie hat jetzt Hartz IV beantragt. Anne fühlt sich hin- und hergerissen. Einerseits will sie nicht diejenige sein, die auf eine Hochzeit pocht, die sie ohnehin zu spießig findet. Aber was ist, wenn ihre Partnerschaft schiefgeht? Steht sie dann allein mit Lena auf der Straße? Andererseits scheint die Ehe auch nicht mehr die sichere Lösung zu sein. Irgendwie sträubt sich Anne dagegen, alles pessimistisch zu sehen und an eine mögliche Trennung zu denken. Sie will Jan nicht ausnehmen wie eine Weihnachtsgans, aber im Moment trägt sie alle Risiken allein.

Auch der konservative Sozialstaat ist nicht naiv. Natürlich wurde gesetzlich für den Fall vorgesorgt, dass Paare nicht lebenslang zusammenbleiben. Das Subsidiaritätsprinzip (so ein schönes Wort und ein echter Knaller, wenn Sie mal damit auf einer Party anfangen!) gilt über die Ehe hinaus, das nennt sich »nacheheliche Solidarität«. Deshalb lautet das Eheversprechen auch »in guten wie in schlechten Zeiten«, denn aus einer Ehe verabschiedet man sich nicht einfach so, wenn es nicht läuft. Man ist weiterhin füreinander verantwortlich und vor allem für eventuelle gemeinsame Kinder.

Zugegeben: Ich habe noch nie eine Hochzeitstorte gesehen, auf der Paragrafen abgebildet waren. Es wurde vor Rührung geweint und ich habe viele Herzen gesehen und andere Liebessymbole. Im Eherecht hingegen ist an keiner Stelle von Liebe die Rede. Trotzdem wird bei der Eheschließung so viel Herzchensymbolik verpulvert, dass Herzchenausstanzereien ohne Eheschließungen pleite wären. Natürlich plädiere ich nicht dafür, am eigenen Hochzeitstag auf Liebe, Luftballons und Herzchen zu verzichten, aber ich stelle mir dennoch die Frage: Sind sich Paare, die heiraten, darüber bewusst, welchen Vertrag sie abschließen?

Denn sie wissen nicht, was sie tun

Laut einer Umfrage aus dem Jahr 2014 im Auftrag des Bundesministeriums für Familie, Senioren, Frauen und Jugend ergab sich, dass zwar ein Großteil der heute verheirateten Paare mit ihrer Ehe Stabilität und einen sicheren rechtlichen Rahmen verbinden. Die Paare entscheiden sich bewusst für die Ehe: Männer erhoffen sich durch die Ehe eine krisenfestere Partnerschaft; Frauen sehen die Ehe als »kontinuierlichen kommunikativen Prozess«, in dem sie sich gemeinsam über die Gestaltung des Projekts Ehe austauschen.[90] Das Interessante ist, dass den Befragten gleichzeitig fast alle bedeutsamen Begriffe im Zusammenhang mit dem Ehegüterrecht unbekannt sind. Die meisten wissen nicht, was Güterstand, Zugewinngemeinschaft oder Ähnliches bedeuten.

Die Bereitschaft zur nachpartnerschaftlichen Verantwortungsübernahme ist ziemlich eingeschränkt. 42 Prozent der Männer und 52 Prozent der Frauen stimmen der Aussage, dass es Gründe gebe, auch nach einer Partnerschaft eine gewisse Verantwortung für den Expartner zu tragen, nicht zu.[91] Das zeigt: Obwohl Paare heiraten, um einen sicheren rechtlichen Rahmen zu schaffen, ist die Bereitschaft, diesen Rahmen auch nach einer Ehe mitzutragen, nicht bei allen Paaren ausgeprägt. Das Autorenteam empfiehlt deshalb, Schieflagen schon in bestehenden Ehen zu klären und nicht erst Regelungen für den Trennungsfall anzuvisieren. [92]

Mein Ziel mit diesem Abschnitt ist daher folgendes: Ich will, dass Sie schon vorher wissen, worauf Sie sich in Ihrer Partnerschaft einlassen, egal, ob Sie heiraten oder nicht. Ich will, dass Sie Ihre Entscheidungen informiert und deshalb mündig treffen. Das bedeutet, dass es sowohl bei verheirateten als auch bei nicht verheirateten Paaren dringend notwendig ist, sich schon während einer Partnerschaft über eventuelle finanzielle Konsequenzen im Klaren zu sein.

Love and Marriage ...

Ich habe bei meinen Recherchen mit Standesbeamt*innen telefoniert und gefragt, ob sie bei der Eheschließung auf die Konsequenzen hinweisen und ob sie eigentlich über Liebe sprechen. Die Standesbeamt*innen haben bestätigt, dass sie bei der Eheschließung über Liebe sprechen; die rechtlichen Rahmenbedingungen erwähnen sie nicht. Vermutlich zieht das Ehegüterrecht auch weniger als Verkaufsargument für die ganze Angelegenheit und welche Standesbeamt*innen wollen mangels Aufträgen ihren Job verlieren? Tränchen und Herzchen kommen irgendwie besser an.

Fakt ist jedoch: Paare entscheiden sich selten dafür, sich vor einer Ehe oder Familiengründung rechtlich so abzusichern oder zumindest Vereinbarungen zu treffen, dass beide Parteien davon ausgehen können, langfristig finanziell abgesichert zu sein. Nur 5 Prozent aller Ehen werden mit Ehevertrag geschlossen.[93] Paare, die sich gegen einen Ehevertrag entscheiden, gehen davon aus, dass sie sich im Trennungsfall gütlich einigen, oder auch, dass zum Zeitpunkt einer Trennung andere Probleme im Vordergrund stehen.[94] Modernität wird postuliert, gleichzeitig geht sie aber mit einer erschütternden Ahnungslosigkeit einher, wenn es um finanzielle Eigenständigkeit und Absicherung geht.

Die rechtliche Idee der Ehe beinhaltet, dass eine wirtschaftliche Gemeinschaft eingegangen wird, dass Risiken gemeinsam getragen werden und dass eine Arbeitsteilung während einer Ehe sich zumindest teilweise auch nach der Ehe abbildet. Das heißt, wer verheiratet war, hat im Regelfall nach dem Ende einer Ehe Anspruch auf die Hälfte des Vermögens, das in der Ehe angesammelt wurde.[95] Zudem gibt es einen begrenzten Anspruch auf nachehelichen Unterhalt.

Die moderne Beziehungsgestaltung stellt uns daher vor einen klassischen Doublebind. Einerseits ist es tabu, beim Heiraten über finanzielle Konsequenzen nachzudenken, denn da geht es ja nur um Herzchenaugen, Torten und weiße Tauben. Wenn aber umgekehrt, gerade wegen der modernen Einstellung, auf die klassische Ehe verzichtet wird, stehen die Paare erst recht vor einem Regelungsvakuum, das sich vor allem für Frauen negativ auswirkt. Wenn eine Frau also aus lauter Modernität auf die Ehe verzichtet, gibt sie damit auch eventuelle Versorgungsansprüche bei einer Trennung auf, obwohl sie sich womöglich beruflich genauso eingeschränkt hat wie eine traditionelle Ehefrau. Deshalb ist es wichtig, sich bewusst zu sein:

- Das Familienrecht spricht bei der Ehe nicht von Liebe, sondern von Verantwortung. Damit ist auch wirtschaftliche Verantwortung gemeint.
- Nicht verheiratete Paare haben keine Ansprüche auf gegenseitigen Unterhalt nach einer Trennung, ausgenommen den Betreuungsunterhalt.

Auch für den Trennungsfall gilt daher:

- Machen Sie sich über die rechtlichen Konsequenzen Ihres Familienmodells schlau.
- Treffen Sie Vorsorge für den Trennungsfall.

Die Zahnarztgattin ist nach der Scheidung weder Zahnärztin noch Gattin

Das Unterhaltsrecht wurde 2008 grundlegend reformiert. Die damalige Bundesministerin der Justiz, Brigitte Zypries, fasste das Ziel des Gesetzes »Kinder immer an die erste Stelle« ironisierend so zusammen: »Einmal Zahnarztgattin, immer Zahnarztgattin, das gilt nicht mehr.«[96] Hinter diesem Satz stand die Auffassung, dass sowohl Ehepartner als auch Ehepartnerin eigentlich schon vor einer möglichen Scheidung für sich selbst aufkommen sollten. Die nachehelichen Unterhaltsansprüche wurden deutlich begrenzt und befristet. Im Vordergrund der Reform stand, dass der Kindesunterhalt gesichert werden soll, der Ehefrauenstatus aber weniger Absicherung erfährt.

Wir haben ja bereits gesehen und können es sicher auch alle nachempfinden: Die Bereitschaft zur Unterhaltszahlung ist weder bei Verheirateten noch bei nicht Verheirateten besonders ausgeprägt. Die Unterhaltsrechtsreform hat diesen Einstellungen Rechnung getragen. Und hier zeigt sich auch, dass der Wohlfahrtsstaat vom konservativen Modell abrückt: Im Vordergrund steht nicht mehr der Status der Ehe, sondern die Tatsache, dass eine gemeinsame Verantwortung für Kinder übernommen wurde. Das heißt, Kinder und Elternteile, die für junge Kinder sorgen, sind gegenüber anderen Ehepartner*innen privilegiert.

Das Unterhaltsrecht lässt sich grob in den Kindesunterhalt und den Unterhalt für Expartner*in aufteilen. Beide Ansprüche existieren relativ unabhängig voneinander, wobei der Kindesunterhalt die höchste Priorität hat. Wenn ein Paar gemeinsam zwei Kinder hat, kommen dabei schnell Unterhaltsbeträge von 600 bis 700 Euro heraus. Und da sind die zwei Wohnungsmieten und eventuelle weitere Unterhaltsansprüche noch nicht eingerechnet.

Da die meisten Paare sich nicht trennen, weil sie sich so wahnsinnig gut verstehen, ist so eine Zahlung zwar gerecht, aber dennoch mit Widerständen behaftet. Deshalb läuft es mit dem Unterhalt nicht so problemlos, wie es der Gesetzgeber vorsieht.

Eine Studie des Deutschen Instituts für Wirtschaftsforschung zeigt, dass die Hälfte aller unterhaltsberechtigten Kinder keinen oder nur unzureichenden Kindesunterhalt beziehen.[97] Das heißt, diese Kinder hätten einen gerichtlich festgelegten Unterhaltsanspruch, der sich nach dem Einkommen des Unterhaltspflichtigen richtet, bekommen ihn aber nicht.

Zusätzlich zum Kindesunterhalt gäbe es die Möglichkeit, aus der vergangenen Ehe einen Unterhaltsanspruch abzuleiten.

Grundsätzlich sind nach einer Ehe beide Parteien für sich selbst verantwortlich. Ein Unterhaltsanspruch besteht nicht automatisch, sondern muss begründet werden. Gründe für einen Unterhaltsanspruch können die Betreuung eines Kindes, Alter, Krankheit, Erwerbslosigkeit oder zu geringe Einkünfte sein. Auch Ausbildung, Fortbildung oder Umschulung können sogenannte Billigkeitsgründe sein. Entgegen der früheren Regelungen müssen Unterhaltsansprüche im Einzelfall begründet werden und sind schwieriger durchzusetzen. Insbesondere in Ehen von langer Dauer, in der die Partnerin sich lange beruflich eingeschränkt hat, können diese Gründe gegeben sein – Stichwort 20 Jahre Zahnarztgattin.

Ein Hauptgrund in jüngeren Altersgruppen ist der sogenannte Betreuungsunterhalt, also der Unterhalt, der anfällt, weil Sie wegen Ihres Kindes nicht voll arbeiten können. Darüber hinaus kann es im Einzelfall weitere Ansprüche geben, diese müssten aber begründet werden.

» **Ein Unterhaltsanspruch wegen Kinderbetreuung besteht meist nur, bis das Kind drei Jahre alt ist. Alle anderen Unterhaltsansprüche sind Einzelfallentscheidungen. Treffen Sie also zusätzliche Vereinbarungen, wenn Sie sich beruflich einschränken – etwa dadurch, dass Ihr Partner für Sie Rücklagen bildet.**

Aus der »finanziellen Verdrossenheit« nach dem Motto, warum sich frau ums Geld kümmern sollte, wenn sie keins hat, ergibt sich oft, dass Frauen sich gar nicht für das Einkommen ihrer Männer interessieren. Ich habe in meiner Beratungspraxis beim Verband alleinerziehender Mütter und Väter Frauen kennengelernt, die nicht mal den Einblick in das Gehaltskonto ihres Partners haben, geschweige denn eine eigene EC-Karte für das gemeinsame Konto. Das heißt, sie verbleiben schon innerhalb der Beziehung in einer Unwissenheit und Abhängigkeit. Ein Trennungsszenario wäre für sie völlig unüberschaubar. Zudem gibt es keinen bewussten Umgang mit den gemeinsamen finanziellen Ressourcen. Wer einmal pro Woche die Hand aufhalten muss, um sich das Haushaltsgeld bar auszahlen zu lassen, der hat keine Ahnung, wie es um die gemeinsame Situation bestellt ist.

Um aber überhaupt herauszufinden, ob ein Unterhaltsanspruch möglich ist, müssen die Einkommensabrechnungen vorliegen. Dass eventuelle Schwarzgeldbeträge hier nicht zählen, dürfte sich von selbst verstehen.

Man muss sich an dieser Stelle natürlich auch fragen, ob ein Modell, in dem Ex-Ehepartner*innen füreinander bezahlen müssen, eigentlich noch angemessen ist: Es ist nur dann angemessen, wenn vorher in einem klassischen oder modernisierten Ernährermodell gelebt wurde. Und in diesem Fall lohnt es sich, sich durch zusätzliche Vereinbarungen abzusichern, damit im Ernstfall auch wirklich Ehegattenunterhalt gezahlt wird. Sie sehen, trotz rechtlicher Regelungen hat das klassische Ernährermodell im Grunde ausgedient. Und das ist gut so.

Fassen wir zusammen:

- Sie haben einen Anspruch darauf, zu erfahren, was Ihr Ehemann verdient und welche Vermögenswerte er hat. Finanzielle Mündigkeit heißt, dass beide über die Finanzen informiert sind.
- Wenn Sie nicht miteinander verheiratet sind, besteht der Anspruch auf Information zumindest dann, wenn Sie sich für die gemeinsame Verwaltung des Haushaltseinkommens entscheiden oder wenn Sie Ihre Erwerbsarbeit einschränken.

Warum das Ehegüterrecht durchaus seine Berechtigung hat

Wenn wir vom Güterrecht sprechen, geht es nicht um Unterhalt, sondern um gemeinsame Anschaffungen und Vermögenswerte. Das Güterrecht beinhaltet, dass alle Zugewinne innerhalb einer Ehe beiden Parteien zu gleichen Anteilen zustehen. Wenn aber ein Partner (zum Beispiel Jan) die Eigentumswohnung mit in die Ehe bringt, dann gehört ihm normalerweise die Wohnung auch nach einer Scheidung allein. Macht ja Sinn, schließlich hat er sie auch allein bezahlt. Die Tatsache, dass Anne vor der Ehe mit ihrer Miete geholfen hat, die Wohnung abzuzahlen, tut dann nichts zur Sache.

Wenn Sie heiraten, können Sie heute zwischen drei Güterständen wählen: der Zugewinngemeinschaft, der Gütertrennung oder der Gütergemeinschaft. Aus den Rentenansprüchen kann sich darüber hinaus ein Versorgungsausgleich ergeben.

Die Zugewinngemeinschaft

Wenn Sie nichts anderes vereinbaren, wird immer die Zugewinngemeinschaft angewendet. Sie ist deshalb auch der häufigste Güterstand, denn zum Zeitpunkt der Heirat mag man gar nicht über Geld oder Scheidung sprechen – das ist unromantisch. Tricky ist allerdings, dass während der Ehe die Partei, die weniger Geld hat, rein rechtlich nicht über die Verwendung des Vermögens entscheiden darf.

Ich weiß nicht, ob Sie dieses Sprichwort des schwäbischen Ehemannes kennen, der sagt:»Was deins isch, isch unsers und was meins isch, geht dich nix an.« Mehr oder weniger stimmt das. Wenn Ihr Ehemann sich beispielsweise während der Ehe von seinem Gehalt einen Porsche kauft, ist das allein seine Sache, Ihr Aktienfonds würde allein Ihnen zustehen. Wenn die Ehe endet, wird der jeweilige Zugewinn ausgeglichen. Das heißt, die Differenz des Anfangsvermögens und des Endvermögens wird ausgerechnet und wer einen höheren Zugewinn erzielt hat, muss die Hälfte dieses Mehrgewinns an die weniger vermögende Partei zahlen. Geld, das unnötig ausgegeben wurde, wie der Wertverlust eines Porsches, zahlt sich dann weniger aus als eine Vermögensbildung.

Gütertrennung vs. Gütergemeinschaft

Eine Gütertrennung bedeutet, dass keiner von beiden jeweils güterrechtlich einen Anspruch auf den Vermögenszuwachs des anderen hat. Die Gütergemeinschaft bewirkt das Gegenteil: Was mein ist, ist auch dein. In dem Fall würden Sie nicht nur die gemeinsam erwirtschafteten Güter, sondern auch die Vermögenswerte, die in die Ehe mitgebracht werden, als Anspruch haben. Heute wird beides nur selten vereinbart.

» **Das Güterrecht basiert auf der Idee, dass der mehr verdienende Partner auch vermögenstechnisch profitiert, wenn die Partnerin weniger arbeitet. Daher hat die Partnerin auch Ansprüche auf das erwirtschaftete Vermögen.**

Der Versorgungsausgleich

Mit dem Versorgungsausgleich ist ein Ausgleich der Altersvorsorgeansprüche gemeint. Der Versorgungsausgleich umfasst Zeiten, in denen der Partner in die Rentenkasse eingezahlt hat, die Partnerin aber mangels Erwerbstätigkeit nicht. Diese Rentenansprüche stehen Ihnen auch nach einer Scheidung hälftig zu. Es entsteht ein sogenannter Ausgleichswert, den die Rentenkasse berechnet. Das Familiengericht bestimmt diesen Ausgleichswert und er wird – vereinfacht ausgedrückt – Ihrem Rentenanspruch zugeschrieben. Bei Ehen von kurzer Dauer müssen Sie den Versorgungsausgleich extra beantragen; waren Sie länger verheiratet, findet dies im Rahmen des Scheidungsverfahrens statt.

» **Wenn Sie sich also, vorübergehend oder nicht, für die Übernahme von Familienaufgaben entscheiden, sollten Sie sich auch für einen Vertrag entscheiden. Das kann eine Ehe mit Zugewinngemeinschaft sein, es kann aber auch eine private Vereinbarung sein. Der Gesetzgeber hat nicht ohne Grund den Versorgungsausgleich geschaffen, er verbindet damit Vorstellungen von Gerechtigkeit.**

Probleme mit Szenario B entstehen, während Sie Szenario A leben

»Life is what happens to you while you are busy making other plans« – dieses John-Lennon-Zitat passt gut auf die Situation von Frauen. Während Frauen in Beziehungen nach dem Konzept »Wir planen für die Ewigkeit« leben und sich klaglos zurücknehmen, passieren Änderungen im Finanziellen, im Privaten und im Politischen.

Dadurch entsteht eine wirtschaftliche Abhängigkeit, die moderne Frauen eigentlich weit von sich weisen würden. Diese Abhängigkeit entsteht aber innerhalb von Beziehungen, nicht danach. Unterhaltsrecht und Güterrecht sind nur notdürftige Pflaster auf einer Ungleichverteilung, die schon in Beziehungen entsteht. Die Einkommenslücke von Männern und Frauen besteht ja unter anderem aufgrund der innerpartnerschaftlichen Ungleichverteilung von Erwerbsarbeit und Sorgearbeit. Und ich bin mir (statistisch bedingt) fast sicher, dass Sie da keine Ausnahme bilden.

» **Informieren Sie sich also über Ihre Ansprüche, Ihr Einkommen, Ihre Verdienstpotenziale, egal, ob Sie das glücklichste Paar auf der Erde sind oder nicht. Die Probleme mit Szenario B entstehen in der Lebensphase, wo Sie Szenario A leben und Szenario B konsequent ausblenden. Es geht dabei gar nicht zwingend um eine potenzielle Trennung. Es geht darum, dass Sie eine gleichberechtigte Verhandlungsposition haben und gleichermaßen Verantwortung für die gemeinsamen Finanzen übernehmen wie Ihr Partner.**

Gleichzeitig muss innerhalb von Beziehungen gelten, dass bezahlte und unbezahlte Arbeit gerecht verteilt sind. Wenn sie nicht gerecht verteilt sind, dann müssen klare Regeln über den finanziellen Ausgleich gelten. Das heißt, egal, ob Sie jetzt auf Unterhalt spekulieren oder nicht: Gehen Sie in die finanzielle Mündigkeit.

Vielleicht fragen Sie sich an dieser Stelle, ob es eigentlich auch ein Szenario C gibt. Vielleicht für Paare, die nicht heiraten. Sie sind – zumindest rechtlich betrachtet – nicht eingeplant.

Szenario C: Nicht verheiratete Paare? Welche nicht verheirateten Paare?

Anne und Jan hatten sich entschieden, erst einmal nicht zu hei-
raten. Erstens wollte Anne nicht auf alles hören, was Jans Mutter
sagt, die mischt sich ohnehin schon viel zu viel ein (am Anfang hat
sie gleich gefragt, ob Lena ein Schreibaby ist). Zweitens wollte sie
ein richtiges Fest feiern, und das ging weder in der Schwanger-
schaft noch in der Stillzeit. Jetzt hat Anne keinen Nerv, etwas zu
organisieren, und Jan hat die Hochzeit gar nicht mehr angespro-
chen. Annes Krankenversicherung läuft in der Elternzeit erst mal
weiter. Jan hat natürlich die Vaterschaft anerkannt und sie haben
das gemeinsame Sorgerecht erklärt. Irgendwie ist alles geregelt
und der Freibetrag für Lena läuft erst mal auf Jans Steuerkarte. Im
Vergleich mit befreundeten Paaren, die verheiratet sind, stehen
sie trotzdem oft schlechter da.

Ein Drittel aller Kinder wird heute in Partnerschaften geboren, bei
denen die Eltern nicht miteinander verheiratet sind.[98] Der grund-
gesetzliche Schutz von Ehe und Familie gilt für nicht miteinander
verheiratete Eltern nur eingeschränkt (logisch, aus der Sicht des
Grundgesetzes fehlt da ja die Ehe). Die steuerlichen Vorteile von
Ehepaaren gelten natürlich nicht, die Familienmitversicherung der
gesetzlichen Krankenkasse auch nicht und es entstehen auch keine
Ansprüche auf die Rente des Partners oder der Partnerin. Der gemeinsame Güterstand ist an die Ehe gebunden, insofern werden
nicht verheiratete Paare eigentlich behandelt wie Singles.

Es gibt allerdings eine Ausnahme: Wer Hartz IV beantragt und in
einer Partnerschaft mit einer Person zusammenlebt, die arbeitet
oder Geld verdient, wird erst einmal auf deren Einkommen verwie-
sen. Da ist sie wieder: die Subsidiarität. Der Staat springt erst ein,

wenn die Angehörigen (in dem Fall sind die Angehörigen, was man selbst draus macht) nicht zahlen können.

Für nicht miteinander verheiratete Paare heißt das, dass sie zumindest dann, wenn sie gemeinsame Kinder haben, auch für ihre Vermögenswerte, mögliche Immobilien und vor allem dann, wenn eine Partei sich beruflich einschränkt, spezifische Regelungen treffen sollten. Sie können sich, abgesehen vom Betreuungsunterhalt, nicht darauf verlassen, dass es staatliche Regelungen gibt.

Frauen kaufen den Salatkopf und Männer den ETF-Fonds

Jan und Anne sind happy zusammen und manchmal denkt Anne, dass sie echt ein cooles Paar sind. Immerhin will sie ja wieder arbeiten und bald wird das auch was. Außerdem ist da ja auch ihre Doktorarbeit. Sie hat mit Jan über das Problem gesprochen, dass ihr Konto immer so leer ist, und Jan hat prompt eine zweite Kreditkarte für sie bestellt, mit der sie direkt von seinem Konto bezahlen kann. Sie kauft jetzt die Sachen für Lena mit der Kreditkarte und am Wochenende wird ohnehin für die Woche Essen gekauft. Beim Biosalat hat sie trotzdem ein schlechtes Gewissen, weil Jan nicht so viel Wert auf bio legt. Außerdem isst er mittags in der Kantine und sie will nicht ihre täglichen Sachen von seinem Geld zahlen. Die Situation fühlt sich manchmal unlösbar an. Sie findet immer noch keine Stelle, die ihrer Qualifikation entspricht, in Teilzeit. Sie fühlt sich wie eine Hausfrau aus den 50ern, wenn sie von Jans Geld lebt. Gleichzeitig will sie auch nicht aus lauter Gleichberechtigung über ihr eigenes Budget gehen.

Es kann auch in modernen Beziehungen Situationen geben, in denen Partner*innen voneinander abhängig sind. Aber wie gehen Paare mit ihren Einkommen um? Dazu gibt es verschiedene Modelle. Der Fachbegriff dafür nennt sich *Pooling Strategies*, also die Frage, wie und ob die Einkommen zusammengelegt werden.

» **Sie können sich als Paar entscheiden, ob Sie Ihre Einkommen zusammenlegen, getrennt verwalten oder ob Sie zumindest den Teil zusammenlegen, den Sie auch gemeinsam verbrauchen.**

Die drei groben Modelle sind: individualistisch (zwei getrennte Konten und getrennte Behandlung der Finanzen), kollektivistisch (beide legen ihre Einkommen zusammen) oder eine Mischform. Die Wahr-

scheinlichkeit, dass nicht verheiratete Paare ihr Einkommen indivi-
dualisiert behandeln, ist größer als bei verheirateten Paaren, was irgendwie auf der Hand liegt. Das individualistische Prinzip wird also
von etwa 20 Prozent aller Paare in Deutschland gelebt.[99] Dass alles zusammengelegt wird wie beim kollektivistischen Prinzip, trifft
besonders für Paare zu, die heiraten wollen oder schon verheiratet
sind, und damit auf ein Drittel der Paare. Weitere 45 Prozent nehmen
mal das eine und mal das andere Prinzip.[100] Paare, die ihre Einkommen nicht zusammenlegen, sind in der Regel jünger, Partner und
Partnerin sind höher gebildet und erwerbstätig.

» **Sprechen Sie möglichst früh über die Aufteilung Ihrer Einkommen. Wenn Sie das Thema erst ansprechen, wenn Sie beispielsweise in Elternzeit gehen, sind Sie in einer ungünstigen
Position.**

Männer sitzen finanziell am längeren Hebel

Miriam Beblo und Christina Boll, zwei renommierte Ökonominnen,
haben für drei entscheidende Bereiche in Paarbeziehungen untersucht, wie Entscheidungen getroffen werden und wie sich die unterschiedlichen Partnerinteressen hier statistisch abbilden. Sie
gehen auf die Verteilung von Arbeitszeit, auf die Entscheidung für
ein Kind und auf die Entscheidungen zur Verteilung von Geld ein.
Beblo und Boll weisen nach, dass die Höhe des individuellen Einkommens sich durchaus auf die Entscheidungsmacht auswirkt,
auch wenn nominell gemeinsam gewirtschaftet wird. Alters- und
Bildungsunterschiede und das grundsätzliche Wohlstandsniveau
beeinflussen, wer das letzte Wort hat. Daten von 2006 zeigen, dass
in 56,6 Prozent der Paare gemeinsam entschieden wird, etwas weniger als die Hälfte hat also durchaus eine einseitig verteilte Entscheidung, zumindest dann, wenn es um das letzte Wort geht. Die
Autorinnen sprechen hier von moralischen Zugriffsrechten, dass
also die Person, die mehr verdient, auch am Ende moralisch die

Oberhand hat. Das heißt, selbst wenn Sie Zugang zum gemeinsamen Konto haben, gehen Sie mit dem Verdienst Ihres Mannes anders um, als wenn Sie das Geld selbst verdient hätten. Umgekehrt reden Sie Ihrem Partner vermutlich nicht rein, wenn er unvernünftige Ausgaben hat.

Die Autorinnen plädieren dafür, politische Anreize so auszurichten, dass eine gleichberechtigte Teilhabe von Frauen und Männern an Familie und Beruf ermöglicht wird, wodurch eine gleichgewichtige Verhandlungsposition für beide Parteien entstehen würde.[101] Genau diese politischen Anreize sind jedoch gegenwärtig widersprüchlich. Für die meisten Frauen ist die Situation nach wie vor so, dass sie in Partnerschaften finanziell schwächer sind. In der Summe lässt sich festhalten, dass, auch wenn Frauen zum Beispiel über alltägliche Einkäufe entscheiden (zum Beispiel den Salatkopf), die Entscheidung über größere Geldfragen (den ETF-Fonds) beim Mann liegt.

Eine andere Studie legt anhand von Daten des Sozio-oekonomischen Panels dar, dass die Verteilung des Einkommens auch bei Zweiverdienerpaaren einen Einfluss auf die Vorstellungen von Geschlecht hat. Insbesondere für Männer ist hier relevant, weiterhin traditionellen Geschlechternormen zu entsprechen.[102] Klar: *Old habits die hard.* Ist verständlich, ändert aber nichts. Es ist also auch bei der geregelten Verteilung der Einkommen nicht immer davon auszugehen, dass Paare rational und vor allem gerecht mit den finanziellen Ressourcen umgehen, was natürlich nicht verwundert, wenn das Thema so sensibel ist. Und auch hier erzeugen Fortschritt und Rahmenbedingungen Reibung. Klar will heute keine Frau mehr vom Einkommen ihres Mannes abhängig sein oder die Hand aufhalten müssen. Gleichzeitig ermöglichen die Rahmenbedingungen nicht die volle Autonomie.

Vielleicht denken Sie jetzt: Das klingt alles sehr weit weg. Was interessiert mich, welche Ökonominnen Entscheidungsbereiche bei Paaren modelliert haben? Es interessiert deshalb, weil sich hier Muster abzeichnen. Wenn bei nicht verheirateten Paaren eher die individuelle Variante gewählt wird, heißt das, dass bei diesen Paaren die Person, die weniger Einkommen hat, weniger abgesichert ist. Das sind in der Regel Frauen.

Das Muster bleibt immer ziemlich ähnlich: Den Zugriff auf das Geld und die Verfügung über mehr Geld haben Männer. Dabei sind Männer hier nicht die *bad guys*, die Frauen systematisch über den Tisch ziehen. Männer sind Männer wie Jan, die eine Abteilung leiten, sich für die Familie einsetzen, irgendwie versuchen, gleichberechtigt zu sein, und auch nicht so recht weiterwissen. Nebenbei wächst aber ihr Vermögen, weil sie mehr Einkommen haben. Und so sitzen die Jans eben am Ende durch die besseren Finanzen am längeren Hebel als die Annes.

Ich weiß nicht, ob es Ihnen aufgefallen ist, aber in fast allen Studien, die ich hier zitiere, empfehlen die Autorinnen der Politik am Ende, dass sie auf mehr Gleichstellung setzen solle. Das gilt für die Coronastudie[103], für die Studie zu Kenntnissen über das Eherecht[104] und genauso für die Forschung zu den Entscheidungsbereichen.[105] Alle Sozialforscherinnen zeigen, dass die Paare unter den gegebenen Bedingungen meist ein tradiertes Modell wählen oder den Kopf in den Sand stecken, dass es aber schlauer wäre, Gleichberechtigung auch zu praktizieren.

Mögliche Konsequenzen einseitiger finanzieller Macht

In Deutschland ist die Forschung zu finanzieller Gewalt noch kaum ausgeprägt und es gibt nur wenig Hilfen oder Maßnahmen dazu. Während für häusliche Gewalt oder Stalking eigene Straftatbestände gelten, ist finanzielle Gewalt viel schwerer nachzuweisen und auch sehr diffus. Betroffene sind sich deshalb oft nicht bewusst, dass sie darunter leiden. Finanzielle Gewalt umfasst, dass ein Partner, also derjenige mit mehr finanziellen Mitteln – meist der Mann –, die volle Kontrolle über das Geld ausübt und diese auch an das Verhalten der weniger mächtigen Partnerin knüpft. Die Partnerin hat dann keinen Zugriff auf das gemeinsame Konto und muss sich die finanziellen

Mittel erbetteln. Das kann dazu führen, dass (in der Regel) Frauen in gewaltförmigen oder missbräuchlichen Beziehungen bleiben, weil sie über kein eigenes Geld verfügen können und Angst haben, buchstäblich auf der Straße zu landen.[106] Vertreterinnen des Frauennotrufs beschreiben die potenziellen Täter bei finanzieller Gewalt nicht als fiesemöppige Schlägertypen, sondern eher als diejenigen, die beruflich erfolgreich sind und sich über eine funktionierende Ehe definieren. Finanzielle Gewalt kommt also sprichwörtlich in den besten Familien vor.[107]

In getrennten Beziehungen wird finanzielle Gewalt vor allem darüber ausgeübt, dass kein Unterhalt gezahlt wird. Aus meinen Beratungen beim Verband alleinerziehender Mütter und Väter kenne ich viele Fälle, in denen Mütter mangels Unterhalt keine Lebensmittel mehr kaufen konnten, die Kinder aber beim Umgangskontakt mit dem Vater verwöhnt wurden. Das Problem ist, dass auch Klagen oder Gerichtsverfahren meist länger dauern und direkte finanzielle Hilfe schwierig wird.

Ein Risikofaktor für das Auftreten finanzieller Gewalt ist es, keine Verhandlungsmacht und im schlimmsten Fall keinerlei Kenntnisse über die gemeinsamen Finanzen zu haben. Auch wenn es vielleicht aktuell unwahrscheinlich scheint, dass Sie in diese Situation kommen, macht es Sinn, für Eventualitäten gerüstet zu sein.

Betroffene von finanzieller Gewalt können sich an Frauennotrufe und Gewaltschutzstellen wenden. Werden Sie sich klar darüber, dass auch finanzieller Druck eine Form von Gewalt ist, die durch jahrelange Abhängigkeit entsteht. Sie haben Schutz verdient.

Viel wichtiger ist aber, dass Sie von Anfang an einen guten Überblick über die gemeinsamen Finanzen haben.

Die Lage ist nicht aussichtslos

Es ist ja nicht so, dass die Daten nicht hinlänglich bekannt wären: Es ändert sich nur interessanterweise nichts. Das Wissenschaftszentrum Berlin (WZB) hat nachgewiesen, dass junge Frauen heute durch-

aus einen hohen Willen zum beruflichen Erfolg haben. Die Rahmenbedingungen sind nur so widersinnig, dass viele sagen:»Bevor ich
mich an der Nase herumführen lasse, bleibe ich dann eben Hausfrau, davon kann ich mir mehr erwarten.«[108] Manche Frauen entscheiden sich also aus lauter Frust über die Rahmenbedingungen
für das Modell»Desperate Housewives« und verdrängen ihre ur-
sprünglichen Pläne eines wilden, gefährlichen und aufregenden
Daseins. Wir sollten es stattdessen wie fünfjährige Kinder machen
und jedem entschiedenen»Das geht nicht«, das sich uns in den Weg
stellt, ein noch entschlosseneres»Trotzdem« entgegenhalten (wir
müssen uns ja dabei nicht auf den Boden werfen).

Es mag sein, dass die statistischen Aussichten nicht rosig sind.
Es gibt aber Anteile, die Sie in Ihrer eigenen Lebenssituation in der
Hand haben. Es ist ja eben nicht so, dass Sie als Frau heute nicht in
der Lage wären, in Partnerschaften Ihre Position zu vertreten. Sie
sind nicht mehr die unterwürfige Pantoffel- und Bierflaschenträge-
rin (wenn es die jemals gab). Sie sind deshalb auch in der Lage, privat für Ihre finanziellen Interessen, für eine gerechtere Arbeitsteilung und eine berufliche Karriere zu kämpfen. Sie haben Spielräume
und ich bin überzeugt, dass die meisten Männer sich diese Verant-
wortungsteilung wünschen. Ich möchte Sie ermutigen, diese Spielräume auszureizen, denn immerhin leben wir in einer modernen Gesellschaft und wir haben es in der Hand, diese Modernität auch mit
Leben zu füllen.

Das aktuelle System ist zwar so ausgerichtet, dass es sich für
Ehepaare unter Umständen eher lohnt, wenn eine verheiratete Mutter zu Hause bleibt und sich um gemeinsame Kinder kümmert oder
eine ungünstige Steuerklasse wählt. Wenn aber die kurzfristigen
Gewinne steuerlicher Erleichterungen oder Elternzeitungleichver-
lungen gegen die langfristigen Kosten und Risiken gerechnet werden, sehen der Minijob und die zweijährige Elternzeit plötzlich doch
nicht mehr so attraktiv aus.

Mir geht es nicht darum, irgendwelche Familienmodelle zu verur-
teilen. Alle Menschen sollen frei wählen, wie, mit wem und von wes-

sen Geld sie leben wollen. Mir geht es nur darum, dass Sie wissen, welche Handlungsalternativen Sie haben.

Es gibt zwei Wege in die finanzielle Mündigkeit

Wenn Sie einen Aufstiegsjob ablehnen, weil Sie jetzt einfach mal nur Mama sein wollen und Ihr Partner ja genug verdient, geht Ihnen sowohl eine berufliche als auch eine finanzielle Chance verloren. Wenn Ihr Partner mit Ihnen verheiratet ist, haben Sie wie gesagt nach einer Scheidung noch Ansprüche auf einen Teil seines Vermögens und seiner Rente. Wenn Sie nicht verheiratet waren, geht auch das unter Umständen verloren. Und vor allem: Den langfristigen Effekt, den der Verzicht hat, ersetzt Ihnen niemand. Sie können das ganz leicht selbst durchrechnen: Welches Einkommen entgeht Ihnen aktuell? Und welches Einkommen entgeht Ihnen mit Blick auf einen weiteren Aufstieg, den Sie nun aber ablehnen, weil Ihre traditionelle Berufung Mutter ist? Wer damit *fine* ist – okay. Wer sich aber jetzt fragt, woher es kommt, dass Alleinerziehende in den Hilfen zum Lebensunterhalt überrepräsentiert sind, bekommt hiermit die Antwort. Sie sind überrepräsentiert, weil sie schon während einer Partnerschaft nicht in die berufliche Entwicklung investiert haben und nach einer Trennung umso mehr Schwierigkeiten haben, eine existenzsichernde Arbeit zu finden. Eine Studie zeigt, dass Frauen nach einer Trennung dann sicher im Erwerbsleben stehen, wenn sie schon vorher mindestens in einer großen Teilzeit (mehr als 30 Wochenstunden) gearbeitet haben.[109]

Fassen wir die Aspekte Wohlfahrtsstaat, Frauenerwerbstätigkeit und Zahlungswilligkeit im Ernstfall also zusammen, müssen wir folgende Schlussfolgerungen ziehen:

- Erstens: Die staatlichen Regelungen setzen widersprüchliche Anreize, so weit ist alles klar. Die Kinderbetreuung wird ausgebaut, reicht aber nicht immer aus.
- Zweitens: Männer verdienen viel mehr Geld als Frauen. Das liegt sowohl an Ungerechtigkeiten wie an der geringeren Er-

werbsbeteiligung als auch an Entscheidungen für weniger lukrative Jobs von Frauen.

• Drittens: Die Einstellung von Paaren und die gesetzlichen Regelungen garantieren nicht mehr, dass nach einer Trennung für beide Parteien gerecht vorgesorgt ist.

Für Ihren Weg in die finanzielle Mündigkeit gibt es also zwei Alternativen.

Investieren Sie in Ihre berufliche Entwicklung
Sie können in Ihre berufliche Entwicklung investieren und dadurch in die Lage kommen, dass Sie sich jederzeit selbst finanzieren können. Es geht dabei nicht darum, dass Sie jeden Einkommensunterschied abbauen. Es geht nur darum, dass Sie sich absichern. Das heißt, Sie haben eine Erwerbstätigkeit, von der Sie leben und Rücklagen bilden können. Sie zahlen in die gesetzliche Rentenversicherung ein und sorgen zusätzlich privat vor. Sie haben ein kurzfristiges finanzielles Polster von drei Monatsgehältern für unvorhergesehene Aufgaben und Sie haben die Ausgaben als Paar gerecht verteilt. Zugegebenermaßen ist das mein Favorit.

Treffen Sie klare Absprachen mit Ihrem Partner
Wenn Sie dennoch Ihre Priorität auf die Sorgeverantwortung für gemeinsame Kinder und Haushalt legen wollen, brauchen Sie klare Absprachen. Dazu gehört die Absprache zu den gemeinsamen aktuellen Finanzen, zu den zukünftigen Plänen und dazu, was ist, wenn Sie nicht zusammenbleiben. Das heißt, Sie haben mit Ihrem Partner vereinbart, welcher Teil des Einkommens nur Ihnen zusteht (idealerweise auf einem eigenen Konto), Sie verfügen über Zugang zu einem Konto für gemeinsame Ausgaben, Sie sind an seiner Vermögensbildung beteiligt und er zahlt für Sie die Lücken in der Altersvorsorge. Wenn es tatsächlich zu einer Trennung kommt, ist ein Konflikt meistens so eskaliert, dass eine Diskussion über Geld eher kontraproduktiv ist. Deshalb sorgen Sie in guten Zeiten vor.

Warum Subsidiarität in zwei Richtungen wirken muss

Es ist Ihnen mittlerweile klar, dass die gesetzlichen Regelungen in vielen Fällen nicht ausreichen, um Ihr Zusammenleben finanziell gerecht zu gestalten. Aber was heißt das für Ihre individuelle Situation?

Es ist ja nicht so, dass zum Beispiel die Person, die vom Splittingvorteil profitiert, das zusätzliche Einkommen für sich behalten darf. Oder dass die Kinder nur auf einer Steuerkarte eingetragen sind und auch hier die Person den Freibetrag behält. Bei diesen Rechnungen lohnt es sich, zu fragen, welche unentgeltlichen Leistungen erbracht werden, die ihrerseits etwas wert sind.

Subsidiarität funktioniert in zwei Richtungen. Sie heißt nicht nur, dass eine Person finanziell für die andere aufkommt. Sie heißt auch, dass die Person, die beruflich zurücksteckt, damit auch etwas leistet – und diese Leistung wirkt sich finanziell aus. Ihr zweijähriges Kind kann sich schließlich kaum allein seine Mahlzeiten zubereiten. Entweder das machen Sie oder Sie bezahlen jemanden, der es für Sie macht. Care-Arbeit ist Arbeit. Auch dann, wenn Sie sie selbst erledigen. Die Frage, wer Ihnen die Einbußen an beruflichen Chancen, an Karrierestatus, an Einkommen und Rentenausfällen finanziert, ist vollkommen berechtigt. Nicht umsonst wird von Humankapital gesprochen, wenn wir Ausbildungsniveaus und Berufserfahrung meinen. Damit ist gemeint, dass Sie mit dem, was Sie aktuell mitbringen, ein gewisses monetäres Potenzial einbringen. Rechnen Sie sich aus, was Sie potenziell verlieren. Diese Beträge sollten von Ihrem Partner auch finanziell ausgeglichen werden.

>> **Ihre Arbeit ist etwas wert, und zwar unabhängig davon, ob sie bezahlt oder unbezahlt ist.**

Auch scheinbar gerechte Verteilungen von Ausgaben können hinterfragt werden. Wenn er beispielsweise die Eigentumswohnung abzahlt und Sie nicht im Grundbuch eingetragen sind, gehört die Wohnung ihm. Die Finanzberaterin Bianca Kindler beschreibt die Situation nochmals ganz klar: Die finanziellen Mittel für einen Hauskauf hat ein Mann auch deshalb, weil die Frau sich um die Kinder kümmert. Mit ihrer unbezahlten Arbeit trägt sie also zum Haus bei und muss deshalb ins Grundbuch.[110]

>> **Wenn Sie sich an den Abzahlungen für Wohneigentum beteiligen oder sich finanziell für die Familie einschränken, dann lassen Sie sich auch ins Grundbuch eintragen, und zwar unmittelbar nachdem Sie das vereinbart haben.**

Vielleicht bringt also fortan Ihr Partner den Salatkopf fürs Abendessen mit, während Sie sich schon einmal über aktuelle Börsenzahlen informieren, um das nächste gemeinsame Investment anzuregen.

Warum es sich lohnt, über Geld zu sprechen

Anne hat sich entschieden, das Problem grundlegend anzugehen. Schließlich arbeitet Jan bei einer Bank und weiß genau, wie ungleich verteilte Finanzen sich auswirken. Bei einem Spaziergang spricht sie an, dass sie aktuell nichts verdient. Jan weicht erst aus und sagt, dass sie ja von seinem Geld leben kann, er hat genug. Unterschwellig ist er aber auch genervt, weil Anne in letzter Zeit oft über Geld spricht. Ein paar Tage später erzählt Anne ihm von ihrer Freundin, die jetzt nach einer Trennung Hartz IV beantragen musste. Jan findet das unmöglich. Der Mann der Freundin hat einen Vollzeitjob als Artdirector und verdient wirklich genug. Das befreundete Paar lebt ganz ähnlich und er will nicht dafür verantwortlich sein, dass Anne dauerhaft ein zu hohes Risiko hat. Beide entscheiden sich dafür, dass Jan für Anne in einen Fonds einzahlt, damit sie jederzeit genug Rücklagen hat.

Ein Gespräch über Geld gehört sicher nicht zu den angenehmsten Themen in Partnerschaften. Vielleicht haben auch Sie sich schon einmal damit auseinandergesetzt, aber keine echten Lösungen gefunden. Das wird jetzt anders.

Wir müssen uns klarmachen, dass es im Gespräch um Geld eigentlich gar nicht um die Beziehungsebene geht. Wir wissen mittlerweile, dass die staatlichen Regelungen von einem bestimmten Familienmodell ausgehen. Dieses Familienmodell wird nicht mehr von allen Menschen gelebt. Hinzu kommt, dass die staatlichen Regelungen und das private Zusammenleben sich in unterschiedlichen Zeitrahmen verändern.

Das heißt: Wo im Steuerrecht zum Beispiel noch die Hausfrauenehe gefördert wird, findet sie sich im Unterhaltsrecht nicht mehr. Wo es zwar einen Rechtsanspruch für Kinderbetreuung für alle Kinder unter drei gibt, findet sich der Rechtsanspruch auf Ganztagsschule noch nicht für Grundschulkinder. Wo das Elterngeld die Beteiligung von Vätern fördert, unterstützt das ElterngeldPlus lange Berufsausstiege. Sie können sich also nicht darauf verlassen, dass schon alles seine Richtigkeit hat, wenn Sie einfach mal machen. Sie müssen selbst – als Team – strategisch so vorgehen, dass es für Sie beide beziehungsweise für Ihre Familie gerecht zugeht.

Sie können individuell nichts dafür, dass die Strukturen nicht stimmen. Sie können aber etwas dafür tun, dass Sie trotz unpassender Strukturen nicht den Kürzeren ziehen. Das Gespräch über Geld ist die notwendige Schlussfolgerung aus politischen Rahmenbedingungen, die aktuell nicht stimmig sind. Deshalb können Sie sich ganz sachlich und erwachsen ausrechnen, wer welche Vor- und Nachteile hat.

Das entbindet uns keinesfalls von einer strukturellen Kritik der Gleichstellungspolitik. Ich kann selbstverständlich weiterhin mehr Familienfreundlichkeit, kürzere Arbeitszeiten, bessere Bezahlung in Frauenbranchen und ein gerechteres Steuersystem fordern. Nur, wenn Sie mit dem Gespräch über die gemeinsamen Finanzen warten, bis alle Rahmenbedingungen stimmen, hat Ihre Tochter vermutlich schon Abitur. Hoffentlich geht es so schnell. Mit dem Abitur. Und der Politik.

Die Drei-Konten-Lösung

Wenn wir davon ausgehen, dass es notwendig ist, auf privater Ebene Vereinbarungen zu treffen, und wir annehmen, dass das sachlich funktioniert, brauchen wir Wege, wie diese Aufteilung funktioniert.

Ich habe das Glück, dass mein Partner und ich gemeinsame Excel-Dokumente haben, wo wir unsere tatsächlichen Kosten sehr genau (auf das Komma genau) gesplittet haben. Diesen Listen gingen lange Diskussionen voraus, zum Beispiel, wer das Auto häufiger nutzt (ich) oder wer sich um das Internet kümmert (er). Bei uns weiß jetzt aber jeder jederzeit, woran er ist.

Dabei kann ein zusätzliches Konto helfen. Wir haben drei Konten. Das dritte Konto ist für alle gemeinsamen Ausgaben gedacht.

Interessanterweise zieht immer er als Erster unsere gemeinsame Kreditkarte, so dass es nach außen so aussieht, als würde er zahlen. Manchmal will ich der Kellnerin zurufen:»DAS IST UNSER GEMEINSAMES GELD«, wenn sie fragt, ob wir zusammen oder getrennt zahlen. Na ja, aktuell kann ich damit leben. Aber heimlich übe ich, meine Karte schneller zu ziehen. Auf jeden Fall sind wir dadurch sicher, dass auch zusätzliche Anschaffungen, Reparaturen, Nachzahlungen oder Urlaube immer von uns beiden gezahlt werden.

Natürlich geht das nur, wenn beide gleich viel verdienen. Wenn sich die Einkommen stark unterscheiden, stellt sich die Frage, ob man anteilig auf das gemeinsame Konto einzahlt. Spätestens dann, wenn eine Partei in Elternzeit ist oder eben wegen des Kindes Teilzeit arbeitet, wäre es auf jeden Fall gerecht, dass hier die Kosten unterschiedlich verteilt werden.

» Wenn Sie zusätzlich zu Ihrem eigenen Konto ein drittes gemeinsames Konto haben, sind Sie flexibler. Denn Sie können unterschiedliche Beträge einzahlen, Sie können gemeinsame Kosten abbuchen lassen (auch die, die man oft vergisst, wie eine Haftpflichtversicherung) und Sie haben beide den gleichen Überblick über die gemeinsamen Finanzen.

Auch wilde Ehen bilden Vermögen

Speziell bei nicht miteinander verheirateten Paaren stellt sich die Frage nach der Vermögensbildung. Im Ehegüterrecht geht man davon aus, dass eine Wirtschaftsgemeinschaft herrscht und dass der Zugewinn in der Regel beiden Ehepartner*innen zusteht. Wenn Sie nicht heiraten, ist das Ihre Entscheidung. Sie können finanziell auch wunderbar wie in einer WG zusammenleben. Meistens werden aber in Familien trotzdem die Ausgaben gemeinsam gestaltet und damit hängen auch Vermögenswerte zusammen. Die Wahrscheinlichkeit, dass Sie, wenn Sie ein gemeinsames Kind haben, noch die Kühlschrankfächer namentlich kennzeichnen, ist ziemlich gering.

Wohneigentum

Die Sache mit dem Wohneigentum habe ich bereits erwähnt: Wenn Sie eine Eigentumswohnung oder ein Haus kaufen, sollten Sie beide ins Grundbuch eingetragen werden, zumindest dann, wenn Sie sich in irgendeiner Form an der Abzahlung beteiligen. Wenn Sie zum Beispiel Miete zahlen, sind Sie indirekt an den Abzahlungen beteiligt. Aber auch wenn Sie die klassische »Dafür kauf ich das Essen«-Aufteilung haben, wäre es sinnvoll, sich zu fragen, ob Sie sich das Essen nicht lieber teilen und Sie dafür mit am Eigentum beteiligt werden. Das folgt einer einfachen Logik: Essen ist irgendwann weg, eine Wohnung bleibt und wird mehr wert. *You get the picture.*

Steuervorteile

Wenn Sie nicht oder weniger arbeiten und als verheiratetes Paar vom Ehegattensplitting profitieren, steht Ihnen zumindest Ihr Existenzminimum zu Ihrer Verfügung zu. Das heißt, für diesen Betrag müssen Sie um nichts bitten und um nicht streiten – dieser Betrag gehört Ihnen, auch wenn Sie nichts tun, das sich auf einem Kontoauszug niederschlägt. Eigentlich haben Sie einen Anspruch auf eine zweite Kreditkarte zum gemeinsamen Konto, wenn Sie Ihre Konten nicht anders organisiert haben.

Das finanzielle Problem daran ist ja, dass Sie sehr viel tun und dafür kein Geld sehen. Und genauso steht es Ihnen zu, wenn Sie in Teilzeit arbeiten, dass Sie einen Teil des Splittingvorteils erhalten.

Finanzielle Risiken

Es gehört zu einer modernen Partnerschaftsgestaltung, dass man, zumindest wenn Kinder im Spiel sind, auch offen über finanzielle Risiken spricht. Wenn Sie besondere Risiken eingehen, sollten diese auch abgesichert sein. Wenn Sie zum Beispiel vorübergehend in Teilzeit arbeiten, ist es durchaus denkbar, dass Ihr Partner für diese Zeit einen finanziellen Ausgleich leistet und dass Sie genau vereinbaren und einhalten, wann Sie mit Ihrer Karriere dran sind. Umgekehrt gilt das selbstverständlich auch. Damit müssen nicht nur

Kinder gemeint sein, es zählen auch Fortbildungen, Sabbaticals, Umorientierungen.

Gespräche zahlen sich langfristig aus

Untersuchungen zeigen, dass Paare über zentrale Themen wie Familiengründung, Ehe, Eheverträge und Arbeitsteilung erstaunlich wenig sprechen.[111] So werden langfristige Entscheidungen auf der Basis von Vermutungen über den Partner oder die Partnerin getroffen: Er wird sich bestimmt gleichberechtigt verhalten, sie will bestimmt nicht heiraten, er wird bestimmt immer für das Kind sorgen und so weiter. Gleichzeitig sind die Glückserwartungen an eine Partnerschaft so hoch, dass die Stabilität von Paarbeziehungen brüchiger wird.[112] Das heißt: Trotz geringerer rechtlicher Absicherung und Bindung werden Risiken eingegangen und getragen – die durch die höhere Brüchigkeit noch riskanter sind. Trotzdem: Die Partnerschaft auf Augenhöhe ist zwar eine Rarität, aber kein Mythos. Dazu gehört, dass Gleichberechtigung mehr ist als eine persönliche Einstellung. Gleichberechtigung muss sich auch auf dem Kontoauszug bemerkbar machen.

Es zahlt sich langfristig aus, wenn Sie – egal zu welchem Zeitpunkt – das Gespräch über die gemeinsamen Finanzen starten. Wenn Sie schon eine Weile zusammenleben und bisher nie darüber gesprochen haben, finden Sie Lösungen für die Zukunft. Sie wissen dann beide, woran Sie sind, und letztlich ist die Beziehung dadurch romantischer. Der Grund: Sie beide denken dann nicht mehr insgeheim über Geld nach, sondern die Verhältnisse sind klar. Es muss dann gar nicht mehr um Geld gehen, sondern Sie können sich voll auf Ihre Beziehung und die gemeinsamen Pläne konzentrieren.

Die gemeinsame Zukunft fußt auf Gleichberechtigung

Jeder Sozialstaat hat eine gewisse Steuerungswirkung. Wie genau die jeweiligen Maßnahmen wirken, lässt sich oft nicht genau nachweisen. Einstellungen, Anreize und kurz- und langfristige Effekte greifen oft so ineinander, dass man als Forscherin nicht immer sagen kann, was den Vorrang hatte. Wenn wir zum Beispiel an Minijobs denken, kann es sein, dass eine Mutter sagt, sie habe den Minijob gewählt, weil er neben ihrer Wohnung ist und sie viel Zeit mit ihren Kindern haben will. Im Hintergrund waren aber vielleicht dennoch staatliche Anreize wirksam. Der erste Gleichstellungsbericht der Bundesregierung schreibt, dass hier kurz- und langfristige Anreize widersprüchlich sein können und dass die Rente beispielsweise eine langfristige bewusste Lebensführung erfordert, die für Frauen angesichts der Rahmenbedingungen schwieriger sein kann.[113] Der Bericht plädiert deshalb für eine Lebensverlaufsperspektive. Das heißt, eine Biografie sollte so geplant werden, dass zum Beispiel Auszeiten auch wieder ausgeglichen werden.

>> Wenn Sie Auszeiten planen, nehmen Sie die biografische Perspektive ein und wägen Sie ab: Wenn Sie bei Kind 1 länger in Elternzeit gehen, steigt Ihr Partner für Kind 2 länger aus? Wenn er sein Studium abschließt oder promoviert, wann haben Sie Zeit für eine Qualifikation? Nehmen Sie die gemeinsame Lebensplanung ernst.

Das Ehegattensplitting scheint oftmals kurzfristig attraktiv. Eine Bewerberin sagte mir neulich eine Stelle ab, weil sie mit Steuerklasse V dann zu wenig verdiene. Sie hat jetzt keinen Job. Und verdient: nichts. Bei den Regelungen zu Minijobs und beitragsfreier Mitversicherung haben wir bereits herausgefunden, dass staatliche Anreize eher zum Erwerbsausstieg motivieren. Langfristig sind diese Ausstiege finanziell sowohl für Sie als auch für Ihre Familie jedoch schädlich.

Wenn wir durchrechnen, dass Sie vielleicht die nächsten zehn Jahre mit Ihrem akademischen Abschluss in einer Boutique jobben, weil es scheinbar so ist, dass die Kinderbetreuungskosten Ihren zusätzlichen Lohn auffressen würden, ist das Experiment vielleicht auch in die andere Richtung denkbar. Nämlich dahin gehend, wie sich die Kinderbetreuungskosten und Steuernachteile auswirken, wenn Sie entsprechend Ihrer Qualifikation zum Beispiel 30 Stunden pro Woche arbeiten.

» **Durch die Absetzbarkeit von Kinderbetreuungskosten profitieren Sie von einem höheren Einkommen auch dann, wenn Kinderbetreuung zusätzlich Geld kostet.**

Wenn Sie beruflich durchstarten wollen, brauchen Sie mittelfristig eine finanzielle Sicherheit, um zum Beispiel vorübergehend eine Fortbildung zu machen oder ein berufliches Risiko einzugehen. Sie brauchen auch in Bewerbungsverfahren eine gewisse Autonomie, damit Sie sich nicht unter Ihrem Wert verkaufen müssen. Und die kann nicht zuletzt auch vom Partner kommen. Aktuell profitiert er von Ihrer beruflichen Einschränkung. Wenn Sie zum Beispiel beide erst mal kürzertreten, gehen Sie vielleicht auch beide in die Verantwortung für das Familieneinkommen.

» **Finanzielle Autonomie verbessert Ihre Verhandlungsposition in Bewerbungsgesprächen, denn Sie müssen nicht auf jedes Angebot eingehen.**

» **Finanzielle Autonomie lässt Ihnen Zeit für Qualifikationsvorhaben und Zielfindung.**

Der Minijob ohne Rente, ohne Arbeitslosenversicherung und ohne Rücklagen reicht eben gerade so in Verbindung mit dem Einkommen des Mannes zum Leben. Wenn aus irgendeinem Grund der Job des Mannes wegfällt, ist damit fast das ganze Einkommen weg. Es wäre also denkbar, dass Sie zum Beispiel beide Ihre Arbeitszeit reduzieren, um die Sorgearbeit für Kinder zu teilen. Dann hätte Ihr Partner vorübergehend weniger Geld, Sie aber mehr und in der Summe hätten Sie vielleicht beide mehr.

» Wenn Sie Ihre Einkommen gemeinsam betrachten, welche Auswirkungen hat dann eine große Teilzeit für beide? Betrachten Sie Ihre Einkommen nicht nur ad hoc, sondern auch mit Blick auf Rente oder ungeplante Lebensereignisse.

Modelle zum Elterngeld flexibel nutzen

Beispielhaft lässt sich das am Elterngeld zeigen. Das Elterngeld wird für Paare maximal 14 Monate lang gezahlt. Dafür muss einer von beiden Elternteilen mindestens zwei Monate Elternzeit nehmen. Bei der Einführung wurden diese zwei Monate auch als Vätermonate bezeichnet oder von der CSU als »Wickelvolontariat« abgekanzelt. Ich schreibe das nur, weil das immerhin 2007 war, nicht 1950.[114]

Normalerweise führt die Verteilung des Elterngeldes dazu, dass Frauen, die in der Regel weniger verdienen, mindestens zwölf Monate in Elternzeit gehen; Männer, die meistens mehr verdienen, nehmen zwei Monate Elternzeit. 63 Prozent der Väter gehen gar nicht in Elternzeit und geben dafür größtenteils finanzielle Gründe an.[115] In diesen ersten 14 Lebensmonaten des Kindes werden grundlegende Weichen für die spätere Verantwortung gestellt, Stichwort Gatekeeping. Studien zeigen, dass sich die Elternzeit für Väter insbesondere dann positiv auswirkt, wenn sie in dieser Zeit auch allein für das Kind verantwortlich sind. Nicht zuletzt deshalb ist das Elterngeld in Norwegen an die Bedingung geknüpft, dass die jeweils andere Partei – Mutter oder Vater – voll arbeitet. Wenn Sie gemeinsam in Elternzeit gehen, kann das eine gute Erfahrung sein, aber gleichstellungstechnisch bringt es eher nichts. Viele Elternpaare, in denen der Mann mehr verdient, sagen, dass sie sich eine gleichberechtigte Verteilung der Elternzeit nicht leisten können.

Der Mindestbetrag des Elterngeldes beträgt 300 Euro, der Höchstbetrag 1800 Euro. Das Elterngeld ersetzt 65 Prozent des durchschnittlichen Nettoeinkommens der letzten zwölf Monate vor der Geburt des Kindes. Geringere Einkommen werden bis zu 100 Prozent ersetzt.

Wir rechnen jetzt grob zwei Varianten durch, bei denen entweder die Mutter zwölf Monate und der Vater zwei Monate nimmt oder beide sieben Monate Elternzeit nehmen und danach wieder voll arbeiten. Die zweite Variante hat verschiedene Vorteile: So steigen beide nicht sehr lange aus der Erwerbstätigkeit aus und verlieren nicht den Anschluss. Beide Elternteile bauen eine gleichwertige Verantwortung und Beziehung zum Kind auf. Dabei gehen wir von einem Einkommen des Vaters von 4500 Euro und der Mutter von 2300 Euro aus. Die genaue Berechnung kann online erfolgen, etwa indem Sie den Elterngeldrechner[116] nutzen.

Variante 1: er zwei Monate, sie zwölf Monate

Einkommen Vater	12 Monate	$4500 \times 12 = 54\,000$
Elterngeld Vater	2 Monate	$1800 \times 2 = 3600$
Einkommen Mutter	2 Monate	$2300 \times 2 = 4600$
Elterngeld Mutter	10 Monate	$1440 \times 10 = 14\,400$
Mutterschutz acht Wochen (nach Geburt)		ca. 4600 Euro
Summe 14 Monate		**81 200 Euro**

Variante 2: beide sieben Monate

Einkommen Vater	7 Monate	$4500 \times 7 = 31\,500$
Elterngeld Vater	7 Monate	$1800 \times 7 = 12\,600$
Einkommen Mutter	7 Monate	$2300 \times 7 = 16\,100$
Elterngeld Mutter	5 Monate	$1440 \times 5 = 7200$
Mutterschutz acht Wochen (nach Geburt)		ca. 4600 Euro
Summe 14 Monate		**72 000 Euro**

Die Lücke zwischen den beiden Modellen liegt bei 9200 Euro, das sind 657 Euro im Monat. Hier sind allerdings noch keine Steuervorteile berechnet, die sich durch den Kinderfreibetrag und geringere Einkommen ergeben.

Natürlich ist das viel Geld. Gemessen an der Option, den beruflichen Anschluss zu verlieren, voll für das Kind verantwortlich zu sein und vielleicht keinen Wiedereinstieg zu finden, ist es aber ein überschaubares finanzielles Risiko. Zumal auch hier das Problem vor allem dadurch entsteht, dass die Mutter schon vor der Geburt des Kindes ein geringeres Einkommen hat als der Vater.

Eine Elternzeit kommt nicht aus heiterem Himmel. Neben eventuellen Zeiträumen zwischen der Entscheidung für ein Kind und dem Eintritt der Schwangerschaft (okay, so weit sind Sie vermutlich informiert) vergehen ja auch bis zur Geburt noch einige Monate (ungefähr zehn). Insofern ist es auch denkbar, sich bis dahin ein Guthaben anzusparen. Zumindest Mittelschichtpaare sparen und bilden für viele Dinge Rücklagen.

>> **Ein Auto, eine Küche, ein Urlaub: Für all das wird gespart. Warum dann nicht auch für die Elternzeit? Wenn Sie sich darüber auseinandersetzen, was Sie beide wirklich wollen, Gleichberechtigung oder nicht, dann ist es auch denkbar, für ein solches Projekt Rücklagen zu bilden.**

Es gibt beim Elterngeld zahlreiche Varianten, so zum Beispiel den Partnerschaftsbonus. Wenn beide in Teilzeit arbeiten, kann das Elterngeld zusätzlich aufgestockt werden. Hier soll es aber nicht um zu viele Details gehen; ich finde nur wichtig, dass Sie sich genau damit auseinandersetzen, welche finanziellen direkten und indirekten Auswirkungen die Entscheidungen jeweils mit sich bringen. Excel-Tabellen können hier ein wahrer Augenöffner sein.

Kinder machen reich ...

... an Erfahrung. Es mag banal klingen, aber Kinder kosten Geld. Viele Eltern werden davon ziemlich kalt erwischt und fühlen sich von den geänderten finanziellen Verhältnissen unter Druck gesetzt. Viele Eltern verschulden sich in der Elternzeit, weil sie die Situation finanziell nicht anders bewältigen können.

Das Elterngeld ist aus meiner Sicht dennoch eine wahnsinnige familien- und gleichstellungspolitische Errungenschaft. Ich finde es sensationell, dass unsere Gesellschaft es sich leisten kann, dass Menschen nach der Geburt eines Kindes insgesamt länger als ein Jahr nicht berufstätig sein können und dafür einen Lohnersatz in Höhe des Arbeitslosengelds I erhalten. Und diese Leistung ist steuerfinanziert. Wir leben in einem Land, das das verfassungsrechtliche Existenzminimum in jedem Fall sichert. Das heißt leider nicht, dass es keine Armut oder Ungerechtigkeiten gibt und dass viele Fälle ausreichend berücksichtigt werden. Aber in der Summe steht der deutsche Sozialstaat ziemlich gut da.

Allerdings gibt es ein paar Neuorientierungen, die zu kennen wichtig ist. Vor der Einführung des Elterngeldes haben alle jungen Eltern zwei Jahre lang 300 Euro pro Monat erhalten bis zu einer Einkommensobergrenze. Auch diejenigen, die Arbeitslosengeld II – also Hartz IV – erhalten haben, haben diese 300 Euro on top bekommen. Das Elterngeld wird heute voll auf den Regelsatz angerechnet. Langzeitarbeitslose und andere Beziehende von Sozialleistungen sind also durch das Elterngeld mit seiner klaren Erwerbsorientierung schlechtergestellt, während diejenigen mit Einkommen, die zuvor aus dem Elterngeldbezug wegen zu viel Einkommen rausgefallen wären, wesentlich besser dastehen.

Und auch das Elterngeld bietet eben nur 65 Prozent vom durchschnittlichen Monatsgehalt der zwölf Monate vor der Geburt. Auf ein gutes Drittel Ihres Einkommens müssen Sie also verzichten, was insbesondere dazu führt, dass Frauen oft auch mit Elterngeld nicht ihre Existenz sichern können.[117] Für Einkommen unter 1250 Euro wird das Elterngeld schrittweise angehoben bis zu einem Lohnersatz von 100 Prozent. Hinzu kommen das Kindergeld oder der Steuerfreibetrag für das Kind. Das steuerliche Existenzminimum des Kindes ist wie gesagt freigestellt. Auch sonst ist es keine Selbstverständlichkeit, dass etwa die gesetzliche Krankenversicherung für Kinder frei ist, dass die Kinderbetreuung steuerlich abgesetzt werden kann und dass inzwischen in vielen Regionen auch die Kinderbetreuung beitragsfrei ist. Ich finde es wichtig, bei aller Kritik auch anzuerkennen, dass diese Gesellschaft bereits jetzt einen hohen Anteil an öffentlicher Verantwortung für Familien trägt. Das mag nicht genug sein, es ist aber auch nicht nichts. Und das heißt: Wir sind in Sachen Gleichstellung ein kleines Schrittchen weiter. Es müssen nur noch ganz viele weitere kleine Schrittchen dazukommen.

Aber eins ist klar. Mit der Geburt eines Kindes muss eine dritte Person im Haushalt versorgt werden, während alle laufenden Kosten weitergehen und Sie insgesamt vorübergehend weniger Haushaltseinkommen haben. Gerade deshalb lohnt sich ein Blick auf die eigenen Ausgaben.

You need a budget: In drei Schritten in die finanzielle Mündigkeit

Es heißt, Frauen könnten nicht mit Geld umgehen. Selbst wenn das so wäre, können Frauen es, wie so vieles andere auch, sehr einfach lernen. Wenn Sie Ihre eigenen finanziellen Spielräume kennen, auch wenn sie vielleicht aktuell nicht groß sind, wissen Sie, wo Ihre To-dos liegen.

Ich gebe zu: Vor ein paar Jahren war mein Konto ständig im Minus. Ich habe Überziehungszinsen gezahlt, hatte noch einen Konsumentenkredit und war trotz meines guten Einkommens immer in dem Modus, dass ich von Gehalt zu Gehalt gelebt und den Kredit nur in Minischeibchen abgezahlt habe.

Ich habe inzwischen den Job gewechselt und verdiene etwas mehr, aber ich habe auch umgedacht. So habe ich in den letzten Jahren zumindest ein kleines Guthaben angelegt, das es mir erlaubt, jederzeit die Kaution für eine neue Wohnung zu zahlen und eine Matratze zu kaufen, vielleicht sogar einen Ikea-Schrank dazu. Mir ist das wichtig, ich nenne es meinen »Fuck-off-Fonds« (dazu komme ich später).

Wo geben Sie Geld aus?

Als ich vor ein paar Jahren meine Kontoauszüge für die Steuererklärung durchgegangen bin, habe ich mir einmal die Mühe gemacht und kategorisiert, wie viel Geld ich für verschiedene Bereiche ausgebe. Diese Beträge habe ich durch zwölf geteilt und daraus ein Budget gemacht, das ich pro Monat ausgeben kann. Ich habe es auch ein bisschen reduziert, um einen Anreiz zu schaffen (Sie wissen – fördern und fordern, da bin ich ganz Agenda 2010). Die Bereiche reichten hier von Versicherungen und Nahrungsmitteln über Internet und Telefon bis hin zu Kleidung und Restaurantbesuchen.

Auf jeden Fall habe ich die Budgets dann in eine App eingetragen, die direkt mit meinem Konto verknüpft war. So konnte ich jede Ausgabe einer Kategorie zuordnen und habe immer gesehen, wie viel ich noch in welcher Kategorie übrig habe. Außerdem hat die App meine Kontoauszüge durchforstet und Zahlungen, die nur im Quartal oder einmal im Jahr abgebucht werden, vermerkt (Gewerkschaftsbeiträge, Haftpflichtversicherung und all die Dinge, die scheinbar jedes Jahr so überraschend kommen wie Weihnachten). Interessanterweise hat diese App unterschwellig moralischen Druck aufgebaut, sodass ich mehr und mehr unnötige Ausgaben eingespart habe.

Es gibt dazu verschiedene Apps, die auch unterschiedlich funktionieren, bei mir lief das besser als ein Haushaltsbuch.[118] Die App »You Need a Budget« (YNAB) folgt vier Regeln. Die erste Regel lautet, jedem Euro einen Job zu geben. Das heißt, dass Sie im Vorhinein planen, was von Ihrem Einkommen wohin fließen soll. Die zweite Regel lautet, dass Sie Ihre echten Ausgaben dokumentieren, damit sind auch die unregelmäßigen Ausgaben gemeint. Die dritte Regel lautet, dass Sie zwischen Ihren Ausgabenkategorien umschichten. Wenn Sie also zum Beispiel in einem Monat eine Nebenkostennachzahlung hatten, muss das Geld an anderer Stelle eingespart werden. Die vierte Regel ergibt sich aus den ersten drei Regeln. Idealerweise kommen Sie irgendwann an den Punkt, wo Sie die Miete vom Mai mit dem Einkommen vom April bezahlen. So kommen Sie aus der Not heraus, immer am Monatsende mit abgekauten Fingernägeln auf Ihr nächstes Gehalt zu warten.[119] Inzwischen nutze ich die App nicht mehr, weil ich ein ziemlich sicheres Gefühl dafür bekommen habe, wie viel Geld ich ausgebe. Nach und nach bin ich so aus meinen Schulden gekommen und habe weniger das Gefühl gehabt, dass meine Gehaltsabrechnung mich regiert. Heute ist es eher umgekehrt: Ich weiß, was ich mit meinem Geld tue – Stichwort finanzielle Mündigkeit.

Wenn Sie ständig Ihren Dispo ausreizen, haben Sie keine Spielräume. Im Gegenteil, Sie zahlen unnötige Überziehungzinsen (bis zu

14,75 Prozent).[120] Wenn Sie genau wissen, wo Ihre kleinen Beträge monatlich hinfließen, können Sie analysieren, wo Sie das Potenzial für Rücklagen haben.

Die Zwänge der Konsumgesellschaft

Mit *Die Konsumgesellschaft* hat der französische Soziologe Jean Baudrillard schon 1970 ein kritisches Werk zu den Verflechtungen von Konsum und Identität geschrieben, das mittlerweile sogar an Aktualität gewonnen hat.[121] Er beschrieb, wie Konsum heute ein Spiegel des Selbst geworden ist, wie das Symbolsystem der Konsumgegenstände uns definiert. Sein Fazit: Bestimmte Marken stehen für bestimmte Werte, Kleidung drückt auch etwas über die Trägerin aus und beispielsweise wird heute eher Netflix im Original geschaut als der *Tatort* am Sonntag im ARD-Fernsehen. Alles, was wir konsumieren, hat eine Bedeutung, die über den Verbrauch hinausreicht.

Ganz untheoretisch erforscht die Gesellschaft für Konsumforschung das Verbraucherverhalten von Frauen und Männern. Jüngster Effekt solcher Studien ist die Zunahme des sogenannten Gendermarketing: Werbung und Produkte, die gezielt auf Frauen oder Männer abgestimmt werden. Hinlänglich bekannt scheint daher, dass Frauen häufiger angeben, Spontankäufe zu tätigen, etwa um sich zu belohnen.[122]

73 Prozent der Frauen geben an, dass Einkaufen Spaß macht – nur 40 Prozent der Männer empfinden es ähnlich.[123] Wenn man dieser Frage nachgeht, wird deutlich, dass auch eine ganze Industrie an Magazinen, Influencer*innen und Kampagnen auf das spontane Konsumverhalten von Frauen abzielt. Die Produktstrecken in Frauenzeitschriften, die kindlich mit dem Ausruf »Haben WILL!« überschrieben sind, sollen Impulse wecken, die weit weg sind von rationalen Entscheidungen und die ein Brauchen suggerieren, das gar nicht da ist. Die Verknüpfung von Konsum und Belohnung führt zu emotionalen Entscheidungen, die auch zur Überreizung des eigenen Budgets führen können.

Der Absatz an neuer Kleidung hat sich seit dem Jahr 2000 mehr als verdoppelt, eine weitere Steigerung wird erwartet. Die Produktion dieser *Fast Fashion* produziert Emissionen, sowohl in der Herstellung als auch im Versand.[124] Zielgruppe von Trends und Mode sind vor allem Frauen, denen Design und ein modisches Aussehen tendenziell wichtiger ist als Männern.[125] Ohne zu weit ins Detail gehen zu wollen, stellt sich die Frage, inwieweit Frauen Zielgruppe kurzlebiger Konsumausgaben sind, die eben nicht zu einem langfristigen Vermögensaufbau führen, sondern zu Impulskäufen und Ausgaben, die gar nicht eingeplant sind.

Es lohnt sich, das eigene Konsumverhalten auch vor diesem Hintergrund zu hinterfragen und sich Strategien zurechtzulegen, die eine Unabhängigkeit vom überemotionalen Konsum ermöglichen. Neben Werten wie Nachhaltigkeit im Konsum kann es auch hilfreich sein, sich einfache Regeln aufzustellen, um zumindest nicht jedem Impuls nachzugeben. Bei mir gilt zum Beispiel für Anschaffungen, die ich nur aus einer Laune heraus mache, dass ich mir das mindestens zweimal leisten können muss. Nach Abzug aller Ausgaben etc. muss ich genug Geld auf meinem normalen Girokonto haben, dass ich mir das, was ich haben will, zweimal kaufen könnte.

Legen Sie sich Ihren eigenen Fuck-off-Fonds zu

Es gibt viele kurzfristige Anlässe, zu denen man Geld braucht, und oft sind die nicht vorhersehbar. Eine kurzfristige Geldanlage verschafft Ihnen die Flexibilität für Notfälle. Das können Reparaturen sein oder ein Satz Winterreifen. Es kann aber auch ein Urlaub sein oder die Kaution für eine Wohnung.

Sie dürfen Ihren Rücklagen gern einen anderen Namen geben, meine kurzfristige Anlage heißt Fuck-off-Fonds. In der Finanzberatung spricht man von kurz-, mittel- und langfristigen Geldanlagen. Die Logik ist simpel: Etwa drei Monatsgehälter liegen auf einem Extrakonto für Notfälle. Bei mir ist der potenzielle Notfall, dass ich sofort ausziehen muss. Vielleicht liegt es auch an München, aber ich musste innerhalb von München zweimal umziehen und war jedes Mal danach komplett abgebrannt. Deshalb habe ich gern eine Sicherheit im Rücken: meinen Fuck-off-Fonds. Ich halte es dabei so wie Robert De Niro in *Heat*: Ich will die Möglichkeit haben, jederzeit in 30 Sekunden aus allem raus zu sein. 30 Sekunden – daher kurzfristige Geldanlage.

Zurück zur Sache: Die mittelfristige Geldanlage ist für größere Anschaffungen oder Investitionen gedacht und die langfristige für die Altersabsicherung. Wie auch immer Sie es halten wollen, ist es notwendig, sich im Budget, von dem wir oben gesprochen haben, einen kleinen Betrag zum Sparen zurückzulegen und auch einen kleinen Teil in die Altersvorsorge einzuzahlen.

Für Frauen braucht es, je nach Lebenslage, oft eine andere Finanzplanung als für Männer, weil sie ihre Berufstätigkeit öfter unterbrechen. Gerade deshalb ist die Vorsorge in einer langfristigen Geldanlage so wichtig. Vielleicht wenden Sie an dieser Stelle ein: Aber es gibt doch auch Geld vom Staat, wenn ich Kinder großgezogen habe. Ja, das gibt es. Aber es ist viel weniger, als wir allgemein annehmen. Wenden wir uns deshalb der Altersvorsorge zu.

Die Rente orientiert sich am Standardrentner, nicht an der Standardrentnerin

Haben Sie auch schon mal einen Rentenbescheid bekommen? Ich auch. Meistens schaue ich da nicht drauf, sondern hefte sie ab – und das auch nur, weil im Brief steht, man soll es abheften. Ehrlich gesagt habe ich mich lange herzlich wenig dafür interessiert, was in diesen Bescheiden steht. Was soll das auch aussagen? Hinzu kommt: Das Alter, für das ich vorsorgen soll, ist für mich subjektiv weit weg.

Als meine Chefin in Rente gegangen ist, fiel mir auf, was das heißt. Sie hat zwei Söhne großgezogen, ist eine erfolgreiche Wissenschaftlerin und kann auf eine beeindruckende Karriere zurückblicken. Trotzdem hat sie, wie viele Frauen in dem Bereich, oft in Teilzeit gearbeitet oder in befristeten Jobs in der Wissenschaft und hat auch wegen der Söhne zeitweise pausiert. Als wir sie verabschiedet haben, fiel mir auf – durch irgendeine Bemerkung – dass sie jetzt (logischerweise) weniger Geld pro Monat hat als vorher. Klar, die Rente orientiert sich ja nicht am letzten Gehalt, sondern an allem, was man eingezahlt hat in einer Erwerbsbiografie. Diese Biografie ist bei Frauen anders als bei Männern, das wissen wir mittlerweile: Frauen ziehen Kinder groß, pflegen Angehörige, arbeiten in Teilzeit oder ordnen sich der Karriere des Mannes unter und nehmen Karrierechancen nicht wahr. Auch ab 65 oder 67 Jahren hat man laufende Kosten, denn durch das Ende der Arbeit enden ja nicht die Verpflichtungen. Für mich klingt das immer absurd, weil ich die naive Illusion habe, dass ich im Alter auf Kreuzfahrt bin und auf Bali in cremefarbenen Kaschmirensembles Yoga mache. So weit die Illusion.

Viele Frauen denken, dass sie für die Erziehung von Kindern auch Rentenanwartschaften ansammeln, und wiegen sich in der Sicherheit, dass die Familienpause sich schon auszahlen wird. Das stimmt aber nur zum Teil. 2019 wurde die gesetzliche Lage zur Rente bei Kindererziehungszeiten geändert. Der Begriff Mütterrente suggerierte damals, dass es allein für den Status »Mutter« eine gesetzliche Rente geben würde, die zum Leben reicht. Das ist falsch. Für die Versorgung von Kindern werden für einen geringen Zeitraum sogenannte »Rentenpunkte« angesammelt.

» **Ein Jahr Kindererziehung bringt später ungefähr 30 Euro Rente im Monat.**

Im Jahr 2014 wurde die Anrechnung von Kindererziehungszeiten bereits einmal geändert. Damals wurden Kindererziehungszeiten für Kinder, die vor 1992 geboren wurden, von einem Jahr auf maximal zwei Jahre verlängert. Im Jahr 2019 wurden mit der Mütterrente (!) weitere sechs Monate für diese Gruppe angerechnet. Mütter von Kindern, die vor 1992 geboren wurden, erhalten also nun Kindererziehungszeiten von zweieinhalb Jahren angerechnet. Dabei erhalten Rentner*innen einen pauschalen Zuschlag, der betragsmäßig der Höhe der Rente aus einem halben Kindererziehungsjahr entspricht. Denjenigen, die vor 1992 geborene Kinder erzogen haben und noch nicht in Rente sind, wird für ihre spätere Rente ein weiteres halbes Jahr Kindererziehungszeit angerechnet. Mütter von Kindern, die nach 1992 geboren sind, haben einen Anspruch von drei Jahren, die ihnen als Kindererziehungszeiten angerechnet werden.

Die Mütterrente ist also ein ziemlich vollmundiger Begriff für sechs Monate Anwartschaft.

So setzt sich Ihre Rente zusammen

Die Lücke in der Altersvorsorge zwischen Männern und Frauen nennt sich Gender-Pension-Gap. So erhalten 5 Prozent der Männer, aber nur 2 Prozent der Frauen aktuell Leistungen aus der privaten Altersvorsorge; Männer erhalten daraus durchschnittlich 485 Euro, Frauen hingegen durchschnittlich 174 Euro. Von den aktuellen Rentnerinnen kommen nur 45 Prozent auf 30 Versicherungsjahre, bei den Männern sind es 85 Prozent.

Der Unterschied in den Alterseinkommen der heute über 65-Jährigen liegt bei 53 Prozent. Im Jahr 2015 lag die gesetzliche Rente bei Männern bei durchschnittlich 1154 Euro, bei Frauen waren es 634 Euro.[126] Das Armutsrisiko für Frauen wird ansteigen, da sie schon jetzt nicht ausreichend vorsorgen.»Vorsorgen«, schütteln Sie vielleicht den Kopf.»Wovon denn?!« Genau da liegt das Problem. Die meisten Frauen kommen heute mit ihrem Gehalt gerade so von Monat zu Monat, da ist an Rücklagen kaum zu denken.

Vielleicht erinnern Sie sich an die politischen Diskussionen im Sommer 2020 zur »Lebensleistungsrente« oder »Respektrente«. Umgesetzt wurde sie jetzt als Grundrente für langjährige Versicherungen mit unterdurchschnittlichem Einkommen. Der Arbeitsminister Hubertus Heil hat es als Respekt vor einer Lebensleistung bezeichnet, denjenigen, die jahrzehntelang in die Rentenversicherung eingezahlt haben, mehr zu zahlen als denen, die nicht gearbeitet haben.[127]

Respekt für diese Lebensleistung bekommt, wer mindestens 33 Jahre in die Rentenversicherung eingezahlt hat. Der Zuschlag, den es zur Rente gibt, ist gestaffelt und erreicht nach 35 Beitragsjahren die volle Höhe.

Gehen wir einmal ins Detail: Wie ist die Rente konkret aufgebaut und womit können Sie im Alter rechnen? Das Umlageverfahren, das auf dem Generationenvertrag basiert, beinhaltet, dass Ihre Beiträge zur Rentenversicherung genutzt werden, um die heutigen Rentner*innen zu finanzieren. Etwa 20 Prozent der Beiträge werden für Hinterbliebenenrenten, Erwerbsminderungen oder Rehabilitation verwendet. Aktuell ist es noch so, dass Sie dennoch mehr aus der Rentenkasse ausgezahlt bekommen, als Sie eingezahlt haben, das nennt sich Beitragsrendite. Diese Beitragsrendite ist für Frauen höher, weil diese meist Kindererziehungszeiten angerechnet bekommen, für die sie formal nichts eingezahlt haben.[128]

Nichtsdestotrotz werden Sie mit an Sicherheit angrenzender Wahrscheinlichkeit Ihren derzeitigen Lebensstandard mit Ihrer Rente nicht aufrechterhalten können, und zwar nicht zuletzt deshalb, weil die angerechneten Kindererziehungszeiten nicht den realen Erziehungszeiten entsprechen und schon gar nicht den entgangenen Einkommenspotenzialen durch Teilzeit und verpasste Karrierechancen.

>> **In jedem Fall erreichen Frauen wegen Erwerbsunterbrechungen und Teilzeitarbeit nicht das Rentenniveau eines Standardrentners, da sie nicht 45 Jahre einzahlen.**

Das heißt zum einen, dass viele Frauen nicht in die Gruppe derer fallen, die eine Grundrente erhalten (wobei Frauen, die lange ein geringes Niveau eingezahlt haben, begünstigt werden). Aber auch der Standardrentner erhält nur gut die Hälfte des Durchschnittseinkommens. Nach Daten der Deutschen Rentenversicherung betrug im Jahr 2017 die Standardrente 14 367 Euro im Jahr.[129] Davon kann man zwar leben, eine Kreuzfahrt ist aber nicht drin.

Ihre Altersvorsorge sollte also idealerweise auf mehreren Säulen stehen, damit Sie, wenn Sie zum Beispiel in die Säule gesetzliche Rentenversicherung weniger eingezahlt haben, durch andere Vorsorgemaßnahmen ausgleichen können. Je brüchiger die eine Säule, desto stärker müssen die anderen Säulen sein.

Es ist daher relativ sicher, dass Sie ohnehin privat vorsorgen müssen, um im Alter angemessen leben zu können. Dies wurde auch politisch schon erkannt, daher wird die kapitalgedeckte private Vorsorge staatlich gefördert, aber eben nur dann, wenn Sie auch abhängig beschäftigt sind. Die Riester-Rente, eine private Einzahlung in die Altersvorsorge, wird nur dann gefördert, wenn Sie auch berufstätig sind und Ihr Arbeitgeber einen Anteil dazuzahlt. Für Selbstständige gibt es die sogenannte Rürup-Rente, damit können Sie analog zu einer gesetzlichen Rentenversicherung in die Altersvorsorge einzahlen und ungefähr 24 000 Euro steuerlich geltend machen. Hinzu kommen viele weitere Rentenprodukte, der Markt ist dabei ziemlich groß.

>> **Klären Sie bei allen Verträgen zur Altersvorsorge die Gebühren und die Renditen. Unter Umständen lohnt sich eine Geldanlage mehr als eine klassische Versicherung.**

Der zweite Gleichstellungsbericht stellt fest, dass die Mütterrente die »erwerbsbiografisch bedingten Einkommenseinbußen« nicht ausgleicht.[130] Man spricht von Narbeneffekten im Lebensverlauf. Die Idee ist, dass die Einzahlungen in die Rentenkasse durch Pausen sinken und nach der Pause nicht wieder ansteigen. Wenn Sie sich das als Kurve vorstellen, ist es so, dass die Kurve von Männern ansteigt, die von Frauen sich sinusförmig bewegt.

Sorgen Sie privat vor

Altersvorsorge sucks. Keine Frage. Niemand möchte sich vorstellen, mit 65 in einer Einzimmerwohnung zu wohnen und den Besuch beim Lieblingsitaliener durch Ravioli aus der Dose zu ersetzen. Generell wird der Gedanke ans Alter gern verdrängt. Natürlich stellen wir uns lieber vor, Carrie Bradshaw aus *Sex and the City* zu sein und zu sagen: »Ich mag mein Geld da, wo ich es sehen kann. Hängend in meinem Kleiderschrank.« Wir erinnern uns aber, dass Carrie Bradshaw am Ende Mr. Big geheiratet hat und, so hoffen wir, ihre Altersvorsorge damit gesichert ist.

Denken wir Ihre Lebensplanung bis zur Rente durch. Wenn Sie mit 25 in den Beruf eingestiegen sind (und das ist bei Akademikerinnen nicht unwahrscheinlich) müssten Sie für 45 Beitragsjahre bis 70 arbeiten. Das Rentenreintrittsalter liegt bei 67 Jahren. Angenommen, Sie bekommen zwei Kinder und gehen pro Kind ein Jahr in Elternzeit – das ist durch die Kindererziehungszeiten abgedeckt. Gehen wir zudem davon aus, dass Sie, während die Kinder jünger sind, in Teilzeit arbeiten, sind das für beide Kinder bis zur Einschulung vielleicht noch einmal sechs bis sieben Jahre, in denen Sie nur halbe Beiträge einzahlen. So entsteht die sogenannte Rentenlücke.

Was müssen Sie also tun, um diese Lücke abzudecken? Sie brauchen eine private Vorsorge, die diese Lücken ausgleicht. Dabei können Sie zwischen unterschiedlichen Modellen wählen. Zwei habe ich bereits erwähnt. Wenn Sie eine Riester-Rente abschließen, können Sie bis zu 175 Euro staatliche Förderung erhalten. Zudem können Sie die Einzahlungen in die private Altersvorsorge steuerlich geltend machen. Dabei können Sie sowohl Beiträge zur gesetzlichen Rentenversicherung angeben als auch Beiträge in private Versicherungen als sogenannte Vorsorgeaufwendungen. Auch hier gilt wieder, dass es sich durchaus steuerlich lohnen kann, wenn Sie genug verdienen, um in eine Altersvorsorge einzuzahlen.

Eine private Altersversorgung ist allerdings sehr individuell. Es lohnt sich daher, beispielsweise bei einer unabhängigen Finanzberatung Informationen einzuholen. Sie können auch zur Beratung einer Versicherung gehen, allerdings bieten diese nur die eigenen Produkte an. Davon abgesehen haben die meisten Arbeitgeber*innen zumindest für die Riester-Rente bereits vorgefertigte Unternehmen, bei denen sie ihre Arbeitnehmer*innen versichern.

» **Genau wie bei allen anderen Finanzfragen gilt auch hier: Packen Sie Ihre Altersvorsorge an. Es ist in keinem Alter zu spät dafür und besser, Sie haben irgendeinen Plan als keinen Plan.**

Optimistisch ins Alter

Wenn Sie mit Anfang 30 die Steuerklasse V wählen, weil Ihr Mann eben mehr verdient, denken Sie nicht an Ihre Altersvorsorge. Ihr Mann aber auch nicht. Warum sollten Sie auch daran denken: Die Rente ist noch 35 Jahre hin. Natürlich denkt niemand in der Elternzeit oder bei der Teilzeitstelle wegen der Kinder daran, wer einem mit 70 die Miete zahlt. Sie sollten aber darüber nachdenken. Und Sie sollten darüber sprechen.

>> **Besprechen Sie mit Ihrem Partner, wie er das Risiko der Rentenlücke, das Sie durch Kindererziehung und Teilzeit haben, finanziell ausgleicht.**

Es wäre zum Beispiel möglich, dass er für Sie in einen Fonds einzahlt. Es wäre auch möglich, dass Sie von Ihrem Gehalt mehr in einen Fonds einzahlen und er dafür mehr Lebenshaltungskosten übernimmt. Nur weil Ihre Nachteile erst in ein paar Jahrzehnten entstehen, heißt das ja nicht, dass sie nicht existieren. Jeder abhängig Beschäftigte bekommt jedes Jahr einen Rentenbescheid zugeschickt. Das heißt, Sie wissen genau, was Sie zu erwarten haben. Rechnen Sie damit, dass Sie von diesem Einkommen allein leben können müssen. Wenn Ihr Rentenbescheid mit 40 immer noch im dreistelligen Bereich liegt, müssen Sie etwas tun. Denn dann sind es nicht mal mehr 30 Jahre bis zur Rente. Also heißt es: Anlegen, Zurücklegen, Ansparen. Wenn Sie mit 40 Ihren Rentenbescheid ignorieren, werden Sie zu einer von vielen Frauen in Altersarmut.

Es macht keinen Sinn, die Augen zu verschließen und zu hoffen, dass schon alles gut gehen wird. Sehen Sie Ihrer Altersvorsorge ins Auge! Wenn Frauen die Rechnung aufmachen, was sie ab 67 erwartet, sind viele erschrocken und verdrängen diese Rechnung wieder. Ich sollte aber nicht wie ein Kaninchen vor dem Rentenbescheid sitzen, sondern überlegen: Wie will ich im Alter leben? Was will und muss ich mir leisten? Was brauche ich dafür? Wie kann ich schon jetzt in meiner Partnerschaft dafür sorgen, dass ich nicht leer ausgehe? Wenn ich mir diese Fragen ehrlich beantworte und meine Altersvorsorge anpacke, statt sie gedanklich nur schön zu verpacken, dann freue ich mich irgendwann auf den jährlichen Bescheid der Rentenkasse.

Geld anlegen und investieren

Kommen wir noch mal auf Carrie Bradshaw zurück. Meine Freundin Karin sagte einmal zu mir: »Ich mag mein Geld da, wo ich es sehen kann: auf meinem ETF-Fonds.« Damit öffnete sie mir die Augen. Ich verstand, dass es durchaus Sinn macht, sich um die eigenen Finanzen zu kümmern. Bis zu diesem Tag beschränkten sich meine Finanzweisheiten auf den Fuck-off-Fonds; mehr brauchte ich meiner Meinung nach nicht. Heute weiß ich mehr. Ich bin kein Finanzguru und kann Ihnen daher hier auch keine coolen Investitionsgeheimnisse verraten. Vermutlich würde ich dann auch keine Bücher schreiben, sondern auf Barbados in der Sonne liegen und aus einem buddhaförmigen Krug Cocktails schlürfen. Vielleicht erscheint es Ihnen jetzt gerade weit weg, weil Sie beruflich nicht so durchgestartet sind, aber die Frage nach den eigenen Geldanlagen stellt sich für jedes Einkommen, denn Sie brauchen auch für 50 Euro Anlage im Monat eine Strategie, da die 50 Euro vom Herumliegen nicht mehr wert werden.

Deshalb macht es Sinn, dass Sie sich mit grundlegenden Fragen der Geldanlage vertraut machen. Ich erkläre im Folgenden die Informationen zu Geldanlagen so, wie ich sie verstehe, und erhebe weder Anspruch auf Detailliertheit noch auf Wissenschaftlichkeit. Mir ist wichtig, dass Sie im Anschluss ungefähr wissen, wie Geldanlagen aufgebaut sind. Wenn man erst einmal den Einstieg geschafft hat, sind Zusatzinformationen viel leichter zu verstehen. Selbstverständlich sollten Sie sich dann noch selbst informieren oder eine Person hinzuziehen, die sich auskennt. Oft hat man aber – zumindest mir geht es so – eine Schwellenangst, sich überhaupt mit dem Thema zu befassen. Und über diese Schwelle hüpfen wir jetzt gemeinsam. Gehen wir einmal davon aus, dass Sie sich um Ihre kurzfristige Geldanlage mit einem eigenen Fuck-off-Fonds kümmern. Bei Investitionen geht es um mittel- und langfristige Anlagen. Daraus ergibt sich Regel 1 des Geldanlegens.

Regel 1: Investieren Sie kein Geld, das Sie vielleicht bald brauchen

Egal, ob Sie in Immobilien oder Aktien investieren: Wenn Sie Geld anlegen, das Sie vielleicht in ein paar Monaten brauchen, haben Sie das Risiko, dass Sie beispielsweise Aktien zu einem ungünstigen Kurs verkaufen müssen. Wenn Sie in eine Immobilie investieren, wäre das noch fataler, da die Kosten für den Kauf und den Verkauf einer Immobilie sehr hoch sind. Wenn Sie das Geld, das Sie zurücklegen wollen, nicht dringend brauchen, können Sie in Ruhe auf günstige Gelegenheiten warten, es anzulegen.[131]

Machen Sie sich auch bewusst: Sie brauchen für die Geldanlage keine großen Summen, denn für alle Anlagen gibt es heute Sparpläne, die Ihnen zum Beispiel 50 Euro im Monat abbuchen. Sie müssen also mit der Investition nicht warten, bis Sie 10 000 Euro zusammengespart haben. Diese monatlichen 50 Euro sollten Sie aber diversifiziert anlegen. Was heißt das?

Regel 2: Mischen if possible

Geld anlegen ist immer mit einem Risiko verbunden. Sie erinnern sich an die Bankenkrise, die Immobilienkrise oder auch kürzlich den Wirecard-Skandal. Wenn Sie Geld anlegen, heißt das also nicht, dass Sie am Telefon hängen und »KAUFEN! VERKAUFEN!« rufen, sondern dass Sie versuchen, Ihre Strategien so zu verteilen, dass auch das Risiko verteilt ist.[132] Die Verteilung von Risiken heißt erstens, dass Sie statt in Aktien eines einzigen Unternehmens in die Aktien vieler Unternehmen investieren. Zweitens heißt das, dass Sie nicht nur in Aktien, sondern beispielsweise auch in Anleihen, Rohstoffe oder Immobilienprojekte investieren. Für diese jeweiligen Investitionen gibt es unterschiedliche Fonds. Die Idee dahinter ist, dass ein Fonds das Geld unterschiedlicher Anleger*innen sammelt und dieses Geld möglichst gewinnbringend auf unterschiedliche Aktien, Anleihen und beispielsweise Rohstoffe verteilt. Durch die Fonds ist es möglich, auch kleinere Beträge zu investieren.

Der Unterschied zwischen Aktien und Anleihen ist, dass Sie mit Aktien Unternehmensanteile kaufen und darauf setzen, dass diese Unternehmensanteile im Wert steigen. Mit Anleihen leihen Sie Unternehmen oder Staaten Geld zu einem festen Zinssatz. Ihr Gewinn entsteht dann eben durch die Zinsen oder den Verkauf der Anleihen. Die Volatilität bei Aktien, also der dynamische Wertgewinn oder -verlust ist tendenziell höher als bei Anleihen und der Wert von Anleihen ist wesentlich komplexer.

Wichtig ist für Sie nur, dass Sie durch die Verteilung Ihrer Geldanlagen auf unterschiedliche Investitionsarten Ihr Anlagerisiko verteilen. Nehmen wir also an, dass Sie in einen Fonds Geld einzahlen, damit dieser Ihr Geld investiert. Dann stellt sich die Frage, wie dieser Fonds die Aktien einkauft. Heute gibt es sogenannte Indexfonds. Indexfonds diversifizieren Ihre Anlagen in der jeweiligen Branche über verschiedene Unternehmen oder Anleihen und orientieren sich jeweils an einem Index (zum Beispiel dem DAX, dazu kommen wir gleich). Das Interessante bei Indexfonds ist es, dass sie ja auch Aktien kaufen, wenn deren Kurse niedrig sind, was sich wiederum auszahlt, wenn die Kurse wieder steigen. Ihre Diversifikation könnte sich also – sehr grob dargestellt – über drei Felder ziehen:

- Unternehmen: Um nicht nur in ein Unternehmen zu investieren, sondern in mehrere, würden Sie Anteile eines Aktienfonds kaufen.
- Branchen: Um nicht nur in Aktien, sondern beispielsweise auch in andere Anlageformen zu investieren, kaufen Sie Anteile eines Aktienfonds und Anteile eines Anleihenfonds.
- Länder/Regionen: Um sich nicht nur auf die wirtschaftliche Entwicklung eines Landes zu verlassen, können Sie in unterschiedliche Regionen investieren.

Es gibt auch nachhaltige Investitionsmöglichkeiten, wenn Sie zum Beispiel nur in umweltfreundliche Projekte investieren wollen oder kein Geld an Rüstungsunternehmen geben wollen. Diese Variationen lassen sich bei der Suche nach Fonds einfach filtern.

Wenn Sie als Anfängerin Geld anlegen, macht es Sinn, auf vorgefertigte Lösungen zuzugreifen, die schon unterschiedliche Fonds zusammengestellt haben. Wenn Sie wirklich selbst in einzelne Fonds investieren wollen, müssen Sie sich im Detail damit beschäftigen. Welche Möglichkeiten es gibt, erkläre ich gleich. Kommen wir zunächst zur dritten und wichtigsten Regel: cool bleiben.

Regel 3: Werden Sie nicht nervös

Zugegeben: Mich machen Geldanlagen nervös. Ich bekomme wirklich Schweißhände, wenn ich versuche, Fondsanteile zu kaufen. Wenn man Geld in Aktien oder Anleihen anlegt, ist dies meistens eine langfristige Angelegenheit, für Immobilien gilt das sowieso, wegen der Transaktionskosten. Die Kurse von Aktien entwickeln sich hoch und runter. Wenn Sie aber langfristige Kurven anschauen, gehen die meisten Fonds nach oben. Entgegen dem Bild des brüllenden Börsenmaklers sitzen Sie also ganz cool vor Ihrem Laptop und schauen den Kurven zu.

Anhand dieser drei Grundregeln können Sie sich jetzt mit den Anlageformen auseinandersetzen.

Warum gibt es so viele unterschiedliche Geldanlagen?

Aktuell gibt es eine Niedrigzinspolitik. Kredite gibt es mit geringen Zinsen, auf gespartes Geld gibt es ebenfalls nur wenig Zinsen. Das heißt, wenn Sie Ihr Geld nur klassisch sparen, erhalten Sie höchstens 1 Prozent Zinsen auf Festgeldanlagen. Für Ihre kurzfristige Geldanlage mag das wie gesagt durchaus Sinn machen, weil Sie auf dieses Geld eventuell schnell zugreifen wollen, Stichwort Robert De Niro. Langfristig vernichten Sie so jedoch nahezu unbemerkt Ihr Kapital, denn die Inflation in Deutschland liegt momentan bei 1,3 Prozent.[133] Es ist also heutzutage gar nicht so abwegig, Ihr Geld stattdessen zu investieren oder zumindest zu wissen, wie das geht.

Aufgrund der Niedrigzinspolitik kaufen Menschen mit viel Vermögen in erster Linie Immobilien, denn Kredite sind günstig und die Preise von Immobilien steigen meistens im Laufe der Zeit, vor allem in Ballungsräumen. Ich weiß nur für München, dass die Immobilienpreise bereits seit Längerem so hoch sind, dass sich für mich eine Investition niemals lohnen würde, weil ich einfach schon sterbe, bevor eine etwaige Immobilie abgezahlt ist.

Die zweite Anlagestrategie besteht aus Aktien. Da es viel zu risikoreich ist, in einzelne Aktien zu investieren, lautet die allgemeine Empfehlung, in einen Aktienfonds zu investieren. Dies kann auch über einen Sparplan geschehen. Heute sind Indexfonds die häufigste Strategie. Indexfonds werden an der Börse gehandelt und heißen daher oft ETF-Fonds. Sie sind Börsenkursen nachgebildet und entwickeln sich entsprechend der jeweiligen Indizes. So gibt es zum Beispiel ETF-Fonds, die den DAX, also den deutschen Aktienindex nachbilden. Ein Indexfonds kauft und verkauft Aktienanteile automatisiert. Er investiert Ihr Geld in jeweils so viele Aktien, wie in dem jeweiligen Index abgebildet werden. Wenn Sie also zum Beispiel in einen DAX-Fonds investieren, kaufen Sie Aktien von 30 Unternehmen; wenn ein Unternehmen pleitegeht, ist das Risiko überschaubar. Wenn Sie nur Wirecard-Aktien gekauft hätten, wären Sie jetzt bei null.[134]

Wenn Sie Ihre Anlagen noch breiter verteilen wollen, können Sie in einen Fonds investieren, der den MSCI World Index abbildet. Dieser bündelt die nach Börsenwert größten Unternehmen der Industriestaaten. Aktuell sind darin rund 1600 Aktien aus 23 Industrieländern enthalten.[135]

Neben Aktienfonds gibt es aber auch Immobilien-, Rohstoff- und Anleihenfonds. Aktienfonds beziehen sich nur auf Aktien, die, wie wir oben gesehen haben, schneller im Wert steigen oder fallen. Andere Anlageformen entwickeln sich anders. Wenn Sie zum Beispiel in einen Immobilienfonds einzahlen, kaufen Sie damit kleine Anteile Gewinn versprechender Immobilienprojekte. Wenn Sie in Rohstoffe investieren – klar –, setzen Sie zum Beispiel auf den steigenden

Goldpreis. Daher sollten Sie im günstigsten Fall unterschiedliche Anlageformen mischen. Dabei kann Ihnen eine Anlageberatung oder ein Robo-Advisor helfen. Ein Robo-Was?

Die Mischung verschiedener Investitionsstrategien kann heute auch digital übernommen werden. Das heißt, ein digitaler Anlagehelfer überwacht die Entwicklung der unterschiedlichen Anlagen und verändert danach die Anlagestrategie, entweder in mehr Aktien oder in Anlagen oder andere Investitionen. Dafür zahlen Sie weniger als 1 Prozent Ihrer Anlagesumme pro Jahr.[136]

Vor allem dann, wenn Sie sich nicht damit beschäftigen möchten, kann das hilfreich sein. Hinzu kommt, dass der digitale Assistent Sie bei der Anlage fragt, wie viel Erfahrung Sie bereits mit Wertpapieren haben. Danach richtet sich nämlich das Risiko, mit dem der Robo-Advisor arbeitet (beispielsweise ist bei höherem Risiko der Aktienanteil höher). Allerdings können Robo-Advisor genau wie Anlageberater*innen auch irren. Das heißt, egal, wie und wo Sie investieren, ist es sinnvoll, wenn Sie wissen, wie die jeweilige Anlage funktioniert, damit Sie gegebenenfalls eingreifen können.

Wenn Sie jetzt Blut geleckt haben und Lust auf eigenständige Investitionen haben, können Sie sich die Internetseite www.justetf. com anschauen und dort die Kurse verfolgen, Fonds vergleichen und auch Ihre eigenen Finanzen über ein individuelles Profil verfolgen, wenn Sie das wollen.

Investiere wie eine Frau

Frauen sind die zukünftige große Zielgruppe der Finanzinvestitionen und Anlageberatungen. In den USA gibt es bereits eine auf Frauen spezialisierte Finanzberatung, die sich *Ellevest* nennt und mit dem Slogan »Invest Like A Woman« wirbt. Die Idee ist, dass Frauen zum einen heute teilweise höhere Einstiegsgehälter haben und sich langsam an Investitionen herantrauen. Frauen sind also die Zukunft im Anlagemarkt. Gleichzeitig haben Frauen höhere Ansprüche an die Transparenz ihrer Geldanlagen. Sie wollen genau verstehen, was und wo sie investieren, sind aber keineswegs risikoaverser. Was ich Ihnen mit diesem Beispiel sagen will: Ihre Situation ist keineswegs einzigartig, sie betrifft so viele Frauen, dass es dafür spezielle Beratungen gibt.[137]

Wir wissen mittlerweile: Langfristig steigen die Einkommen von Frauen weniger als die von Männern; zudem haben Frauen mehr Lücken in ihren Biografien. Das heißt, ein Investment muss flexibler anpassbar sein oder für kleinere Einkommen zugänglich. Da es für Frauen noch nicht so selbstverständlich ist, sich um die eigenen Finanzen zu kümmern, wie für Männer, haben sie öfter eine gewisse Schwellenangst und wollen es vermeiden, dumme Fragen zu stellen. Sie können sich deshalb sowohl an eine Finanzberatung wenden, die sich darauf spezialisiert hat, Frauen bei der Vermögensverwaltung zu unterstützen. Das kostet Gebühren. Es gibt auch Bücher zum Thema Finanzen für Frauen[138] oder Sie lesen in den sozialen Medien etwa Blogbeiträge, die sich auf Frauen spezialisiert haben, oder treten einer entsprechenden Facebook-Gruppe bei. Sie können auch einfach zu Ihrer Hausbank gehen und sich grundlegend beraten lassen. Wichtig ist: Gehen Sie einen ersten Schritt und informieren Sie sich, denn es gibt in Bezug auf Ihre Investitionen keine dummen Fragen. Schließlich geht es um Ihr Erspartes, das Sie gut anlegen wollen. Machen Sie sich deutlich, dass Sie zu einer Pionierinnengruppe gehören und es deshalb vollkommen normal ist, dass Sie sich manchmal fremd im Finanzwesen fühlen.

Es ist in fast allen Fällen besser, irgendeine Strategie statt keine Strategie zu haben. Finanzwesen ist am Ende keine Rocket Science. Mit kleinen Beträgen, etwas Geduld und Zeit kann heute jeder Mensch Geld investieren. Insofern können Sie nicht wahnsinnig viel falsch machen, wenn Sie es einfach mal versuchen. Und je mehr Erfahrungen Sie sammeln und sich informieren, desto einfacher wird es. Am Ende können Sie dann bei Partys einen gepflegten Schluck aus Ihrem Weinglas nehmen und nonchalant über Börsenkurse parlieren. Und wer weiß, vielleicht rückt dann auch Barbados mit dem Buddha-Cocktail in greifbare Nähe.

Was nehmen Sie aus diesem Kapitel mit?

» Aufgrund der geringeren Verdienste stehen Frauen in fast allen Verhandlungen innerhalb von Partnerschaften schwächer da. Sie steigen daher auch eher aus dem Beruf aus oder schränken sich ein, ohne die damit verbundenen finanziellen Risiken abzufedern. Das gilt insbesondere für Paare, die nicht miteinander verheiratet sind.

» Die deutsche Familien-, Sozial- und Finanzpolitik verläuft in Bezug auf Neuerungen teilweise ungleichzeitig. So hat sich das Unterhaltsrecht modernisiert und baut auf Zweiverdienerehen auf, das Steuerrecht fördert die Hausfrauenehe. Paare brauchen individuelle Regelungen, um ihren Lebenssituationen gerecht zu werden. Sprechen Sie daher frühzeitig über die Verteilung von Finanzen in Ihrer Partnerschaft, idealiter auch mit Blick auf Zukunftspläne.

» Ihre Regelungen sollten sich sowohl auf die alltäglichen Ausgaben beziehen (Wer kauft von welchem Geld ein?) als auch auf die Vermögensbildung (Wer steht im Grundbuch der Immobilie?) und auf entgangene Einkommen, zum Beispiel durch Familienphasen (Wer zahlt zusätzliche Rentenbeiträge?).

» Die gesetzliche Rentenversicherung reicht in den meisten Fällen nicht aus, um Frauen vor der Altersarmut zu schützen. Sie müssen privat vorsorgen.

» Jeder Mensch kann die eigenen Finanzen in den Griff bekommen, egal, wo er startet. Ihre Finanzen bestehen aus Ihren täglichen Ausgaben sowie aus Ihrer kurzfristigen, Ihrer mittelfristigen und Ihrer langfristigen Vermögensbildung. All diese Aspekte müssen Sie Schritt für Schritt in Angriff nehmen.

» Durch standardisierte Aktienfonds können Sie auch mit kleinen Beträgen bereits in Aktien investieren. Dafür gibt es Apps und Beratungen, die Ihnen einen Einstieg erleichtern.

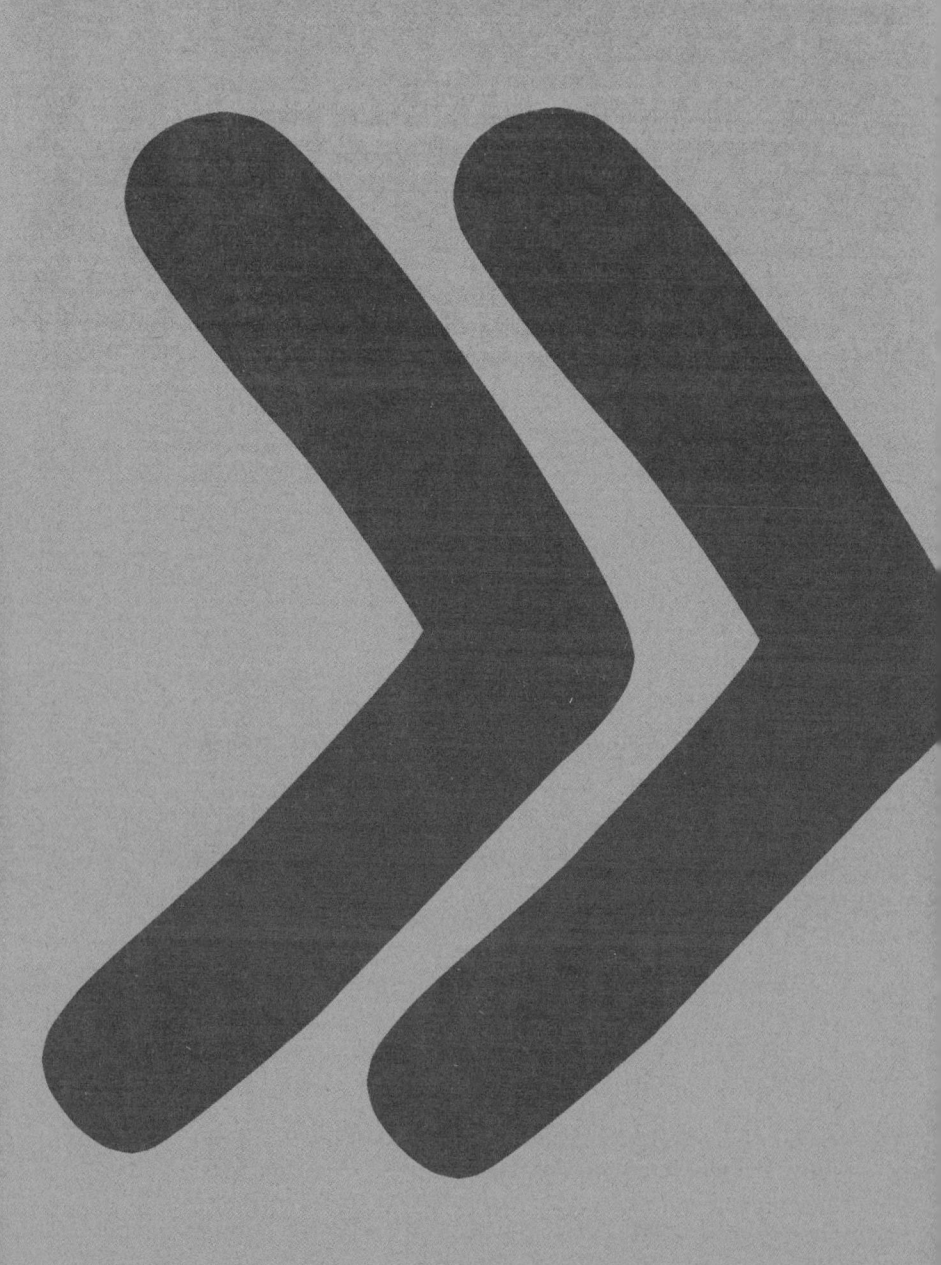

SÄULE III

Die erfolgreiche Businessfrau

Frauen können alles (wirklich!)

Frauen sind heute so gut qualifiziert wie noch nie. Mädchen überholen Jungen regelmäßig in ihren Schulleistungen, machen Abitur und studieren. Von der Bildungsexpansion der 1970er-Jahre haben Frauen im großen Stil profitiert. Allerdings zahlt sich das im Jahr 2021 noch nicht wirklich aus. Mehr als 50 Jahre nach der Bildungsexpansion, die sich an das katholische Arbeitermädchen vom Lande richtete, sind Frauen in Führungspositionen unterrepräsentiert, arbeiten häufig langfristig in Teilzeit und nehmen längere Familienauszeiten. Die vergleichbaren Männer starten dagegen durch, sogar noch mehr, wenn sie Familie haben.

Was heißt das für Sie? Sie haben Ihren Partner an Bord, Sie haben Ihre Finanzen im Griff. Alles ist bereit für Ihr persönliches Durchstarten. Egal, ob Sie ein Kind haben oder nicht, vermutlich stehen Sie gerade beruflich nicht da, wo Sie hinwollen. So geht es vielen Frauen. Sie bleiben systematisch hinter ihren Qualifikationen und Berufserfahrungen zurück und laufen irgendwann gegen eine gläserne Decke.

Dafür gibt es viele Gründe. Schon Mädchen bekommen von ihrem Umfeld mehr Anerkennung für ihr Aussehen als für ihre Leistungen oder ihren Mut.[139] Viele junge Frauen wählen von vornherein Ausbildungen oder Studienfächer, die weniger Verdienst oder Karriereoptionen bieten. Bereits Berufseinsteigerinnen bewerten die Work-Life-Balance höher als den beruflichen Aufstieg. Im Berufsleben bleiben Frauen oft hinter ihren Möglichkeiten, weil sie schon eine Familiengründung antizipieren, bevor sie überhaupt schwanger sind.[140] Nach einer familienbedingten Pause kehren Frauen später und häufiger in Teilzeit zurück als Männer. Führungsaufgaben werden auch heute noch kaum in Teilzeit vergeben. Hinzu kommen Diskriminierungen am Arbeitsmarkt, Vorurteile gegenüber beruflich ambitionierten Frauen und männlich geprägte Netzwerke. Damit spielen Strukturen, Verhaltensdispositionen und Erfahrungen für Frauen oft negativ zusammen und stellen so eine Hürde auf dem Weg zu mehr Erfolg dar.

Karriere heißt für jede Frau etwas anderes. Menschen setzen unterschiedliche Prioritäten. Während ein Teil der Menschen sagt, dass sie etwas Sinnvolles machen wollen, und sie damit verbinden, dass sie mit ihrer Arbeit Menschen helfen, sind andere eher daran interessiert, innerhalb formaler Strukturen Aufstiege zu erreichen und viel Geld zu verdienen. Wiederum andere wollen einfach genug verdienen, um davon leben zu können, und noch Zeit für die Familie, Freundschaften, Sport und Gesundheit haben. Die allermeisten beruflichen Lebenspläne haben aber etwas mit Freiräumen zu tun. Entweder will ich mehr berufliche Freiräume durch mehr Macht erhalten oder ich will private Freiräume durch weniger Arbeitszeit. Um in die Lage zu kommen, dass ich mich für oder gegen Erfolg, für oder gegen Freizeit, für oder gegen Vereinbarkeit entscheiden kann, brauche ich aber einen Plan und zumindest so viel berufliche Autonomie, dass ich überhaupt verhandeln kann.

Warum es sich lohnt, aus alten Mustern auszubrechen

Anne hat vor der Geburt von Lena ein Projekt in der sozialen Arbeit geleitet. Sie hatte ein kleines Team, in dem alle sehr traurig waren, als sie in Elternzeit gegangen ist. Weil ihr Projekt in ihrer Elternzeit endete, hatte sie danach Schwierigkeiten, wieder einen Einstieg zu finden. Sie ist jetzt offiziell arbeitslos. Anne ist gerade ziemlich unglücklich, weil sie sich gefangen fühlt zwischen ihrem Verantwortungsgefühl für Lena und ihren eigenen Wünschen. Allerdings stehen ihre eigenen Wünsche, ihre Doktorarbeit abzuschließen und eine Führungsposition bei einem Jugendamt zu finden, irgendwie total in Widerspruch zu ihrer Situation. Gleichzeitig ist sie gerne die Mutter von Lena und will auch ihr gerecht werden. Gerade durch ihre Arbeit mit jungen Menschen weiß sie, wie wichtig es ist, dass Kinder ein festes Vertrauen in ihre Eltern haben. Teilzeitstellen mit Führungsanspruch gibt es nicht und ihre Doktorarbeit geht nicht voran, weil sie irgendwie doch den ganzen Tag mit Familienkram beschäftigt ist. Annes Leben entspricht gerade absolut nicht dem, was sie sich ausgemalt hat, als sie ihr Studium abgeschlossen hat. Jan klettert währenddessen immer höher auf seiner Karriereleiter. Sein Vorgesetzter sagte neulich zu ihm: »Sie haben jetzt Familie, da sollten wir mal schauen, wie wir Sie weiterentwickeln, denn schließlich tragen Sie Verantwortung.« Anne wusste nicht, ob sie lachen oder weinen soll, als Jan ihr davon erzählt hat.

Frauen sind heute auf dem Sprung. Sie wollen eine eigenständige berufliche Entwicklung leben, aber sie wollen auch ein glückliches Privatleben haben. Wenn ich in diesem Teil des Buches darüber spreche, wie Sie eine erfolgreiche Businessfrau werden, meine ich damit gleichzeitig, dass Sie mehr Freiräume erhalten, und zwar für was auch immer. Sie können dann immer noch entscheiden, ob Sie

Freiräume für mehr Zeit mit Ihrer Familie wollen, weil Sie auf einer 80-Prozent-Stelle genug verdienen, um an einem Tag in der Woche für Ihre Familie da zu sein, oder ob Sie die Freiräume dazu nutzen, die Chefin zu werden. Das bleibt Ihnen überlassen. Wichtig für Sie zu wissen ist: Sie können alles und alles ist möglich. Alle Lebensentwürfe sind gleich viel wert. Wie wir aber gesehen haben, machen es uns gerade traditionelle Rollenmuster nicht gerade leicht durchzustarten.

Chefin steht aktuell nicht zur Wahl

Im Moment ist es so, dass die Frage Chefin oder Teilzeit sich für die meisten Frauen nicht stellt. Sie können nicht Chefin werden, weil sie nicht befördert werden; und sie müssen in Teilzeit arbeiten, weil sonst die private Konstruktion kollabiert. Männer haben gleichsam kaum die Wahl, weil sie fast zum Chefsein gezwungen sind, denn aufgrund der *corporate policies* und privater Verantwortung können Männer wiederum kaum sagen, dass sie kein Interesse an Aufstieg haben.

Ich zweifle daran, dass beide Gruppen diese Szenarien genau so wollen. Sie haben sich in diese Situation hineinmanövriert, wie viele andere vor und nach ihnen. Es liegt nun an uns, diese Verhältnisse so auszugleichen, dass ein Mann, der gern mit Kindern arbeitet, Erzieher werden kann, ohne als unnormal zu gelten. Und es ist an uns, zu fordern, dass auch Mütter von zwei Kindern Abteilungsleiterin sein können, ohne dabei ein schlechtes Gewissen zu haben.

Anne-Marie Slaughter leitete den politischen Planungsstab im Außenministerium unter Hillary Clinton und kehrte nach zwei Jahren auf ihre Professur in Princeton zurück, weil sie mehr Zeit mit ihrer Familie verbringen wollte. Sie schrieb daraufhin das Essay »Why women still can't have it all« im *Atlantic*, auf dessen Basis sie im Anschluss ein Buch geschrieben hat.[141] Der Text war aufrüttelnd, da Slaughter bis dahin als Musterbeispiel der gelungenen Frauenkarriere galt. Sie schrieb darin, was sich ändern muss, damit Frauen wirklich eine Karriere und Mutterschaft vereinbaren können. Slaughter hat ihren Job im Außenministerium aufgegeben, weil sie für ihre Familie da sein wollte. In ihrem Artikel kritisiert sie die Spannung zwischen dem individuellen Mantra, das auch seitens der feministischen Elite ständig wiederholt wird, nämlich dass Frauen selbstverständlich alles haben können, und der Realität vieler Frauen, dass sie sich, wenn sie alles haben wollen, bis zur Erschöpfung aufarbeiten müssen. Slaughter plädiert unter anderem für die Verlängerung beruflicher Biografien, um die Abfolge von Elternschaft und Karriere zu entzerren, und für einen offenen Umgang mit privaten Verpflichtungen.

Der Text ist aus einer amerikanischen Perspektive geschrieben und vieles trifft nicht auf die deutschen Verhältnisse zu. Warum der Text trotzdem für uns relevant ist: Es ist eine Mischung aus individuellem Biss, Disziplin und Nichtaufgeben und den Rahmenbedingungen, die es Frauen ermöglichen, auch mit Familie Karriere zu machen. Slaughter schreibt auch – und das halte ich für sehr wichtig –, dass privilegiertere Positionen eine verbesserte Vereinbarkeit mit sich bringen. Beides entlässt Frauen nicht aus der Verantwortung, sich hohe Ziele zu stecken und diese zu verfolgen. Es beinhaltet aber auch die strukturelle Kritik einer Arbeitswelt, die die Lebensrealitäten von Frauen oft nicht anerkennt. Wie kommen wir aus diesen Verschlingungen heraus? Die deutsche Arbeitswelt ist deutlich familienfreundlicher als in den USA. Es gibt in Deutschland gesetzliche Entlastungen für Eltern, Urlaub, Kinderkrankentage und Frauenförderung. Ich frage mich:

- Warum greifen diese Maßnahmen nicht so, dass Frauen im großen Stil durchstarten?
- Welche Denkmuster haben sich bei uns eingebrannt und stehen uns im Weg, wenn wir uns unser Stück vom Kuchen holen wollen?
- Welche Fähigkeiten brauchen wir und wo kommen die her?
- Warum heißt »mit Menschen arbeiten« für viele von uns nicht, eine Führungsposition einzunehmen, sondern einzelnen Klient*innen zu helfen?

Lassen Sie uns einen Blick auf zentrale Weichen in Ihrem Berufsleben werfen und darauf, was Sie vielleicht an diesen Weichen anders entscheiden können. Es steht Ihnen dann immer noch frei, sich dagegen zu entscheiden. Aber ich finde es immer besser, eine Möglichkeit abzulehnen, die ich potenziell habe, als gar keine Wahl zu haben. Und ich bin zutiefst überzeugt, dass Frauen durchaus alles haben können, vor allem dann, wenn sie die dazugehörenden Väter nicht aus der Pflicht nehmen. Und nicht zuletzt heißt alles haben nicht für alle das Gleiche.

Gute Mädchen kommen in den Himmel ...

Es gab 1994 ein Buch mit dem Titel *Gute Mädchen kommen in den Himmel, böse überall hin*, das sehr erfolgreich war.[142] So erfolgreich, dass der Spruch sich auch heute noch in Instagram-Memes und an der Wand hängend in taupefarbenen Fluren von Wanne-Eickel bis Altötting findet. Inhalt des Buches war es, dass Frauen zum Bravsein erzogen werden, aber so nicht bekommen, was sie wollen und was ihnen zusteht. Das war vor über 25 Jahren. Auch heute noch tun sich Frauen mit dem Bösesein schwer, auch wenn diskutabel ist, ob es überhaupt böse ist, auf den eigenen Rechten zu bestehen.

Bei den vorangegangenen Säulen habe ich wiederholt, wie negativ sich lange Erwerbsunterbrechungen und Teilzeit auf die eigene Biografie, das Einkommen und das Alterseinkommen auswirken. Hier soll es um etwas ganz anderes gehen: Es geht darum, dass beruflicher Erfolg Spaß macht. Es macht Spaß, Anerkennung dafür zu bekommen, dass man Erwachsenendinge macht. Es ist unheimlich befriedigend, eine Gehaltserhöhung zu bekommen. Es ist spannend, sich inhaltlichen Herausforderungen zu stellen. Berufstätigkeit ist wie eine Art Erwachsenenspielplatz: Sie sind mit anderen Erwachsenen zusammen, konkurrieren, setzen sich auseinander, diskutieren, lösen Probleme. Das alles macht Spaß. Und es macht viel, viel, viel mehr Spaß, wenn Sie eher am oberen Ende der Karriere stehen als am unteren. Das hat nichts mit Bösesein zu tun. Fragen Sie sich mal, warum Männer seltener aus dem Beruf aussteigen und nicht in Teilzeit arbeiten. Das Geld ist sicher nicht der einzige Grund. Männer wollen sich beruflich weiterentwickeln und den Anschluss nicht verlieren. Sie wollen weiter auf dem Erwachsenenspielplatz mitspielen. Frauen gelingt das in weit geringerem Ausmaß, und dafür gibt es Gründe.

Diese Gründe, das wird Sie nicht wundern, liegen erstens in den Strukturen, die es Frauen weniger einfach machen, Beruf und Familie zu vereinbaren. Sie liegen zweitens auf der individuellen Seite, und an dieser Seite können wir arbeiten. Das soll kein antifeministisches »Selbst schuld!« sein, sondern erneut ein fest entschlossenes »Trotzdem!«. Dieses Trotzdem braucht Informationen, damit Sie erstens wissen, warum Sie stehen, wo Sie stehen, und zweitens, wie Sie dahin kommen, wo Sie hinwollen. Wagen wir einen Blick in die Daten zur beruflichen Entwicklung von Frauen und Männern.

Typisch Frau und typisch Mann beginnt schon in der Grundschule

Anne hat Soziale Arbeit studiert, Jan hat einen Master in Wirtschaftsinformatik. Er arbeitet im Headquarter einer Bank, sie war in einem befristeten Projekt mit geflüchteten jungen Erwachsenen tätig. Er verdient fast das Doppelte wie sie, solange sie beide in Vollzeit arbeiten. Anne wollte was Sinnvolles machen und mit Menschen arbeiten. Sie hat sich schon in ihrer Jugend engagiert, war Klassensprecherin, stellvertretende Schülersprecherin und hat bei einem Guerilla-Gardening-Projekt mitgemacht. Irgendwie war ihr immer klar, dass sie sich für die Gesellschaft einsetzt. Jan findet die Gesellschaft auch wichtig und bewundert Anne für ihr unermüdliches Engagement. Er hat sich auch in sie verliebt, weil sie einfach immer das »Bigger Picture« im Blick hat. Seine beruflichen Ziele hat er zwar noch nie auf diese Fragen abgeklopft; er war einfach gut in Mathe und wollte was mit Wirtschaft studieren. Trotzdem ist es ihm nicht egal, dass es anderen Menschen schlechter geht. Er spendet jedes Jahr an die Kältehilfe für Obdachlose und würde auch mal in der Suppenküche aushelfen. Aktuell hat er aber nicht so viel Zeit, weil er viel arbeiten muss.

Die Berufswelt ist an vielen Stellen nach Geschlecht segregiert. In bestimmten Berufen sind Männer deutlich überrepräsentiert, in anderen Berufen bilden Frauen die Mehrheit. Meistens werden Berufe, in denen Frauen die Mehrheit bilden, schlechter entlohnt als Berufe, in denen Männer überwiegen. Nicht zuletzt arbeiten, wir wissen es bereits, Männer wesentlich häufiger in höheren Positionen – oder anders ausgedrückt: Auf dem Weg nach oben nimmt der Anteil an Frauen ab. Frauen- und Männerberufe unterscheiden sich also sowohl horizontal als auch vertikal.

MINT und SAHGE sind keine Kräuterdüfte

Besonders deutlich wird das an der Unterscheidung zwischen sogenannten MINT- und SAHGE-Berufen. MINT ist die Abkürzung für Mathematik, Informatik, Naturwissenschaft und Technik, SAHGE ist ein
neues Akronym und beutet Soziale Arbeit, haushaltsnahe Dienstleistungen, Gesundheit und Pflege sowie Erziehung.

Nach wie vor sind in MINT-Berufen überwiegend Männer zu finden, in SAHGE-Berufen überwiegend Frauen. 80 Prozent der Beschäftigten im SAHGE-Bereich im Jahr 2016 waren weiblich. 87 Prozent der in Pflegediensten und 85 Prozent der in Pflegeheimen
Beschäftigten waren Frauen.[143] Der Anteil männlicher Studenten in
der Kindheitspädagogik liegt bei 5 Prozent, in der Informatik bei
77 Prozent.[144] Junge Männer entscheiden sich also gezielt kaum für
soziale Berufe und zu überwiegenden Anteilen für den naturwissen-
schaftlich-technischen Bereich.

Der Personalbedarf in den Berufen des Sozial- und Gesundheits-
wesens ist aber enorm. Die alternde Gesellschaft erfordert zunehmend Pflegekräfte, der Ausbau der Kindertagesbetreuung einen
Zuwachs an Erzieherinnen und Erziehern. Bis 2030 wird erwartet,
dass die Gesamtheit der Tätigkeiten in Bildung und Erziehung, in
den Gesundheits- und Sozialberufen sowie in der Körperpflege den
mit Abstand größten Berufsbereich ausmacht, der ein Viertel bis
ein Drittel der Erwerbstätigen erfasst.[145] Das heißt, die SAHGE-Berufe haben eine große Zukunft, die Frage ist nur, wie sich diese Zukunft auszahlt.

Die meisten Berufe im sozialen Bereich sind deutlich geringer
bezahlt als vergleichbare Arbeit im technischen Bereich. Vollzeitbe-
schäftigte Fachkräfte bei der Herstellung von Kraftfahrzeugen und
Kraftfahrzeugteilen verdienten 2009 im Durchschnitt 3187 Euro. Im
Vergleich dazu verdienten die in Vollzeit arbeitenden Fachkräfte
im Dienstleistungsbereich personaler Versorgung (etwa in Kindertageseinrichtungen, Grundschulen und Pflegeeinrichtungen) monatlich zwischen 517 Euro und 1278 Euro weniger.[146] Insbesondere
zwischen gleichwertigen Berufen bestehen Unterschiede in den

Verdiensten von Frauen und Männern.[147] Man nennt das die geschlechtshierarchische Bewertung von Tätigkeiten. Das hat unter anderem historische Gründe.

Die Bezahlung von Berufen im MINT-Bereich erfolgt anhand klarer Tarifkriterien: Die Schwierigkeit der Arbeit, jeder Handgriff, das Anspruchsniveau erscheinen objektiv feststellbar. Industrieberufe haben eine lange Geschichte in Bezug auf Vertretung in Gewerkschaften sowie Arbeitskampf um Lohn und Gehalt. SAHGE-Berufe hingegen sind aus einem ursprünglich freiwilligen sozialen Engagement und Ehrenamt bürgerlicher Frauen entstanden. Soziale Arbeit nannte sich im 19. Jahrhundert noch freie Liebestätigkeit. Die Ausbildung von Frauen, die Kinder betreuten, galt in der Industrialisierung nicht als notwendig. Die Arbeit wurde von Lehrerinnen ohne Anstellung oder von Müttern erledigt. Lange wurde die Ausbildung von Kindergärtnerinnen dann an sogenannten Frauenschulen absolviert. Die Institutionalisierung der Erzieherinnenausbildung vollzog sich erst in den 1960er-Jahren. Noch heute erzählen meine Studentinnen der Kindheitspädagogik, dass ihre Eltern sie fragen, warum man fürs Kinderaufpassen ein Studium braucht. Der unterschiedliche gesellschaftliche Stellenwert beider Berufsbereiche ist historisch bedingt, die Wahrnehmung setzt sich aber bis heute fort, obwohl soziale Arbeit und Kindertagesbetreuung so wichtig sind.

» **Erst durch die Coronapandemie wurden Berufe als systemrelevant bezeichnet, darunter Pflegekräfte. Das hat allerdings immer noch nicht für einen nachhaltigen Lohnanstieg gesorgt.**

Die Arbeit in sozialen Berufen scheint mit Blick auf bestimmte Leistungen oder Schwierigkeitsniveaus außerdem weniger eindeutig abgrenzbar zu sein als die Arbeit in technischen Berufen. Zwar gibt es Pflegestufen für Pflegebedürftige, bei Erzieherinnen oder Sozialarbeiterinnen sieht die Situation aber schon anders aus. Leistet eine Sozialarbeiterin, die mit Obdachlosen arbeitet, mehr als eine, die in belasteten Familien hilft? Tätigkeiten wie diese lassen sich schwerer quantifizieren. Das ist ein Grund, warum fürsorgende Berufe schlechter entlohnt sind als Fertigungsberufe. Außerdem sind diese Berufe öfter im öffentlichen Dienst oder bei kirchlichen Trägern angesiedelt, was auch Streik und Arbeitskampf traditionell unwahrscheinlicher macht, denn gerade bei kirchlicher Anbindung sind Arbeitsrechte eingeschränkt. Die Tarife des öffentlichen Dienstes sind fixiert, Abweichungen durch besondere Leistungen oder Verhandlung sehr unwahrscheinlich.

>> **Aber gerade weil die Berufe im sozialen Bereich ausgebaut werden und es einen zunehmenden Fachkräftemangel gibt, kann es sich auch lohnen, in dieser Branche zu arbeiten. Denn Ihre Verhandlungsposition verbessert sich, wenn Sie sehr gefragt sind. Gerade im sozialen Bereich gibt es Aufstiegschancen für Frauen, wenn sie sie ergreifen.**

Dennoch stellt sich die Frage: Wer ist Henne und wer Ei? Entscheiden sich die Frauen bewusst für schlechter entlohnte Berufe, und wenn ja, warum? Diese Entscheidung erfolgt lange vor einer Familiengründung. Das heißt, die Frauen betten sich schon zu Anfang ihrer Karriere, eigentlich schon zu Beginn ihrer Ausbildung auf ein hartes Lager. Woher kommt das? Trauen sich junge Frauen keine technischen Berufe zu oder ist ihr Wunsch zu helfen so übermächtig?

Frauen werden schlechter bezahlt trotz Mangelberuf

In Deutschland werden bis zum Jahr 2025 mehr als 70 000 zusätzliche Erzieher*innen gebraucht. Mit dem Ausbau der Kindertagesbetreuung, dem Anspruch auf einen Ganztagsgrundschulplatz ab 2025 und den ausgeweiteten Betreuungszeiten besteht schon jetzt ein erheblicher Personalmangel.[148] Erzieherinnen berichten von hoher beruflicher Unzufriedenheit.[149] Sie haben viel Verantwortung, der

147

Ausbau der frühen Bildung seit dem PISA-Schock macht den Job anspruchsvoller, gleichzeitig sind Arbeitszeiten und Bezahlung nicht zufriedenstellend. Erzieherinnen leiden häufiger unter Lärm- und Stressbelastung, sie rauchen häufiger als die Gesamtbevölkerung. Nur 42 Prozent der Erzieherinnen arbeiten in Vollzeit.[150] Leitungen von Kitas sind die einzige Berufsgruppe, in der knapp 20 Prozent nicht für die Leitung freigestellt werden. Das heißt, es wird erwartet, dass Personalführung und andere Managementaufgaben von einer Erzieherin mit Gruppendienst neben dem Tagesgeschäft mitgemacht werden. In Wirtschaftsunternehmen sind CEOs vollständig »freigestellt«, sie werden nur fürs Chefsein bezahlt. In der Regel ist die Führung dann sogar noch nach Aufgaben geteilt, es gibt CEOs, CFOs, CTOs – alles hoch spezialisierte Führungsaufgaben für Technik oder Finanzen, die in einer Kita nebenbei laufen.[151]

Das führt aber nicht dazu, dass Erzieherinnen sich bei einem besseren Arbeitgeber bewerben oder sich ein höheres Gehalt erstreiten. Nein, ein hoher Anteil von ihnen geht in Elternzeit und kommt einfach nicht mehr zurück.[152]

» Was machen Software-Architekten aus ihrem Mangelberuf? Sie erzielen als Freiberufler Tagessätze um 1000 Euro. Was machen Erzieherinnen? Sie bleiben zu Hause oder gehen in Teilzeit.

Gleiches gilt für Pflegekräfte und für gegenüber Realschul- und Gymnasiallehrkräften schlechter bezahlte Grundschullehrkräfte (85 Prozent von ihnen sind Frauen); ebenso im Reinigungsgewerbe und in weiteren personenbezogenen Dienstleistungen ist dieses Vorgehen an der Tagesordnung.[153] Der Stress in diesen Jobs ist hoch, der Schluss, den die meisten Frauen daraus ziehen, ist, in Teilzeit zu gehen oder auszusteigen.

» Frauen sind weniger wechselfreudig und ziehen sich bei Unzufriedenheit eher zurück. Dabei könnten sie den Fachkräftemangel für eine Verbesserung nutzen.

Initiativen wie der Girls' Day versuchen, Frauen für MINT-Berufe zu begeistern. Die verkürzte Argumentation lautet dazu oft, dass Mädchen MINT-Berufe ergreifen sollen, weil sie dort besser verdienen. Wie traurig wäre es, wenn man einen Beruf nur ergreift, weil man dort besser verdient. Das erscheint mir nicht wie ein nachhaltiges Konzept. Viel sinnvoller ist es doch, wenn Jungen wie Mädchen sich für genau die Berufe entscheiden, für die sie sich interessieren, unabhängig von ihrem Geschlecht. Aber so einfach ist das natürlich nicht. Wie entstehen berufliche Präferenzen von Mädchen und Jungen? Werfen wir einen kurzen Blick in die Bildungs- und Berufswahl junger Menschen.

Warum Frauen helfen wollen und Männer erfolgreich sind

Ab der Einschulung zeichnen sich die Leistungsunterschiede zwischen Mädchen und Jungen eindeutig in Zahlen ab. 3,3 Prozent der Mädchen werden vorzeitig eingeschult, aber nur 2,1 Prozent der Jungen. 9,6 Prozent der Jungen werden verspätet eingeschult, aber nur 6,9 Prozent der Mädchen. Zwei Drittel der direkt in die Förderschule eingeschulten Kinder sind Jungen. Jungen geben zu geringeren Anteilen an, dass sie gern lesen, ein Anteil von weniger leistungsstarken Jungen wertet Schulleistungen auch explizit ab. Mädchen liegen in den Lesekompetenzen klar vorn.[154] Eigentlich läge daher der Schluss nahe, dass Mädchen in diesem Alter besonders selbstbewusst auf ihre Bildung blicken könnten.

>> **Die Wahrheit ist aber: Mädchen erbringen bessere Schulleistungen, trauen sich aber weniger zu.**

Ich habe eine Studie mit Schulkindern durchgeführt, deren Eltern Sozialleistungen bekamen und nicht erwerbstätig waren. Wir haben den Kindern Fragebögen vorgelegt und angeboten, die Fragen vorzulesen, wenn die Kinder sich beim Lesen unsicher fühlten. Ein

Mädchen bat mich, ihr die Fragen vorzulesen. Schnell merkte ich, dass sie jede Frage schon beantwortete, bevor ich sie vorgelesen halte. Ich habe zu ihr gesagt, dass sie doch eigentlich schon lesen kann.»Ja«, strahlte sie mich an,»ich bin mit meiner Freundin die Beste in der Klasse.« Schon da habe ich gesehen, dass diese guten Leistungen bei einem kleinen Mädchen nicht selbstverständlich zu mehr Selbstvertrauen geführt haben. In der Schule erhalten Mädchen mehr Anerkennung für Fleiß, ruhiges Arbeiten und angepasstes Verhalten. Jungen bekommen Aufmerksamkeit für abweichendes oder lautes Verhalten. Die Konditionierung auf Angepasstheit erweist sich für einen Großteil der jungen Frauen als großes Hindernis in der Gestaltung einer selbstbewussten Karriere. Es gibt viele interessante Berufe – und von vielen Berufen verabschieden sich Mädchen schon, weil sie an Sätze glauben wie: *Ich bin einfach kein großes Licht in Mathe.* Während es durchaus zum Stereotyp einer bestimmten Form adoleszenter Männlichkeit gehört, Lernen und Leistung in der Schule abzulehnen, gehören gute Schulleistungen und Anstrengung selbstverständlicher in den Lebensentwurf von Mädchen; entsprechend werden nur geringfügig schlechtere Leistungen als Versagen interpretiert. Eine Untersuchung von Jungen aus Haupt- und Förderschulen zeigt, dass diese die Figur des»Strebers« konstruieren, der als unmännlich aus der Jungengruppe ausgeschlossen, verachtet und gemobbt wird.[155]

Wäre es also sinnvoll, wenn Mädchen und Jungen getrennt voneinander unterrichtet würden? Es fällt auf, dass Frauen, die besonders herausragende Karrieren machen – beispielsweise Melanie Kreis, CFO der Deutschen Post AG, Sabine Bendiek, Vorstandsmitglied bei SAP und Doris Pittlinger, Managing Director bei Invesco Real Estate –, auf Mädchengymnasien waren.[156] Die Forschung zeigt ein relativ ambivalentes Bild, da die sogenannte Monoedukation Vor- und Nachteile mit sich bringt. So kann es sich positiv auswirken, wenn in männlich geprägten Studiengängen parallele Studiengänge nur für Frauen eingerichtet werden. Männliche Fachkulturen werden so nicht zu einer Einstiegshürde für junge Frauen. Allerdings stehen die Absolventinnen wiederum unter Rechtfertigungsdruck, wenn sie als Absolventinnen von Frauenstudiengängen interpretiert werden. Generell wird aber empfohlen, sowohl in Schulen als auch im Studium eher die gesamte Kultur von Unterricht und Seminaren darauf auszurichten, dass sowohl junge Männer als auch junge Frauen profitieren.

>> **Das heißt, Geschlechtergerechtigkeit ist dann vor allem eine pädagogische Aufgabe. Koedukation kann eine Lösung sein, denn Frauen profitieren teilweise von nach Geschlechtern getrenntem Unterricht.**

Bereits im Schulalter äußern junge Menschen geschlechterkonforme Berufswünsche. Insbesondere Mädchen mit mittleren Schulabschlüssen entscheiden sich für eine kleine Gruppe von Berufen mit Orientierung an sozialen Themen. Die entsprechenden Jungen wollen mit 15 Jahren IT-Spezialist, Profisportler, Automechaniker oder Polizist werden.[157] Wir sehen:

>> **Schon in jungem Alter zeichnen sich Jungen – unabhängig von ihrer tatsächlichen Schulleistung – durch eine technische Orientierung und teils sehr ambitionierte Ziele aus.**

Die Berufsberatung spielt dabei eine entscheidende Rolle. Nach wie vor sind die Fachkräfte, die junge Frauen und Männer bei der Berufs- und Studienwahl beraten, kaum genderkompetent. Da können die ganzen Girls' und Boys' Days einmal pro Jahr kaum etwas ausrichten. Der zweite Gleichstellungsbericht der Bundesregierung rät deshalb dazu, die gesetzlichen Ziele der Berufsberatung zu verändern. Dabei sollen insbesondere Stereotype bewusst thematisiert und unterschiedliche Verdienstchancen einbezogen werden. Damit nicht Zuschreibungen und Rollenbilder, sondern individuelle Fähigkeiten und Interessen bei der Berufsberatung und -entscheidung ausschlaggebend werden, sind in Schule, Ausbildung und Arbeitsmarkt die individuellen Fähigkeiten unabhängig von Geschlecht und Herkunft zu berücksichtigen und zu fördern.

Für Sie ist daran vor allem relevant, dass Sie eben nicht schlechter in bestimmten Fächern oder selbst schuld waren, wenn Sie sich nicht für Elektrotechnik entschieden haben. Subtile Erfahrungen, verschiedene Erfolgserlebnisse und Fachkulturen lassen diese Fächer für junge Frauen nicht besonders reizvoll erscheinen. Wo landen diese jungen Frauen dann, wenn sie nicht in der Elektrotechnik sind?

>> **Machen Sie sich klar, dass Ihre ganze bisherige Bildungsbiografie geschlechtsspezifisch geprägt war. Vermutlich beharren Sie heute noch auf Glaubenssätzen, die Ihr Selbstvertrauen einschränken.**

Die Marketing-Studentin aus Recklinghausen als neues katholisches Arbeitermädchen

Drei Merkmale sind für die Studien- und Berufswahl bedeutsam: Leistungskursfächer in der Schule, das Elternhaus und Geschlechterstereotype. Da schon in der Schule die Leistungskurswahl von Mädchen im Allgemeinen nicht auf Mathe oder Physik fällt, wählen sie auch eher nicht diese Studienfächer. In der Auswahl von Ausbildungsberufen und Studienfächern herrscht noch immer eine strategische Ahnungslosigkeit, die weder von Eltern noch von der Berufsberatung aufgelöst wird.[158]

Der Anteil von Mädchen, die eine Hochschulzugangsberechtigung erwerben, ist um 10 Prozent höher als bei Jungen. Dennoch landen nicht entsprechend mehr Frauen in Führungspositionen, sondern ganz im Gegenteil deutlich weniger als Männer. Das liegt zum Teil auch daran, dass die Mädchen ihre Studienfächer eben häufig nicht nach der Möglichkeit zum Aufstieg aussuchen.

Die beliebtesten vier Studienfächer bei jungen Frauen sind Betriebswirtschaft, Jura, Germanistik und Soziale Arbeit. Bei jungen Männern sind es Betriebswirtschaft, Informatik, Maschinenbau und

Elektrotechnik.[159] Wenn Frauen Betriebswirtschaft studieren, entscheiden sie sich lieber für weiche Zweige wie Marketing, während junge Männer schwerpunktmäßig Finanzen wählen. Es gibt aber Hoffnungsschimmer, so entscheiden sich junge Frauen mit technischen Interessen eher für Fächer wie Wirtschaftsinformatik oder Wirtschaftsingenieurwesen.[160] Im großen Stil bildungsbenachteiligt ist also nicht mehr das »katholische Arbeitermädchen vom Lande«, das in den 1960er-Jahren in Deutschland zur Ikone der Bildungsexpansion für Frauen wurde. Benachteiligt ist heute die Marketing-Studentin aus Recklinghausen, und zwar weil sie hinter ihren Möglichkeiten bleibt.

Doch wie kommen wir raus aus der Genderfalle? Durch clevere Entscheidungen. Die sprachliche Kompetenz von Mädchen muss beispielsweise nicht in einem Sprachenstudium münden: Wer gut in Englisch ist, könnte in einem internationalen Konzern arbeiten. Viele junge Frauen möchten gern »was mit Menschen machen«. In fast allen Berufen, sogar im Zoo, hat man mit Menschen zu tun. Wer gerne was Soziales machen will, könnte beispielsweise Scrum-Master werden. Vorlieben müssen nicht immer mit klassischen Fächern einhergehen.

» **Denken Sie außerhalb klassischer Disziplinen. Welche Ihrer Kompetenzen können Sie beruflich wo einsetzen? Arbeit mit Menschen kann auch Führung heißen.**

Wer in einzelnen Schulfächern weniger gute Noten hat, muss nicht ausschließen, ein interessantes Fach zu studieren. Ich hatte in der vierten Klasse eine Empfehlung für die Haupt- oder Realschule. Mit hartem Willen habe ich mich durch das Gymnasium gekämpft. Das frühe Gefühl, nicht gut genug zu sein, habe ich aber lange weitergetragen, denn das lässt sich nicht so leicht bekämpfen. Mir war deshalb immer wichtig, dass ich meine Studentinnen ermutige, Entmutigung haben sie schon genug erlebt.

Frau will mehr – und das ist gut so

Anne hat die Nase voll. Vor zwei Jahren war sie eine junge Frau im sozialen Bereich auf dem Sprung. Jetzt ist sie für Essen und Einkaufen zuständig. So geht es nicht weiter. Sie ist sich sicher, dass sie ihre Doktorarbeit fertig schreiben will. Die Daten aus ihrem Projekt liegen vor und sie muss eigentlich nur noch alles aufschreiben. Was braucht sie dazu? Sie braucht Freiraum.

Im Internet informiert sie sich über finanzielle Unterstützung für Mütter in der Wissenschaft. Sie findet ein Stipendium und bewirbt sich direkt. Mit ihrem sozialen Engagement und ihren guten Leistungen hat sie gute Chancen, das Stipendium zu erhalten. Parallel wechselt sie die Kinderbetreuung von Lena. Sie sucht eine private Tagesmutter, die etwas teurer ist. Aber immerhin verdient Jan so viel, dass sein Mehreinkommen auch dafür da sein kann. Jan bringt Lena jetzt jeden Tag zur Tagesmutter und Anne geht in die Uni-Bibliothek, um in Ruhe zu schreiben. Wenn sie Lena um 15 Uhr abholt, manchmal auch später, ist sie ganz schön groggy. Lena ist zum Glück auch müde, denn sie war mit der Tagesgruppe viel draußen.

Vielleicht arbeiten Sie in einem klassischen Frauenberuf. Vielleicht sind Sie beruflich nicht weit aufgestiegen, sondern auf der »Frauenkarrierestufe« geblieben. Vielleicht sind Sie gerade ganz raus aus dem Beruf und wollen wieder hineinfinden. Vielleicht macht Ihnen Spaß, was Sie beruflich tun, vielleicht auch nicht.

Sie wissen jetzt, dass vieles von Ihren bisherigen Karriereentscheidungen kein Zufall war. Sie haben sich für bestimmte Fächer oder Branchen entschieden, weil Sie in diese Richtung beraten wurden, weil Ihnen andere gesagt haben, dass sich der Beruf gut mit Familie vereinbaren lässt oder weil Sie sich nicht mehr zugetraut haben.

>> **Dabei geht es gar nicht darum, ob Sie mit 20 bewusst gesagt haben: »Ich hatte Deutsch Leistungskurs, ich will zwei Kinder, und deshalb studiere ich Grundschullehramt.« Es geht nur noch darum, was Sie jetzt wollen.**

Und ganz egal, welche Glaubenssätze Sie verinnerlicht haben, der erste Schritt muss sein, dass Sie herausfinden, wofür Sie brennen und was das in der Konsequenz für Ihr Berufsleben heißt. Dazu macht es Sinn, dass Sie sich selbst bewusst machen, woher Ihre jetzige Situation sich ergeben hat und was sie mit Ihnen zu tun hat. Dabei sollte Sie auch eine Scheu vor Mathematik nicht aufhalten.

Ihr eigenes Mathe-Makeover

Es zeigt sich, dass viele Jungen sich bei ihrer Ausbildungswahl an ihrem Wunsch orientieren, wo sie einmal hinmöchten. Die meisten Mädchen aber basieren die Wahl der Ausbildung auf einer Selbsteinschätzung dessen, was sie sich zutrauen. Sie fragen sich dazu, was sie bereits können, und gehen dabei automatisch davon aus, dass sie vieles nicht können. Auch heute noch haben sie Glaubenssätze verinnerlicht, die anfangen mit: *Ich konnte noch nie ... Ich war schon immer schlecht in ...*

Ich weiß nicht, ob Sie sich an Ihre Berufsberatung erinnern, aber ich weiß noch, dass mir geraten wurde, Verkäuferin zu werden, weil ich mich für Mode interessiere. Freund*innen sagten mir, ich solle »was mit Büro« lernen, damit ich meinem damals selbstständigen Freund zur Hand gehen könne. Ich beschreibe das, weil ich es überraschend finde, dass sich seit meinem Verkäuferinnenrat nicht viel geändert hat. Diese Berufswünsche oder -empfehlungen haben nicht nur Ihre Vergangenheit geprägt, sie beeinflussen auch Ihre jetzige Situation. Wenn Sie sich beruflich neu ausrichten wollen, ist es wichtig, dass Sie sich über Ihre Fähigkeiten objektiv im Klaren sind und sich nicht an Glaubenssätzen festhalten. Ich habe Soziologie studiert, weil ich dachte, ich sei schlecht in Mathe. Mir hat niemand vorher gesagt, dass in Soziologie wirklich viel Statistik gelehrt wird. *Fail.* Aber dann kam die Überraschung: Statistik ist interessant (wie Ihnen an dieser Stelle des Buches vermutlich auch inzwischen aufgefallen ist). Weil ich Statistik für das Studium gebraucht habe, habe ich Statistik gelernt. Heute bin ich gar nicht mehr so schlecht in Mathe. Und wenn ich was nicht kann, frage ich Kolleg*innen. Ich nenne das das Mathe-Makeover.

Eine Vorgesetzte von mir sagte mal: In meiner Position rechnet man nicht mehr, man lässt rechnen. So ist es in den meisten Berufen: Wenn Sie keinen Nobelpreis anstreben, reicht es in vielen Fällen, dass Sie die Inhalte verstehen. Niemand wird Sie als Abteilungsleiterin mehr in Stochastik prüfen. Übrigens: Selbst wer als Berufsziel Influencerin hat, muss rechnen können. Als selbstständige Influencerin müssen Sie nämlich Steuererklärung, Umsatzsteuervoranmeldung und Bilanzen meistens selbst machen. Hinzu kommt die Auswertung von Statistiken bezüglich Ihrer Reichweite, denn nur so können Sie sich Ihres eigenen Wertes bewusst sein und ihn bei Honorarverhandlungen mit Werbepartnern einfordern.

Der Glaubenssatz *Ich war schon immer schlecht in Mathe* bringt Sie nicht weiter. Was Sie weiterbringen wird, ist, sich zu fragen, wie Sie in Mathe besser werden. Das gilt für den Berufseinstieg genauso wie für den Berufsaufstieg. Wenn Sie sich jetzt also für eine Neuausrichtung interessieren, sollte Sie nichts abschrecken, was Sie im Moment vielleicht noch nicht können.

>> **Sie können für den Beruf, den Sie wollen, alles lernen, was Sie dafür brauchen. Sie haben auch gezeigt, dass Sie in kürzester Zeit lernen, wie man ein Kind versorgt.**

Gerade wenn Sie ein Kind haben, können Sie sich auch vor Augen führen, dass Ihnen im Krankenhaus nach der Geburt ein ganzer Mensch mitgegeben und darauf vertraut wurde, dass Sie alles, was Sie als Mutter brauchen, schon lernen werden. *Correct me, if I'm wrong*, aber ich kann mir kaum eine steilere Lernkurve in Gesundheitskompetenz, Erziehungswissen und Stressresistenz vorstellen als ein paar Monate mit einem Neugeborenen.

Finden Sie Ihre Ziele

Vielleicht wissen Sie, dass Sie eigentlich nicht zurück in Ihren alten Job wollen, aber sehen keine Perspektive, wie Sie sich jetzt etwas Neues suchen sollen. Nach einem Jahr oder einer längeren Pause sieht Ihr Lebenslauf nicht aus wie der einer Musterbewerberin.

Wenn wir das Thema finanzielle Autonomie ernst nehmen, ist genau jetzt die Zeit, sich zu überlegen, wie Sie einen neuen Sprung machen können. Verwechseln Sie dabei nicht Ihre vielleicht gerade bestehende Fokussierung auf Familie mit Ihren eigentlichen Interessen. Viele Frauen sehen ihre Elternzeit oder gar ihre Elternschaft als Makel an, der ihnen nur schlechtere Chancen verschafft, ohne es überhaupt probiert zu haben. Andere entscheiden sich plötzlich für stark familienorientierte Jobs, weil sie durch die Elternzeit denken, sie wären jetzt im Mindset Kinderbetreuung, Gesundheit und Pflege.

Wenn Sie Ihre Situation ressourcenorientiert betrachten, bringen Sie jetzt eigentlich mehr mit als vor der Geburt Ihres Kindes. Das meine ich vollkommen ernst. Sie haben eine Menge gelernt, Sie haben eine sehr hohe Disziplin und sind leistungsfähig, selbst wenn Sie nur zwei Stunden geschlafen haben.

Um herauszufinden, was Sie machen oder erreichen wollen, stellen Sie sich die folgenden Fragen:

- Was an Ihrem jetzigen Job interessiert Sie?
- Was an Ihrem jetzigen Job hat Ihnen schon lange nicht gefallen?
- Was sind Ihre persönlichen Werte, die Sie in eine Tätigkeit einbringen wollen?
- Waren das auch Ihre Werte, bevor das Kind da war?
- Bei welchen Aufgaben bekommen Sie Gänsehaut?
- Welche Merkmale muss Ihr Job abseits von Vereinbarkeit bieten?
- Wo genau wollen Sie hin?
- Und zuletzt: Was brauchen Sie dafür?

All diese Fragen können Sie systematisch angehen und sich selbst Mindmaps oder Visionboards erstellen. Sie können auch – mein Weg – eine einfache Liste von dem machen, was Ihnen wichtig ist. Auf dieser Basis können Sie herausfinden, was Ihr Ziel ist. Aber lassen Sie sich dabei nicht von den Wegen des kleineren Widerstands leiten.

Wenn Sie zum Beispiel etwas Soziales für die Gleichstellung machen wollen – wie wäre es dann mit einer Diversity-Stelle bei KPMG? Diese Beratungsgesellschaft (viele andere auch) werben mit ihren diversen und gleichstellungsorientierten Teams, weil das heute auch eine wichtige Bedingung ist, um Fachkräfte zu gewinnen. Sie haben sogar ein spezielles Network of Women, das darauf abzielt, mehr Frauen in Führung zu bringen. Diese Maßnahmen müssen auch entwickelt werden. Die Unternehmensberatung Bain & Company hat eine eigene Seite mit *Insights* zu *Gender Parity*. Sie sehen, das Thema brennt! Diversität und Geschlechtergerechtigkeit sind aus internationalen Unternehmen nicht mehr wegzudenken und mit zunehmenden gesetzlichen Regelungen wie dem Allgemeinen Gleichbehandlungsgesetz, den Quotenregelungen und der Entgelttransparenz auch keine weichen Themen mehr, sondern knallharte Entscheidungskriterien im Wettbewerb um Fachkräfte.

Viele neue Arbeitsplätze verlangen spezielle Fähigkeiten, die Sie nur mit Berufserfahrung erwerben. Wenn Sie etwa gern mit Menschen arbeiten, kann wie gesagt Scrum-Management eine Möglichkeit sein. Scrum ist eine neue agile Managementmethode in der Softwareentwicklung, die unter anderem viele soziale Skills erfordert. Gerade weil die Methode in Deutschland so neu ist, gibt es nicht viele Fachkräfte, die sich damit auskennen. Sie brauchen eine Fortbildung, um die Methode zu erlernen, und natürlich auch Erfahrungen. Dazu kann es auch sinnvoll sein, erst einmal auf einem kleineren Level einzusteigen, als Junior-Projektmanagerin zum Beispiel.

>> **Es gibt spezielle Headhunter, die sich auf Frauen spezialisiert haben. Karriereberatungen und Coachings bieten Programme an, die sich an Frauen nach Karrierepausen richten.**

Zunehmende Quotenregelungen und Diversity-Anforderungen bringen mit sich, dass viele Unternehmen speziell Frauen suchen. Unter dem Stichwort »ShePlacement« arbeitet etwa die Personalberatung HUNTING/HER daran, Frauen für Führungspositionen zu vermitteln. Sie arbeiten kontinuierlich an einem *Female Talent Pool*, um dort auch auf Nachfrage Frauen für gute Positionen zu vermitteln. Ähnliche Modelle gibt es auch für Professuren (zum Beispiel die Initiative »Professorin werden«). Gerade im öffentlichen Bereich steigt der Druck, hoch qualifizierte weibliche Nachwuchskräfte zu finden, deshalb lohnt es sich, sich sichtbar zu machen.

Damit will ich Ihnen nur zeigen, dass es heute so viel mehr Berufe gibt als noch vor zehn Jahren. Selbst die deutsche Arbeitswelt flexibilisiert sich allen Rahmenbedingungen zum Trotz und der Fachkräftemangel ist längst kein urbaner Mythos mehr.

Laut dem DIHK-Arbeitsmarktreport 2019 geben 40 Prozent der befragten Unternehmen im Handel, 49 Prozent der Dienstleistungsbranche und 61 Prozent der Baubranche an, dass sie Stellen längerfristig nicht besetzen können, weil sie keine passenden Arbeitskräfte finden. Bis 2030 fehlen auf dem deutschen Arbeitsmarkt sage und schreibe 4,9 Millionen Arbeitnehmer*innen mit Einnahmeausfällen in Milliardenhöhe. Am stärksten betroffen ist die Dienstleistungsbranche, mit prognostizierten Ausfällen von 122 Milliarden Euro.[161] Laut dem Institut für Arbeitsmarkt- und Berufsforschung fehlen dem deutschen Arbeitsmarkt aktuell 1,2 Millionen Arbeitnehmer*innen, überwiegend werden Fachkräfte mit Studienabschluss gebraucht.[162]

» **Sie sehen: Der Fachkräftemangel besteht real. Es werden insbesondere Akademiker*innen gesucht.**

Die aktuellen politischen Maßnahmen zur besseren Vereinbarkeit und zur Aktivierung von Müttern für den Arbeitsmarkt haben deshalb auch einen handfesten Hintergrund. Es geht hier nicht mehr nur um Gerechtigkeit oder darum, dass Frauen sich besser fühlen.

Frauen sind die wichtigste Reserve für den aktuellen Arbeitsmarkt, denn sie sind bereits gut ausgebildet und viele wollen zielstrebig Karriere machen.

Händeringend werden nicht nur Fachkräfte im Sozialwesen gesucht. Es werden auch viele Personen mit Managementfähigkeiten gebraucht, und die bringen Sie mit. Wer es schafft, ein zahnendes Baby zu beruhigen, kann locker ein Team leiten, Sie brauchen nur auch die nachweisbare Berufserfahrung.

Never settle: Die Rolle des lebenslangen Lernens

Es gibt zur Aktivierung der Arbeitsmarktreserve Mütter ganze Kampagnen des Arbeitsministeriums, die speziell für Frauen Wiedereinstiegsprogramme anbieten. Mit dem Projekt »Perspektive Wiedereinstieg« fördern das Bundesfamilienministerium und die Bundesagentur für Arbeit Beratungsstellen speziell für Frauen, die nach einer Elternzeit wieder durchstarten wollen. Sie können sich auf der Homepage auch ein Informationspaket bestellen, das speziell auf Ihre Bedürfnisse zugeschnitten ist. Zudem gibt es einen Wiedereinstiegsrechner, mit dem Sie Ihr potenzielles Gehalt ermitteln können. Allein für München konnte ich 20 Beratungsstellen finden, die sich gezielt an Frauen richten.[163]

Genauso können Sie auch über die Arbeitsagentur Fortbildungen beantragen. Sicherlich ist die Qualität dieser Angebote mitunter durchmischt, aber einen Blick ist es auf jeden Fall wert. Bei manchen Jobs kann es sinnvoll sein, wenn man schlicht formal eine Fortbildung vorweisen kann, um überhaupt eine Einladung zum Bewerbungsgespräch zu bekommen.

Die meisten Fortbildungen bringen vor allem dann etwas, wenn Sie bereits in der Praxis sind und diese anwenden können. Wissen und Praxis müssen sinnvoll verbunden werden, um zum Erfolg zu führen. Ich habe in vielen Bewerbungsverfahren Kandidatinnen gesehen, die einen Volkshochschul- oder Arbeitsagenturkurs nach dem anderen gemacht haben (in Gestaltung, Layout und Photoshop) und all diese Kenntnisse nur auf ihre total überladenen Bewerbungsunterlagen angewandt haben (Stichwort Lebenslauf im WordArt-Format). Umgekehrt gilt aber für eine aktive Karriere, dass Sie es sich niemals in Ihrem aktuellen Wissensstand bequem machen sollten. Nicht nur im Techbereich, auch in allen anderen Branchen entwickelt sich Wissen stetig weiter und die proaktive Suche nach neuen Erkenntnissen zeichnet gute Teams aus.

Wahrscheinlich bringen Sie ohnehin schon viel mehr mit, als Sie denken, denn Frauen unterschätzen sich notorisch, auch bei Bewerbungsgesprächen. Dennoch kann es nicht schaden, aktuelle Zertifikate vorweisen zu können – dadurch können Sie vielleicht auch bei Bewerbungsgesprächen deutlich sicherer auftreten.

Bewerbung und Gehaltsverhandlungen

Jan verdient 100 000 Euro im Jahr und sieht sich selbst damit keinesfalls als Besserverdiener an. Seine Abteilung ist noch ziemlich klein, außerdem gab es ein paar Umstrukturierungen, sodass er aktuell nicht viele Chancen auf eine Erhöhung hat. Er ist aber im Austausch mit seinem Vorgesetzten, um neue Entwicklungsmöglichkeiten zu eruieren. Für Jan ist klar, er will Karriere machen, und das heißt auch, dass er mehr Geld verdient. Anne ist es besonders wichtig, dass ihre Arbeit Sinn macht und sich mit Lenas Anforderungen vereinbaren lässt. Neulich hatte Jan ein Vorstellungsgespräch im Ausland. Anne würde zwar auch gern mal im Ausland leben, aber aktuell würde sie da keine Stelle finden. Vor Kurzem hat sie eine Ausschreibung gesehen für eine Projektleitung. Das Team war aber deutlich größer als ihr altes Team und sie war sich sicher, dass es keine Teilzeitoptionen geben würde. Sie hat sich deshalb erst mal nicht beworben.

Studien zeigen, dass Frauen Stellenausschreibungen sehr genau lesen. Sie prüfen, ob sie alle Kriterien erfüllen, und erst dann wagen sie, eine schriftliche Bewerbung zu versenden. Männer bewerben sich eher, wenn sie nur einige Kriterien erfüllen, und denken sich beim Rest: »How hard can it be?«[164]

Ich habe viele Bewerbungs- und Berufungsverfahren mitgemacht und stand dabei sowohl auf der Bewerberinnenseite als auch auf der Seite der Auswahlkommission. Dabei habe ich erlebt, dass Frauen fast immer perfekt vorbereitet zu den Gesprächen erschienen sind oder Gespräche eher abgesagt haben, wenn sie nicht sicher waren, dass sie sich gut vorbereiten können. Frauen hatten meistens seitenweise Notizen, Vorschläge, Ideen und Fragen dabei. Ich habe deutlich öfter erlebt, dass Männer sich als Bewerber nicht mal meinen Namen als Vorsitzende der Kommission gemerkt haben, selbst wenn er auf einem Tischaufsteller vor mir aufgeschrieben war. Kein Witz. Das gilt natürlich nicht für alle Männer, es ist mir persönlich aber nur bei Männern begegnet. Weil Sie die Mitbewerber*innen im Verfahren nie erleben, fällt Ihnen nicht auf, dass Sie vielleicht am besten vorbereitet waren. Ich gehe aber davon aus, dass es auch bei Ihnen so war.

>> **Diese Erfahrung wird ebenfalls durch Studien bestätigt: Frauen schätzen sich in Bewerbungssituationen trotz gleicher Leistung in allen Aufgabenbereichen als deutlich weniger erfolgreich ein als die in der gleichen Studie getesteten Männer.**[165]

>> **Diese Potenzialunterschätzung führt dazu, dass Frauen sich auch in Verhandlungen schlechter einschätzen und entsprechend weniger Gehalt erhalten.**[166]

Frauen legen an sich selbst ein unrealistisches Anspruchsniveau an, sodass ihre Selbstbeurteilung schlechter ausfällt. In einer sozialexperimentellen Studie des Instituts Zukunft der Arbeit wurde belegt, dass Frauen durch ihre Selbstunterschätzung, auch wenn sie bereits Führungskräfte waren, seltener für die Leitung eines Teams gewählt wurden als Männer.[167] Dieser Befund wurde in einer aktuellen Studie mit 162 000 Studierenden nochmals bestätigt.[168] Einer Overconfidence männlicher Kandidaten steht die Einstellung von Frauen gegenüber, dass sie bescheiden sein oder sich nicht übertrieben in den Mittelpunkt stellen wollen. Obwohl sie bessere Abschlüsse als ihre männlichen Kommilitonen haben, bewerten sie sich schon bei ihrer ersten Bewerbung schlechter. Für die Hans-Böckler-Stiftung schreibe ich Gutachten für Kandidatinnen für Begabtenstipendien. Ich muss dabei den jungen Frauen fast schon auf den Fuß treten, damit sie mir von ihren Leistungen berichten – und das, obwohl sie von vornherein als Begabte ausgewählt wurden!

Sie sehen, dass sich hier die Einstellung von dem Mädchen aus der Grundschule wiederholt, das sich den Fragebogen lieber vorlesen lässt als zuzugeben, dass es schon selbst lesen kann. Bescheidenheit wird jungen Frauen so früh antrainiert, dass wir auch als Erwachsene darauf warten, dass jemand erkennt, wie toll wir sind, ohne dass wir es zeigen. Leider sind die meisten Vorgesetzten nur mit eingeschränkten Fähigkeiten im Hellsehen gesegnet.

» **Gehen Sie davon aus, dass Sie sich unterschätzen und zu hohe Ansprüche an sich selbst haben.**

2002 war ich arbeitslos und habe einen Berufsorientierungskurs für Frauen gemacht, den die Arbeitsagentur gezahlt hat. Ich war offen für Neues und habe mich sehr auf den Kurs gefreut. Am ersten Tag wurde uns angekündigt, dass wir richtige Karrierefrauen an ihrem Arbeitsplatz besuchen würden. Ha, genau meine Kragenweite: Vernetzung! Der zweite Tag begann mit einer Stunde Bewegungstherapie mit anschließender gegenseitiger Massage. Im Anschluss wurde uns eröffnet, dass die beiden Karrierefrauen eine selbstständige Eventmanagerin und eine Reiki-Therapeutin seien. Alle freuten sich. Ich nicht. Am Ende des zweiten Tages ging es darum, wie wir unsere inneren Antreiber besiegen. Alle Frauen in diesem Kurs waren ohne Arbeit, teilweise seit Jahren. Und sie sollten ihre inneren Antreiber besiegen. Das habe ich nicht verstanden: Die Antreiber bringen mich doch weiter! Am Abend ging ich zur Kursleiterin und sagte ihr, dass ich den Kurs abbreche. Die Kursleiterin warb für Verständnis, die Frauen seien eben alle Mütter und man dürfe sie nicht überfordern. Für mich gab es keinen dritten Kurstag. Ich habe stattdessen zu Hause Bewerbungen geschrieben. Jahre später traf ich eine der Teilnehmerinnen als Aushilfe in einer Boutique. Viele Angebote für Frauen sind nach wie vor systematisch darauf ausgerichtet, dass Frauen hinter ihren Möglichkeiten bleiben, statt durchzustarten.

Wenn Sie eine berufliche Neuorientierung suchen, ist es kein Makel, einen Kurs zu besuchen oder ein Coaching mitzumachen. Es gibt auch Coachings für Frauen, insbesondere für Positionen, in denen Frauen fehlen – beispielsweise auf Professuren. In diesen Kontexten können Sie sich mit ambitionierten, gleichgesinnten Frauen vernetzen und sich auch später unterstützen.

» **Wenn Sie Kurse oder Coachings zur Berufsorientierung besuchen, dann wählen Sie genau aus, mit wem Sie sich vernetzen wollen. Lassen Sie sich nicht abschrecken und besuchen Sie Kurse nach Ihrem Ziel, nicht nach Ihrem vermeintlichen Level. Gerade in Kurse für Führungspositionen gehen Frauen, die diese Positionen noch nicht innehaben. Schrecken Sie nicht davor zurück, in diesen Settings Ihre Ambitionen deutlich zu machen.**

So finden Sie heraus, wie viel Ihre Arbeit wert ist

Wer sich in der Wirtschaft um einen Job bewirbt, wird gefragt, was er verdienen will. Im öffentlichen Dienst gibt es meistens Gehaltstabellen. Die Verhandlung des Einstiegsgehalts ist die wichtigste und gleichzeitig schwierigste Hürde für Frauen. Wenn Sie beim Einstieg in ein Unternehmen kein angemessenes Gehalt verhandeln, erhalten Sie es später nicht mehr. Abteilungen größerer Unternehmen erhalten pro Jahr ein festes Budget (2 bis 3 Prozent des Umsatzes), das sie auf Gehaltserhöhungen verwenden dürfen. Eine Abteilung hat vielleicht 20 Personen. Sie können sich ausrechnen, dass dabei nicht mehr viel rausspringt, und wenn, dann prozentual für alle. Wenn Ihr Einstiegsgehalt also schon niedrig war, tut sich nicht mehr viel, bis Sie den Job wechseln. Das heißt: Genau beim Einstieg in ein Unternehmen entscheidet sich alles.

Ein guter Freund brachte kürzlich sehr plastisch auf den Punkt, wie Männer und Frauen in seiner Firma tendenziell in die Gehaltsverhandlungen gehen. Männer sagen: »Ich bin der Beste, Sie finden keinen anderen, und deshalb habe ich schon jetzt ein Spitzengehalt verdient. Wenn Sie mir das nicht zahlen, gehe ich eben woandershin.« Frauen sagen eher: »Ich weiß, ich bringe noch nicht alles mit, aber wenn Sie mich nehmen, kann ich bestimmt noch ganz viel lernen.« Ich hoffe, Sie wissen mittlerweile, dass Sie statistisch gesehen durchaus alles mitbringen, was für den Job gefragt ist, um den Sie sich bewerben.

>> **Verlangen Sie beim Einstieg in ein Unternehmen ein angemessenes Gehalt. Orientieren Sie sich an branchenüblichen Beträgen für Ihre Position und argumentieren Sie, warum Ihre Merkmale und Ihre Leistungen diesen Betrag rechtfertigen.**

Die weibliche Selbstunterschätzung zieht sich leider durch alle Branchen. Ich habe in meinem gesamten bisherigen Berufsleben nicht erlebt, dass eine Frau das ihr angebotene Gehalt nicht angenommen hätte. Ich habe – auch im öffentlichen Dienst, der ja eigentlich neutral bezahlt – oft erlebt, dass männliche Bewerber sich zumindest Benefits herausgehandelt haben wie ein besseres Büro, bessere Arbeitszeitbedingungen, eine besondere technische Ausstattung und vor allem den direkten Draht zur Chefetage. Weil sie gesagt haben: Sonst nehme ich den Job nicht an. Für diesen Poker brauchen Sie die finanzielle Sicherheit, dass Sie auch selbst einen Job absagen können.

Viele Frauen sagen, dass sie nicht wissen, was sie verlangen sollen. Dieses Problem kenne ich auch. Ich habe vor vielen Jahren mit einer Headhunterin für einen neuen Job verhandelt. Ich war sehr aufgeregt, weil ich den Job gern haben wollte und gute Aussichten hatte. Als sie mich fragte, was ich verdienen möchte, hat sie bei der Zahl, die ich nannte, geschmunzelt und gesagt, dass sie noch mal 10 000 Euro drauflegt, sonst lachen die in der potenziellen Firma mich aus. Ich habe meine eigene Arbeit also um 10 000 Euro pro Jahr zu gering eingeschätzt! Ich war damals keine 20 mehr und hatte seit einiger Zeit meinen Doktortitel in der Tasche. Übrigens habe ich die Stelle nicht bekommen, weiß aber, was die Person verdient hat, die die Stelle bekommen hat. Es war deutlich mehr als meine erste Vorstellung plus die 10 000 Euro.

» **Informieren Sie sich vor einem Bewerbungsgespräch über branchenübliche Gehälter. Dazu dienen entweder Headhunter*innen, Internetplattformen oder Netzwerke.**

Heute weiß ich, dass es Portale gibt wie Glassdoor, wo Positionen mit Gehaltsspannen in spezifischen Unternehmen genannt werden.[169] Das heißt: Einfach eine Fantasiezahl zu nennen bringt nichts; es bringt aber auch ebenso wenig, wenn ich mich unter Wert verkaufe. Denn Vorgesetzte, die glauben, dass ich meinen eigenen Wert nicht kenne, werden mich auch nicht wertschätzen. Denken Sie an die Empirie zur Potenzialunterschätzung. Aller Wahrscheinlichkeit nach wollen Sie jetzt schon zu wenig Gehalt, weil Sie sich selbst unterschätzen.

Das Entgelttransparenzgesetz hat festgelegt, dass Arbeitgeber*innen Ihnen sagen müssen, wie viel Ihre vergleichbaren Kolleg*innen verdienen. Diese Informationen können Ihnen eine Grundlage dafür geben, ein höheres Gehalt auszuhandeln. Oft ist es aber schon die Perspektive auf eine notwendige Transparenz, die zu mehr Entgeltgleichheit führt. Denn wenn Ihnen Arbeitgeber*innen nicht begründen können, warum Sie weniger Geld verdienen, geht es schnell in Richtung Diskriminierung.

» **Eine Frau darf nicht nur aufgrund ihres Geschlechts schlechter verdienen als ein Mann. Argumentieren Sie notfalls mit Gleichstellungsargumenten.**

Ganz klar: Es gibt eine Menge Ungerechtigkeit bei Gehaltsverhandlungen und Bonuszahlungen. Andererseits ist es aber nicht so, dass völlig unbekannt wäre, wie Gehaltsverhandlungen laufen sollten, im Gegenteil, die Literatur ist voll davon. Dabei werden Frauen, die hart verhandeln, als unsympathisch eingeschätzt, Männer dagegen als durchsetzungsstark. Frauen werden – leider immer noch – als diejenigen eingeschätzt, die arbeiten, um anderen zu helfen. Das können sich Frauen aber zunutze machen, wie

167

es Sheryl Sandberg in *Lean In* beschreibt. Bei Frauen kann es ungewöhnlich oder unsympathisch wirken, wenn sie um Gehalt verhandeln. Dabei trägt genau diese Zurückhaltung, wenn es um substanzielle Dinge geht, zur Gehaltsungleichheit bei. Sie können genau diese Ungleichheit zum Thema machen und darauf verweisen, dass es Ihnen wichtig ist, nicht ein weiterer Baustein in der Gehaltsungleichheit zu sein. Sie sollten also, wenn Sie um Ihr Einstiegsgehalt verhandeln, häufiger Bezug auf andere nehmen.[170] Ein müder Trick ist besser als kein Trick. Und am Ende des Tages müssen Frauen eben damit leben, dass sie gegebenenfalls unsympathisch wirken. Meine Vorgesetzten haben mich bisher selten als friedfertig und anpassungsfähig eingeschätzt, und das war jedenfalls nicht zu meinem Nachteil.

Gehalt entsteht durch Sichtbarkeit

Am Jahresende gibt es in vielen Unternehmen einen Jahresbonus. Dazu wird mit der oder dem Vorgesetzten ein Jahresgespräch geführt und man sollte in diesem Gespräch auch davon berichten, was man geleistet hat. Ich kenne dieses Bonusgespräch aus dem öffentlichen Dienst, dabei wird im Jahresrückblick die eigene Leistung bewertet. Keine (!) meiner Kolleginnen hat sich auf dieses Gespräch vorbereitet. Sie haben darauf gehofft, dass sie ein bisschen gelobt werden und mal Zeit mit dem Chef haben, um Probleme zu besprechen. Viele meiner ehemaligen Kolleginnen kamen verletzt aus dem Jahresgespräch und berichteten, dass sie gar nicht so viel gelobt wurden. Warum hat der Chef nicht gesehen, was sie geleistet haben?

Die Antwort ist ganz einfach: Weil sie es nicht sichtbar gemacht haben. Sie sind in das Gespräch gegangen und haben erwartet, dass ein Vorgesetzter, der für 300 Mitarbeiter*innen zuständig ist, weiß, was sie konkret dieses Jahr geleistet haben. In einer idealen Welt wäre das so. In unserer realen Welt helfen da kleine Schubse für das Erinnerungsvermögen. Und Sie können schubsen.

>> **Machen Sie Ihre Leistungen sichtbar, sowohl im laufenden Jahr als auch beim Jahrespersonalgespräch. Das Gespräch dient nicht als Wohlfühlmaßnahme, sondern dabei wird ein finanzieller Bonus vergeben.**

Der Jahresbonus wird prozentual zum Jahreseinkommen gezahlt und auf dieses draufgerechnet. Es ist also entscheidend, was Sie als Einstiegsgehalt verhandeln. Wenn wir also in einem Jahr einen kleinen Bonus bekommen, wird der im Jahr darauf nicht viel größer. Meine Freundin Katrin geht in jedes Jahresgespräch mit einer Präsentation über ihre Leistungen des vergangenen Jahres. Sie war noch nie unzufrieden mit ihrem Bonus. Inzwischen verdient sie mehr als ihr Mann, obwohl sie in der Zwischenzeit zwei Kinder bekommen hat und sowohl sie als auch ihr Mann Karriere in großen Finanzunternehmen machen.

Steigen Sie auf

Die Statistik zur Arbeitsmarktmobilität zeigt, dass die Erwerbsverläufe gar nicht instabiler geworden sind.[171] Entgegen der Vorstellung des aussterbenden Ernährermodells zeigen verschiedene Studien, dass Frauen seltener eine Wechselbereitschaft äußern als Männer.[172] Insofern sind Frauen auch für Arbeitgeber*innen ein Stabilitätspotenzial. Die Kehrseite der Medaille: Frauen können weniger häufig Karrieresprünge durch einen Wechsel erreichen. Hinzu kommt, dass Frauen nach wie vor häufiger vom berufsbedingten Ortswechsel des Mannes betroffen sind als umgekehrt.[173] Sie nehmen also eher Einbußen in Kauf, während Männer Chancen verwirklichen. Das heißt, Frauen schätzen sich beim Berufseinstieg zu schlecht ein und sind weniger bereit, den Arbeitgeber zu wechseln, daher sind Aufstiege eher im eigenen Unternehmen möglich. Wenn Frauen aber – beispielsweise mit Blick auf die Familie – weniger Aufstiegsbereitschaft signalisieren, landen sie schnell in einer Sackgasse.

In der Wissenschaft gilt der Grundsatz *publish or perish*. Damit wird ausgedrückt, dass man heute für Wissenschaftskarrieren einen hohen Output an Veröffentlichungen braucht. In vielen Unternehmen gilt inzwischen die Policy *up or out*, das heißt zum Beispiel, dass ab einem bestimmten Karrierelevel nur noch eine begrenzte Zeit auf einer Position verbracht werden kann.

Die wenigsten Informatiker arbeiten ihr Leben lang als Programmierer. Im Gegenteil, sie steigen schnell innerhalb der Unternehmen auf und übernehmen noch besser bezahlte Leitungsfunktionen. Die meisten Karrieren funktionieren so, dass man sich im Verlauf von der streng fachlichen Arbeit wegbewegt, dazulernt, neue Aufgaben übernimmt und Dinge tut, die man nicht im Studium gelernt hat. Der Sinn von Berufserfahrung ist es in den meisten Fällen, irgendwann andere Menschen anzuleiten. Der gleiche Weg funktioniert auch und gerade im sozialen Bereich, der eine Wachstumsbranche ist. Das heißt: Die Frage ist nicht mal zwingend, ob ich einen Frauenberuf wähle, sondern wie ich auf dieser Basis meine Karriere gestalte. Das gilt für Frauen in jedem Alter. Wenn Sie mit Menschen arbeiten wollen, muss das nicht heißen, dass Sie Ihr Leben lang Klient*innen betreuen. Es macht mindestens genauso viel Freude, Mitarbeiter*innen anzuleiten.

Grundsätzlich ist es kein Problem, einen sogenannten Frauenberuf zu wählen. Schließlich haben Frauen im sozialen Bereich auch die höheren Chancen, eine Führungsposition zu erreichen, die Gehälter entwickeln sich stabil und viele Jobs in der Verwaltung sind unbefristet. Wichtig für einen erfolgreichen Berufsweg ist auch, ob man überhaupt ehrgeizige Ziele verfolgt, ob man genug Geld verdienen möchte, ob man eine Leitungsfunktion anstrebt.

Wer Soziale Arbeit studiert hat, muss nicht in einem befristeten sozialen Projekt in Teilzeit arbeiten. Einige meiner Studentinnen in der Kindheitspädagogik planen zum Beispiel, sich selbstständig zu machen. Es gibt inzwischen große private Träger, die mit Kindertagesbetreuung sehr hohe Umsätze machen und Aufstiegschancen für ihre Mitarbeiter*innen bieten. Große Unternehmen bieten inzwischen für ihre Mitarbeiter*innen betriebliche Sozialarbeit an, denn die Belastung durch Burn-out und Suchterkrankungen findet sich in allen Bereichen. Hier werden Sozialarbeiter*innen gebraucht, die dann beispielsweise nach Tarifen der Metallbranche bezahlt werden.

Die Schwierigkeit hier besteht für viele Frauen darin, dass sie den Beruf von Anfang an danach aussuchen, ob er familienfreundlich ist. Selbst wenn man sich eine Familie wünscht, ist das jedoch nicht das zielführende Vorgehen. Sheryl Sandberg schreibt in *Lean In*, dass man nicht früher gehen soll als notwendig. Sie beschreibt, wie junge Frauen in ihrem Unternehmen Führungspositionen ablehnen, weil sie eventuell Kinder wollen. Das lässt sich auch in Deutschland belegen.

» Frauen schrecken nur wegen der Aussicht auf Sorgeverantwortung vor Führungsverantwortung zurück.

Und sie denken zu wenig an sich selbst. So sind einige meiner berufsbegleitenden Studentinnen, die in Kitas arbeiten, extrem unzufrieden mit ihren Arbeitsbedingungen. Da die Absolventinnen sehr gefragt sind, empfehle ich ihnen oft, sich bei besseren Arbeitgeber*innen zu bewerben. Sie bewerben sich nicht, weil sie ihre Kinder nicht im Stich lassen wollen. Das ist zwar ehrenhaft, macht aber auf Dauer nicht zufrieden und führt zu Berufsausstiegen statt -aufstiegen.

Und auch hier spielt wieder eine Rolle, ob man eine Vision hat und diese verfolgt. Wenn ein Mann zum Beispiel einen Beruf wählt, der überwiegend von Frauen besetzt ist, wie Lehrer, dann hat er häufig das Ziel, über kurz oder lang Schulleiter zu werden. Frauen, die den gleichen Beruf wählen, denken eher an die Schulferien und einteilbare Nachmittage, die sie für die Versorgung ihrer eigenen Kinder aufwenden können. Auch das ist ehrenhaft, bringt Sie aber beruflich nicht voran. Schauen wir uns doch daher einmal an, wie Ihnen konkret der Aufstieg an die Spitze gelingen kann.

Ab auf die Führungspositionen

Wir haben gelernt: Mädchen haben häufiger eine Hochschulzugangsberechtigung, studieren zu leicht höheren Anteilen und schließen ihr Studium auch öfter ab. Ganze Generationen bestens ausgebildeter junger Frauen verlassen Universitäten und Hochschulen, sind intelligent, inspiriert und wollen ihren Beitrag für die Gesellschaft leisten. Doch nur 23,3 Prozent aller Professuren in Deutschland sind von Frauen besetzt. Wo sind all die Mädchen hin? In der wissenschaftlichen Mitarbeit waren die Frauen noch mit 42 Prozent vertreten. Unattraktive Stellen, wie Lehrkräfte für besondere Aufgaben (viel Arbeit, wenig Status), sind zu höheren Anteilen mit Frauen besetzt.[174]

Da ich mit vielen Kolleginnen im Berufungswanderzirkus auf dem Weg zur Professur unterwegs war, weiß ich, dass viele ihre eigene Karriere hinter die ihres Partners gestellt haben, sogar dann, wenn der Partner potenziell weniger verdient hat. Es ist wie eine Schere im Kopf, die die Möglichkeiten abschneidet, bevor das Angebot überhaupt da ist.

Ein vergleichbares Muster zeigt sich übrigens auch in anderen Branchen. Da der soziale Bereich überwiegend von Frauen besetzt ist, müssten sie doch hier richtig Karriere machen. Doch das Gegenteil ist der Fall. Die wenigen Männer, die in der sozialen Branche arbeiten, übernehmen die Führungspositionen. So kommen beispielsweise Männer im Arbeitsfeld Kindertageseinrichtungen früher, schneller und zu höheren Anteilen in Leitungspositionen oder wechseln direkt zum Träger in Funktions- und Stabsstellen. In der Kinder- und Jugendhilfe waren im Jahr 2018 knapp 28 Prozent Männer tätig, im Bereich Leitung in der Kinder- und Jugendhilfe betrug der Männeranteil 45 Prozent. Selbst in »ihren eigenen Branchen« lassen sich Frauen also systematisch das Wasser abgraben.[175] Über alle Branchen liegt der Anteil von Frauen an Führungspositionen zwar immerhin bei 29,2 Prozent. Aber auch innerhalb der Führungs-riege stehen Frauen schlechter da. Zum einen besetzen Frauen auch in hohen Positionen die dort niedrigeren Hierarchiestufen, während Männer nach wie vor die Spitzenpositionen besetzen. Zusätzlich gibt es Unterschiede nach Betriebsgröße und Wirtschaftsbereich: Frauen führen eher kleinere Betriebe.[176]

» All diese Zahlen zu Frauen in Führungspositionen sind immer noch weit entfernt von der Hälfte. Warum ist das so? Wenn Frauen die besseren Abschlüsse machen, müssen sie doch ir-gendwo bleiben?

Was wir von Karrierefrauen lernen können

Rekapitulieren wir: Junge Frauen antizipieren schon früh eine Ver-einbarkeit von Familie und Beruf – bevor sie tatsächlich ein Kind be-kommen. Schon im Grundschulalter bekommen Mädchen das Mind-set eingeimpft, dass Heiraten wichtiger ist als eine Karriere, und es ist auch das, was sie tagein, tagaus sehen. Ihre Mütter leben es vor, die Kolleginnen machen mit, Filme und Medien zeigen auch kaum Frauen, die entspannt in Vollzeit arbeiten, während sie eine Familie oder ein glückliches Privatleben haben.

Wenn Frauen in Filmen Karriere machen, lassen sie sich im Ver-lauf der Geschichte entweder scheiden oder sind Dauersingle (fast alle Kommissarinnen im *Tatort*) oder sie erkennen, dass das Privat-leben doch wichtiger ist, und erleben ein angebliches Happy End mit dem Ehepartner, während sie – untermalt von lyrischer Streich-musik – das Hamsterrad Karriere endlich hinter sich gelassen ha-ben (irgendein Hollywoodfilm mit Sandra Bullock). Es gibt kaum *role models* von entspannten Karrierefrauen, die Job und Privatle-ben wuppen und dabei nicht jeden Abend eine Flasche Rotwein trin-ken müssen. Ich habe nichts gegen Rotwein, aber ich kann absolut nicht nachvollziehen, warum Karrierefrauen in Filmen offenbar im-mer ihren Stress in Alkohol ertränken müssen. Dadurch entsteht ein

Bild, das es für Frauen, wenn sie vernünftig sind, extrem ungesund erscheinen lässt, Karriere zu machen.

Wenn Sie sich Karrierefrauen im echten Leben anschauen, fällt auf, dass die meisten ziemlich pragmatisch wirken. Melanie Kreis, Jahrgang 1971, Mutter zweier Kinder, wurde vom *Manager Magazin* als Deutschlands wichtigste Managerin bezeichnet. In der internationalen *Forbes*-Liste 2019 der mächtigsten Frauen ist sie nach Angela Merkel die zweitmächtigste Frau Deutschlands. Sie ist seit 2014 das einzige weibliche Vorstandsmitglied der Deutschen Post AG. Oder Zoe Adamovicz, vom *Forbes*-Magazin zur wichtigsten Frau der Techbranche in Europa gewählt, ist 42, lebt in Berlin, hat pinke Strähnen im Haar und lacht viel – und gründet ein erfolgreiches Techunternehmen nach dem anderen. Die ehemalige Chefin von Microsoft Deutschland, Sabine Bendiek, 55, ist jetzt Arbeitsdirektorin und Vorstandsmitglied bei SAP. Sie sieht auch nicht so aus, als hätte sie einen Hang zu zu viel Rotwein, sie sei von Grüntee abhängig, sagt sie.

Sie müssen nicht SAP-Vorstand werden, das ist, fürchte ich, tatsächlich sehr stressig. Aber schauen Sie sich mal um, wen Sie gut finden, die meisten erfolgreichen Frauen sind keineswegs unglücklich. Mir erscheint die Idee, dass Frauen in Führungspositionen unglücklich sind, eher wie ein Mythos, der gerne aufrechterhalten wird, damit sich nicht ganz so viele Frauen zu viel zutrauen. Wählen Sie Ihre Vorbilder klug und schauen Sie sich ruhig ab, was sie ausgemacht hat.

Warum die Frauenquote nur ein erster Schritt sein kann

Wie der Gender-Pay-Gap gehört auch die Frauenquote zu den viel diskutierten Themen, wenn es um Gleichstellung geht. Frauen möchten selbst ungern als Quotenfrauen gelten, denn der Begriff legt nahe, sie seien einzig ihres Geschlechts wegen in eine höhere Position gelangt. Teilweise wird die Quote von Kritiker*innen so interpretiert, dass Frauen nur um acht Uhr zur Arbeit erscheinen müssten und schon würden sie befördert. Dass das nicht so ist, belegt die Forschung. Warum macht es Sinn, Führungsteams diverser zu besetzen? Das Argument, Frauen würden eine andere Perspektive vertreten, reduziert sie ja wieder auf ihr Geschlecht und spricht ihnen eine geschlechtsspezifische Kompetenz zu. Genau deshalb bringt auch eine einzelne »Quotenfrau« nichts, denn sie wird immer als Vertreterin ihrer Genusgruppe angesehen und soll dann die Perspektive aller Frauen vertreten. Eine Frauenquote heißt eben nicht, dass es nur eine gibt, sondern dass von zehn Vorständen mindestens drei Frauen sind. Erst dann wird deutlich, dass Frauen unterschiedlich sind, und sie bieten dann auch mehr Optionen eines Rollenvorbilds. Wenn Sie aktuell die Frauen in der Politik vergleichen, sind diese auch nicht alle gleich: Manuela Schwesig, Angela Merkel, Annalena Baerbock – sie alle bieten unterschiedlichen Frauen Identifikationspotenzial und sorgen auch dadurch für mehr Gleichstellung.

Der *Gender Gap Report* des World Economic Forum zeigt Europa an der Spitze der Gleichstellung – nicht jedoch Deutschland. Island ist Spitzenreiter. Deutschland wird mit Blick auf Frauen in Führungspositionen von der AllBright Stiftung als Entwicklungsland bezeichnet.[177] Es ist also davon auszugehen, dass wir da etwas länger brauchen. Und ein Snickers.[178]

» **Beim derzeitigen Tempo der Gleichstellung dauert es in Westeuropa noch 54 Jahre, bis eine volle Gleichstellung erreicht ist. In 54 Jahren ist Ihr Kind vermutlich fast im Rentenalter.**

Immerhin ist Deutschland laut dem *Gender Gap Report 2020* erstmals wieder in die Top Ten aufgestiegen, was vor allem an dem Anteil von Frauen in der Politik liegt. 40 Prozent der Ministerposten sind von Frauen besetzt, allerdings ist ihr parlamentarischer Anteil deutlich geringer. Angela Merkel mit ihren fast 16 Jahren Kanzlerschaft reißt die Statistik raus, das wird vermutlich bei Erscheinen dieses Buches schon anders sein. In anderen Dimensionen hat Deutschland sich nicht weiterentwickelt, vor allem nicht mit Blick auf wirtschaftliche Partizipation und die geringe Präsenz von Frauen in Führungspositionen. Hier sind nur 29,3 Prozent von Frauen besetzt.[179]

>> **Gleichzeitig zeigen zahlreiche Studien, dass die Produktivität und Teamzufriedenheit in Unternehmen mit einem höheren Frauenanteil in der Führung steigt.**[180]

Ich denke nicht, dass belegbar ist, dass das durch eine grundsätzlich andere Perspektive von Führungsfrauen kommt. Diversere Teams geraten aber insgesamt nicht so schnell in standardisierte Denk- und Diskussionsmuster. Denken wir an den Dieselskandal: Hier lässt sich deutlich zeigen, dass hierarchische Kulturen, Umgang mit Fehlern und Schweigevereinbarungen unter sozial homogenen Gruppen auch dazu geführt haben, dass wichtige Themen unter den Teppich gekehrt wurden. Auf der wirtschaftlichen Ebene ist also klar, dass mehr Gleichstellung mehr bringt.

Die neue gläserne Decke in Aufsichtsräten findet sich aktuellen Daten zufolge bei 30 Prozent. Es zeigt sich, dass Unternehmen gesetzlich erzwungenen Quoten nachkommen, die Effekte jedoch kleiner bleiben als erhofft. Insbesondere die Besetzung von Geschäftsführung und Vorständen wird in Aufsichtsräten oft durch einen Ausschuss vorgenommen. Wenn die Aufsichtsratsfrauen nicht dort drin sind, können sie weniger bewirken.[181] Nicht zuletzt deshalb wurde die neue Quotenregelung beschlossen, um den Druck auf Unternehmen zu erhöhen.[182] Das Managerinnen-Barometer sieht die Entwicklung und die Folgen der Quote positiv, konstatiert aber auch die Stagnation bei 30 Prozent.[183]

Auf der Ebene der Öffentlichkeit führen mehr sichtbare Frauen zu einer Veränderung der Bildsprache, der öffentlichen Diskurse und der Rollenvorbilder. Unvergessen ist das Bild der Führungsriege des Bundesinnenministeriums im Jahr 2017, wo Bundesinnenminister Horst Seehofer ausschließlich umgeben von Männern, die ihm glichen, ins Foto lächelte. Oder die Tatsache, dass mit Andrea Nahles im Jahr 2018 (!) das erste Mal eine Frau an der Spitze der SPD stand. Ich wollte in der vierten Klasse Bürgermeisterin werden und habe unter anderem einen Brief an den Bundeskanzler geschrieben. Heute gibt es für junge Frauen mehr Vorbilder, aber bei Weitem nicht genug. Die Tatsache, dass Stellenausschreibungen erst jetzt auch für »diverse Bewerber*innen« gekennzeichnet werden müssen, zeigt, wie langsam der Diskurs voranschreitet.

» **Der Weg für Frauen in Machtpositionen ist auch deshalb so wichtig, weil es sichtbare Vorbilder braucht, damit Frauen sich trauen, nach Macht zu streben.**

Als Jennifer Morgan, nach ihrer Twitter-Selbstbeschreibung »happy wife + mom«[184], 2019 zur ersten Vorstandschefin eines DAX-Unternehmens berufen wurde, war das ein so seltenes Ereignis wie die Geburt eines Pandas. Das liegt daran, dass die deutschen Unternehmen kaum einen Pool an Führungsfrauen für Spitzenpositionen aufgebaut haben. Daher erfolgen die Besetzungen von Aufsichtsrats- und Vorstandsposten bei Frauen meist von außen. Außenseiter*innen bringen aber kein unternehmensinternes Netzwerk mit und haben es dadurch schwerer, sich zu halten. Jennifer Morgan hielt sich nicht einmal ein Jahr, schon 2020 verkündete SAP ihr Ausscheiden. Insofern ist eine Quote auch eine Frage individueller Gerechtigkeit, ob Frauen die Möglichkeit erhalten, eine Führungsposition zu erreichen.

Vorurteile, Netzwerkstrukturen und Entmutigungen sind hier nach wie vor wirksam. Deshalb braucht es eine kritische Masse an Frauen, die zeigen, dass es durchaus üblich ist, dass auf dem Vorstandsfoto nicht nur glatt rasierte Anzugherren in die Kamera grinsen. Neben diesen Faktoren, die für eine Quote sprechen, braucht es aber auch genug Frauen, die sich trauen, den Weg an die Spitze zu gehen. Denn es scheint nicht so, als wäre der Weg in die Führungsposition mit Blütenblättern bestreut. Aber: Hier spielt die Zeit Ihnen in die Hände.

>> **Es gibt zunehmend Quotenregelungen, die dazu führen, dass Frauen befördert werden. So ist teilweise die Vergabe von Aufträgen daran gebunden, dass ein Unternehmen Frauen fördert.**

Ich habe schon von Führungskräften in Agenturen gehört, dass sie einen Auftrag nicht erhalten haben, weil sie mit einem rein männlichen Team gepitcht haben. Quotenfrauen, und ich verwende den Begriff bewusst, sind erwünscht. Soziologin Jutta Allmendinger beschreibt, dass viele junge Frauen heute Quotenregelungen ablehnen.[185] Diese Einstellung ändert sich allerdings mit längerer Berufstätigkeit.

>> **Die Quote ist Ihr Recht. Wenn Sie davon ausgehen, dass Frauen und Männer zu gleichen Anteilen ein Studium abschließen und die Männer dann beispielsweise 75 Prozent der Führungspositionen besetzen, fehlen mindestens 25 Prozent der gleich guten Frauen, die auch in dieser Position sitzen könnten.**

Die Wahrscheinlichkeit, dass Sie durch eine Quotenregelung einem Mann den Platz wegnehmen, der besser ist als Sie, ist daher sehr gering.

Wo stagniert der Weg an die Spitze?

Verschiedene Faktoren wirken zusammen, wenn es um Frauen auf dem Weg in Führungsverantwortung geht. Neben der strukturellen Diskriminierung, die sich schon beim Berufseinstieg zeigt, sind es die geringere Berufserfahrung, die sich aus Elternzeit und Betreuungszeiten ergibt, die zeitgleiche Planung von Karriere und Familie angesichts widriger Umstände, aber auch nicht zuletzt die Einstellung und das Verhalten von Frauen, die hinderlich sein können. Dabei geht es nicht um ein individuell zuschreibbares Fehlverhalten, sondern um erlernte Vorstellungen und Annahmen, die ganz unbewusst eingenommen werden.

» Frauen zeigen seltener an, dass sie Interesse an Aufstieg haben. Sie bezeichnen sich selbst weniger als ehrgeizig oder an Führung interessiert.[186]

» Frauen sprechen eher von Verantwortung als von Macht, wenn sie über Führung sprechen, was aber angesichts heutiger Unternehmenskulturen sogar eher als Vorteil gesehen werden kann.[187]

Es wirkt unsympathischer, wenn Frauen frühzeitig Führungsansprüche stellen, sie gelten dann als herrisch und verbissen. Sie sind nicht mit den Männern in Führungsetagen vernetzt und sie bringen sich so nicht selbst ins Gespräch für Führungsaufgaben. Soziale Erwartungen tun ihr Übriges und führen auch bei der Entscheidung der Arbeitgeber*innen, wer in die Führungsetage kommt, zu einem selbstverstärkenden Effekt. Wenn sich die Frau nicht vorher positioniert hat, wird eher der junge Mann ausgewählt und gefördert, der sich schon früh gezeigt hat.

Ein weiteres Stereotyp in diesen Situationen ist die Vorstellung, dass Männer tendenziell höhere berufliche Kompetenzen und mehr Leistungsfähigkeit haben.[188] So entsteht eine Selbstbestätigung: Mehr Männer in Führung haben mehr Möglichkeiten, sich zu beweisen, und zeigen damit ihre Leistungsfähigkeit. Frauen haben weniger Chancen und wenn sie einen Fehler machen, sind sie sichtbarer. Das Problem: Weniger Frauen, die Karriere machen, heißt auch weniger Vorbilder, weniger Vernetzungsmöglichkeiten und weniger Orientierung.

Das Wissenschaftszentrum Berlin hat erforscht, dass Frauen, die nur zwei Monate in Elternzeit waren, schlechtere Karrierechancen haben als Frauen, die zehn oder zwölf Monate Elternzeit hatten.[189] Klar, die Rabenmutter winkt mal wieder mit ihrem düsteren Gefieder.

Männer dagegen, wie wir gesehen haben, planen ihre Karriere und sehen sich auch heute noch tendenziell als Familienernährer. Die Ausgangspunkte einer Karriereplanung und Selbstdarstellung im beruflichen Umfeld unterscheiden sich also von Anfang an und äußern sich auch in Verhandlungen um Aufstiegspositionen, Gehalt und Jahresbonus. Dass arbeitsbezogene Werte und Aufstieg zusammenhängen, merken bereits Hochschulabsolventinnen. Sozialforscherinnen aus der Schweiz konnten zeigen, dass Frauen bei gleicher Bildung beim Studienabschluss häufiger eine Work-Life-Balance vor formalem Aufstieg priorisieren. Je ausgeprägter der Work-Life-Wert war, desto weniger Karriere haben junge Frauen gemacht. Allerdings konnten die Werte nur einen Teil der Aufstiege erklären. Auch bei gleicher Ausbildung hatten junge Männer vier Jahre nach dem Berufseinstieg mehr Führungs- und Budgetverantwortung.[190]

» **Der geringere Anteil von Frauen in Führungspositionen ist also ein Zusammenspiel aus individuellem Verhalten und einem Mangel an Gelegenheiten.**

Wenn Frauen nicht frühzeitig äußern, dass sie sich für Führungspositionen interessieren, und sich dafür ins Gespräch bringen, werden sie auch seltener berücksichtigt. Die Zeitspanne, in der wichtige Karriereentscheidungen getroffen werden, also das Alter zwischen 30 und 40 Jahren, ist für Frauen von Familiengründung und beruflicher Weichenstellung geprägt. Oft kommt gegen Ende der Haupt-Familienphase noch Pflegeverantwortung hinzu.

Männer konzentrieren sich in der gleichen Zeit fast nur auf ihre Karriereentwicklung. Und scheinbar funktioniert es für sie: Denn sie bekommen trotzdem Kinder und irgendjemand kümmert sich um ihre pflegebedürftigen Angehörigen. Eine Freundin, die in einem großen DAX-Unternehmen arbeitet, sagte einmal zu mir: »Die stehen dann auf dem Abendempfang mit dem Sektglas in der Hand und erzählen, dass sie zwei Kinder zu Hause haben, so wie ich erzählen würde, dass ich eine Handtasche habe.« Sie sehen hier schon, dass es ja offenbar jemanden gibt, der sich am Abend um die zwei Handtaschen, Pardon: Kinder, kümmert und nicht beim Empfang mit dem CEO plaudert.

Nun, die Vorurteile gegen Frauen in Führungspositionen – nicht hart genug, zu viele Unterbrechungen, störend – können Sie nicht bekämpfen. Es wäre lächerlich und warum sollten Sie sich auch verstellen? Sie können dabei nur verlieren: Wenn Sie härter auftreten, als Sie sind, wirken Sie verbissen. Wenn Sie im Meeting anfangen zu weinen, gelten Sie als Memme. Zwischen diesen beiden Extremen gibt es aber eine Alternative.

>> **Sie sind schließlich auch im Elterngespräch in der Kita nicht 100 Prozent authentisch und Sie zeigen schon jetzt in Ihrem Berufsleben einen gewissen Biss. Authentizität kann aber auch heißen, dass alles, was ich zeige, wahr ist, ich aber nicht allen alles zeige.**

Was heißt das für Sie? Zeitplanung war schon bei Säule I ein Thema. Wir hatten dabei von Freiräumen gesprochen, die Sie sich ausverhandeln: Wie verbringen Sie diese Zeit? Zum Beispiel mit strategischer Vernetzung. Wenn ein Abendtermin Ihnen verspricht, informell mit Ihren Vorgesetzten ins Gespräch zu kommen, ist das genauso wichtig wie ein Termin Ihres Partners. Wenn Sie keine Abendtermine einrichten können, bitten Sie um gemeinsame Mittagessen. Machen Sie der Chefetage deutlich, dass Sie voll durchstarten wollen – nicht nur verbal, sondern auch durch Ihr Verhalten.

Risikofreudigkeit bringt Erfolg

KPMG hat 2019 eine Women's Leadership Study durchgeführt und mehr als 2000 Frauen im Beruf zu ihren Karrieren befragt. Ziel der Studie war es, Handlungsempfehlungen abzuleiten, wie mehr Frauen durch Förderung in Führung kommen können.[191]

Danach befragt, warum sie ihre bisherige Karrierestufe erreicht haben, haben 73 Prozent angegeben, durch harte Arbeit, nur 24 Prozent haben einen starken Willen angegeben und winzige 8 Prozent haben ihre Risikobereitschaft als Grund angegeben (Mehrfachnen-

nungen waren möglich). Bezogen auf die Risiken, die sie einzugehen bereit sind, sagte ein hoher Anteil der befragten Frauen, dass
sie bereit wären, danach zu fragen, an einem Projekt beteiligt zu
sein. Deutlich weniger Frauen gaben an, dass sie freiwillig eine
große Präsentation halten, nach mehr Gehalt fragen oder über eigene Erfolge sprechen.

Im Bericht wird eine Frau zitiert, die sagt, dass Frauenförderung
auch heißt, Frauen die ungeschriebenen Regeln zu erläutern. Diese
ungeschriebenen Verhaltensregeln und Hinweise zu smarter Risikobereitschaft lernen viele junge Frauen nicht von Anfang an.

Diese Befunde scheinen ziemlich offensichtlich. Das Selbstbewusstsein, auch Risiken einzugehen, sieht KPMG aber als zentralen Faktor in weiblichen Karrieresprüngen an und empfiehlt deshalb auch, weibliche Selbstüberzeugung auch durch entsprechende
Fortbildungen, Mentoring und Führung zu stärken. Selbstvertrauen
wächst mit Erfahrungen. Wenn aber bestimmte Erfahrungen gar
nicht gemacht werden, sei es aufgrund von Berufsausstiegen oder
weil Sie Präsentationen anderen überlassen, wächst auch das
Selbstbewusstsein nicht.

Der Bericht schließt mit vier Empfehlungen:

- Machen Sie einen bewussten Schritt, um nach dem zu fragen,
  was Sie wollen: Wenn Sie sich bewusst sind, was Sie wollen,
  dann können Sie auch danach fragen.
- Seien Sie sich des Eindrucks bewusst, den Sie machen: Damit ist auch Körpersprache und Augenkontakt gemeint, denn
  Frauen nehmen sich oft sprichwörtlich keinen Raum.
- Sprechen Sie früh, oft und ruhig: Frauen nehmen sich oft zu wenig Redezeit und bleiben damit unsichtbar.
- Gehen Sie Risiken ein: Das heißt auch, dass Sie damit rechnen
  zu scheitern. Je mehr Risiken Sie erfolgreich eingegangen sind,
  desto stärker wird Ihr Selbstvertrauen.

Machen wir uns nichts vor. Für den beruflichen Erfolg ist es wichtig, einen guten Job zu machen. Wenn wir zudem davon ausgehen,

dass wir einen Beruf haben, der uns Spaß macht und für den wir uns begeistern, ist das für die meisten kein Problem. Auch mit Blick auf Arbeitszeiten halte ich die Diskussion deshalb teilweise für dramatisiert. Ich kenne niemanden, der beruflich erfolgreich ist und abends den Stift fallen lässt. Natürlich denke ich zu verschiedenen Zeiten über diverse Probleme nach. Die Arbeitszeit von Professor*innen ist zudem nicht festgelegt. Mit dem Hashtag #noexcuses wird in den sozialen Medien für Fitness geworben. Das trifft auch auf die Arbeitswelt zu. Sie müssen für einen Beruf, der Ihre Leidenschaft ist, Ihre volle Energie einbringen. Das kann auch in Teilzeit sein, die echte Abgrenzung müssen Sie aber selbst durchziehen. Eine 30-Stunden-Woche für alle wird Sie nicht davor schützen, dass Sie sich auf dem Spielplatz einen Projektentwurf ausdenken. In den meisten Jobs, die nicht direkt in der Dienstleistungsbranche oder in der Produktion verortet sind – also in den meisten akademischen Jobs –, ist es so, dass die Abgrenzung von Beruf und Privatleben auch durch Selbstführung funktionieren muss.

Wenn der KPMG-Report von Risiken spricht, muss klar sein, was genau gemeint ist. Die Idee ist, dass durch das Verlassen der eigenen Komfortzone neue Erfahrungen gemacht werden. Dadurch steigt das Selbstvertrauen. Ein Risiko muss also nicht heißen, dass Sie halsbrecherisch auf Ihren Chef oder Ihre Chefin zustürmen und mehr Gehalt verlangen. Risikobereitschaft heißt, dass Sie zum einen bereit sind, auch ungewohnte Aufgaben zu übernehmen oder Aufgaben, bei denen Sie scheitern können. Zum anderen heißt es, sich durch Scheitern und Misserfolge nicht vom nächsten Risiko abhalten zu lassen. Wenn Frauen überwiegend risikoaverser sind als Männer, dann haben Männer mehr Gelegenheiten, die Erfahrungen außerhalb der Komfortzone zu machen und sich dadurch weiterzuentwickeln.

Bei der Bewerbung auf eine Professur an einer Universität oder Fachhochschule gibt es, wenn man einige Zeit dabei ist, einen überschaubaren Kreis von Bewerber*innen. Alle sind auf einer ähnlichen Karrierestufe, man kennt sich und tauscht sich teilweise auch aus. Gleichzeitig ist ein Berufungsverfahren eine extrem stressige Situation, denn nicht nur ein Kolleg*innenkreis ist zu überzeugen, auch die Studierenden werden in die Berufung eingebunden. Weil es nicht sehr viele Professuren gibt, ist die Gefahr zu scheitern sehr groß. Hinzu kommt, dass sich das auch herumspricht. Denn wie gesagt, Gutachter*innen, Kommissionen, Mitbewerber*innen, das alles ist ein ziemlich kleiner Klüngel. Mein erstes Verfahren war eine Vollkatastrophe, weil ich das Einladungsschreiben nicht genau gelesen hatte und den falschen Vortrag vorbereitet hatte. Ich habe dann noch drei weitere Verfahren gebraucht, bis es geklappt hat. In jedem Verfahren habe ich etwas dazugelernt. Ich habe mir im Nachhinein Notizen gemacht, Kolleginnen um Feedback gebeten, teilweise Probevorträge gehalten. Ich habe gelernt, das Einladungsschreiben gut zu lesen, langsam zu sprechen, mein Wissen nicht so rauszuhauen, dass niemand mehr zu Wort kommt, und immer ein frisches Taschentuch dabeizuhaben.

» **Es mag platt klingen, aber aus jeder Absage einer Bewerbung können Sie viel lernen. Nutzen Sie die Zeit, sich Notizen zu machen, positive und negative Aspekte zu bewerten. Bewerbungsgespräche brauchen auch Routine.**

Es gibt verschiedene Wege, sich mehr zuzutrauen. Wenn Sie die Gelegenheit haben, einen Vortrag oder eine Präsentation zu halten, ist das einer der zentralen Stressmomente. Die klassischen Techniken zum Stressabbau (sich das Auditorium in Unterwäsche vorzustellen) sind sicher nicht die hilfreichsten. Ich finde aber zwei Dinge sehr hilfreich. Erstens, überlegen Sie einmal: Wie viel Respekt haben Sie vor Frauen, die mit zittriger Stimme und roten Flecken am Hals Präsentationen halten? Genau: sehr viel. Ich dachte schon oft: »Hammer, die traut sich was und hält durch!« Zweitens, fragen Sie sich: Wie viele schlechte Präsentationen haben Sie schon von Männern gesehen? Eben. Mindestens genauso viele, wie Sie selbst schon gehalten haben. Es kommt vor, dass man schlecht ist. Das passiert sogar den Besten. Niemand erinnert sich daran. Niemand wird auf Sie zukommen und sagen: »Ach, Sie sind diejenige, die vorhin nicht die richtige Folie gefunden hat.« Alle werden denken: »Ach ja, da ist eine der Speakerinnen. Ich gehe gleich mal auf sie zu.«

Siri Hustvedt hat mit *Die zitternde Frau* ein ganzes Buch über ihr eigenes plötzlich auftretendes Zittern bei Vorträgen geschrieben.[192] Sie sind nicht allein, wenn Ihre Nerven flattern. Wenn Nervenflattern ein Geräusch wäre, bräuchten wir an Redepodien mehr Mikrofone, um überhaupt noch etwas zu hören.

Ich habe mal eine Aufstiegsposition nicht bekommen, die ich dringend haben wollte. Ich war sicher, dass sie mir zusteht – den Zuschlag bekam eine andere. Ich war unheimlich frustriert. Die Position wurde wenige Jahre später wieder frei. Ich war immer noch ein bisschen beleidigt und habe gewartet, ob sie mir angeboten wird. Nachdem ich eine Zeit lang gewartet hatte und niemand kam (kein roter Teppich, kein nichts!), habe ich mich dann doch beworben, auch mit dem Risiko, erneut zu scheitern. Ich bekam die Zusage und bevor ich den Job antreten konnte, bekam ich noch ein anderes, besseres Angebot. Wenn ich noch länger geschmollt hätte, wäre es vielleicht mit beiden Angeboten nichts geworden.

Die Sportmoderatorin Katrin Müller-Hohenstein kennt sich aus mit Erfolg und auch mit widrigen Umständen, denn sie hat es geschafft, als Frau in einem Bereich erfolgreich zu sein, der noch vor nicht allzu langer Zeit als Männerdomäne galt. In einem Karriere-Interview empfiehlt sie sinngemäß:

- Es ist essenziell, herauszufinden, wofür man brennt. Das kann nicht auf die Schnelle passieren, denn oft stehen andere Erwägungen im Weg.
- Es ist wichtig, herauszufinden, ob man das, was man machen will, auch kann. Das heißt, dass Begabungen auch eine Rolle spielen.
- Nicht zuletzt fällt einem selten etwas in den Schoß. Ein hohes Engagement für den Beruf ist die Voraussetzung für Erfolg, denn es gibt nichts geschenkt.

Die Zeiten sollten vorbei sein, in denen sich junge Frauen quasi nur mit einem halben Finger melden. Soll heißen: Wir dürfen und sollten mit beiden Händen winken, wenn wir etwas wollen – ein Rat, den ich mir auch noch mal hinter die Ohren schreibe.[193]

Nutzen Sie Aufstiegschancen vor Ihrer Familiengründung

Wenn Frauen nach einer familienbedingten Pause oder familienbedingter Teilzeit wieder einsteigen, haben Männer ihre potenziellen Konkurrentinnen in der Regel abgehängt. Führungspositionen werden zwar nominell auch als Teilzeitstellen angeboten – in der empirischen Realität sind sie aber kaum zu finden, auch weil es immer genug Männer gibt, die den Job allein in Vollzeit machen. Die im Jahr 2008 mit Arbeitgeber*innen vereinbarte Arbeitszeit für Führungskräfte liegt im Durchschnitt für Frauen bei 36 Wochenstunden. Die für Männer liegt bei 39 Wochenstunden.[194] Tatsächlich arbeiten aber sowohl Frauen als auch Männer als Führungskräfte länger. Hinzu kommt, dass manche Verträge, zum Beispiel Vorstandsverträge, oft gar keine festgelegten Arbeitszeiten mehr haben.

Gleiches gilt für Jobsharing oder familienfreundliche Meetingzeiten. Beides sind Feelgood-Maßnahmen, die in guten Zeiten für einzelne Arbeitnehmer*innen angeboten werden. Dazu sollte man aber schon in einer günstigen Verhandlungsposition sein. Es ist einfacher, aus einer Führungsposition heraus Teilzeit zu beanspruchen, als als Junior-Projektmanagerin in Teilzeit zur Senior-Projektmanagerin ernannt zu werden.

>> **Eine günstige Verhandlungsposition hat man also gerade dann, wenn man seine Jobwahl und Karriereplanung nicht von Anfang an hauptsächlich auf die Vereinbarkeit mit Familie ausrichtet.**

Homeoffice-Möglichkeiten galten lange als einer der Königswege, um die berufliche Integration von Frauen zu fördern. Die Coronakrise zeigt, dass auch das Homeoffice deutliche Schattenseiten hat. Denn erstens führt eine Arbeit von zu Hause aus dann zu Nachteilen, wenn sie geschlechtsspezifisch verteilt ist. Während viele Männer in der Coronakrise früher wieder körperlich im Büro anwesend waren und ihre Netzwerke weiter pflegten, haben die Frauen im Homeoffice die Doppellast von Erwerbsarbeit und Homeschooling gestemmt. Gerade Meetings, die gemischt zwischen digitaler Zuschaltung und Präsenz stattfinden, haben Tücken. Während die zugeschalteten Personen mit Internetverbindung und Tonübertragung kämpfen, um ihren Standpunkt zu verdeutlichen, nebenbei vielleicht noch das Kind beruhigen, haben die physisch anwesenden Personen auch nonverbal längst Entscheidungen getroffen.

Lange Elternzeitanrechte wirken sich negativ auf die Karrierechancen aller Frauen aus. Frauen werden in Sippenhaft genommen, selbst die, die gar nicht Mutter werden wollen. Durch lange Elternzeitanrechte ist das Verhalten der Frauen für Arbeitgeber*innen nicht absehbar und sie bieten dann vielleicht keine Führungsposition an, vor allem dann nicht, wenn Sie im entscheidenden Alter sind. Die Ausweitung der Elternzeit auf 36 Monate hat zur Folge, dass Arbeitgeber*innen weniger Bereitschaft zeigen, in die Fortbildung junger Frauen zu investieren.[195]

Natürlich ist das Fertilitätsfenster für Frauen enger als für Männer und es fällt mit zentralen Karriereentscheidungen zusammen. Aber: Interessanterweise liegt auch das Erstgeburtenalter von Männern im gleichen biografischen Fenster wie bei Frauen. Es ist ja nicht so, dass alle Männer ihre Kinder wie Charlie Chaplin im Alter von 70 Jahren zeugen.

Es ist also nicht die Geburt als solche, sondern die Entscheidungen an dieser Weggabelung, in Teilzeit und Elternzeit zu gehen, die zum Karriereknick führen. Diese Entscheidungen werden oft schon vor der Geburt getroffen. Das heißt umgekehrt: Wer sich früh, also lange vor der Familiengründung, für einen gut bezahlten Beruf mit Aufstiegschancen entschieden hat, hat es dann, wenn es zur Geburt eines Kindes kommt, viel leichter, Beruf und Familie zu vereinbaren.

Wenn Frauen in Führungspositionen arbeiten, ist es nicht mehr relevant, dass sie Familie haben. Familie wirkt sich dann nicht mehr negativ aus.[196]

>> **Das Dilemma, dass zu wenig Frauen sich in Führungspositionen beweisen können und dadurch zu einer Wahrnehmungsverzerrung beitragen, kann nur durch eine Erhöhung des Frauenanteils in Chefetagen geändert werden. Es gibt keine andere Möglichkeit.**

Auf individueller Ebene heißt das, biografisch zu planen, ob und wann ich Kinder will, und vorher den Schwerpunkt auf die Berufslaufbahn zu legen. Wenn die jetzt bekannten Führungsfrauen gefragt werden, wie sie es geschafft haben, Kinder und ihren Aufstieg zu vereinbaren, fallen immer zwei Sachen auf. Erstens: Sie waren und sind inhaltlich Feuer und Flamme für ihren Job. Zweitens: Die Familiengründung lief nebenbei. Sie haben sich für Inhalte begeistert. Wenn sie gelangweilt waren, weil die Aufgabe ihnen zu leichtgefallen ist, haben sie sich um einen neuen Job beworben. Sie haben die Herausforderungen gesucht.

Jutta Allmendinger hat in Berkeley, München, Nürnberg und Berlin gearbeitet. Allmendinger berichtet offen von Anfeindungen, als sie kurz nach der Geburt ihres Sohnes wieder im Hörsaal stand.[197] Und nicht alle Frauen können auf diesem Weg eine Familie gründen, manchmal passt es eben nicht, wie bei Sabine Bendiek, Chefin von Microsoft Deutschland. Sie sagt, in ihrer Generation war eine Karriere wie ihre nicht mit Kindern machbar. Ihr Mann lebt in Hamburg und sie pendelt zwischen München und Hamburg. Unglücklich wirkt sie nicht – im Gegenteil. All diese Frauen wirken lustvoll, lebendig, neugierig und wach.

Junge Frauen heute haben die Möglichkeit, Kinder zu bekommen und Karriere zu machen, junge Männer machen das auch. Sie müssen die Möglichkeiten aktiv ergreifen und gestalten, auch unter Zuhilfenahme gesetzlicher Regelungen.

Widerlegen Sie die gängigen Vorurteile

Der Weg in eine Führungsposition muss nicht von allen Frauen gewählt werden. Aber ich weigere mich zu glauben, dass so viel weniger Frauen als Männer Interesse daran haben. Nicht zuletzt wären diese Positionen ja genau richtig für Frauen, die gern mit Menschen arbeiten. Das ist nämlich die Hauptaufgabe im Management. Eine Chefin von mir sagte mal: »Ich arbeite gern im Team, wenn ich das Team leite.« Sie ist eine eher kontroverse Person, weil diese Art Führungsanspruch für Frauen ungewöhnlich ist. Leitung wird heute noch immer eher als Männeraufgabe gesehen, damit geht ein *Gender Status Belief* einher. Mehr Männer haben die Gelegenheit, sich zu beweisen, deshalb wird angenommen, dass sie es auch besser können.[198] Die Statistik zeigt allerdings, die Unterschiede im Führungsverhalten innerhalb der Gruppe der Männer und innerhalb der Gruppe der Frauen sind deutlich höher als die zwischen Männern und Frauen. Das heißt, weder sind alle männlichen Führungskräfte Kraftmeier, die herumschreien, noch sind alle Frauen in Führungspositionen beziehungsorientiert. Nina Rieke, bis 2018 Chefstrategin von DBB, einer der größten Werbeagenturen, sieht Führungsaufgaben nicht als Geschlechter- sondern als Persönlichkeitsfrage.[199] Gegenüber Frauen in Führungspositionen herrschen zahlreiche Vorurteile. Männer sehen beispielsweise den Mangel von Frauen in Führungspositionen als Folge eines Mangels einschlägig qualifizierter Frauen mit starkem Führungswillen. Wenn Frauen in Führungspositionen sind, sind sie meist in der Minderheit. Dadurch werden Fehler von ihnen eher gesehen und negativer beurteilt. Bei einer repräsentativen Befragung im Jahr 2010 ergaben sich noch mehr Vorurteile, die in sogenannten Mentalitätsmustern münden. Kurz gesagt wurden Frauen als störend empfunden; zudem hieß es, die geforderte Härte im Topmanagement führe zu einem Authentizitätsverlust von Frauen. Hinzu käme, dass Frauen nicht die geforderte ununterbrochene Karriere mitbrächten.[200]

Doch auch Männer sind keineswegs so selbstbewusst, wie wir es ihnen gern unterstellen. Männer in den Netzwerken an der Spitze strotzen nicht vor Sicherheit. Im Gegenteil, jedes neue Mitglied im Netzwerk erzeugt Unsicherheit: »Kann ich dem vertrauen, tickt der so wie ich?« Das führt dazu, dass in Auswahlsituationen eher nach Ähnlichkeit ausgewählt wird.[201] Wenn also nur weiße Anzugträger in der Führungsebene sitzen, wählen sie gern einen weiteren dazu. Hier greifen Quoten, durch die dann zumindest teilweise die Durchmischung erzwungen wird. Nicht zuletzt muss man sich vor Augen führen, dass die Abgabe von Macht und Einfluss an Frauen eine Abnahme der Macht von Männern bedeutet. So banal das klingen mag, es geht letztlich um Ressourcenverteilung, und da schließen Männer vielfach noch die Reihen und schützen die gläserne Decke.[202] Andererseits, finde ich, muss man hier nicht unbedingt den Gegensatz Frauen – Männer eröffnen. Es ist ungewohnt, wenn eine homogene Gruppe jemanden zulässt, der auf den ersten Blick anders ist. Genauso ungewohnt ist es, als einzige Frau in einer verantwortlichen Rolle zu sein. All das sind aber Schritte, die wir alle – Frauen wie Männer – gehen müssen, um die Gesellschaft zu verändern. Die Schmollecke hilft uns nicht weiter.

Erfolg hilft: Die positiven Seiten einer Führungsposition

In der Debatte um Frauenförderung wird oft kritisiert, dass man sich an der männlichen Normalbiografie und an männlicher Verfügbarkeit orientiert. Die Forderung lautet, Aufstiegschancen und Arbeitsbedingungen frauenfreundlicher zu gestalten. Frauen, die aus ihren Karrieren familienbedingt aussteigen, legitimieren dies auch mitunter damit, dass sie sagen, sie seien eigentlich froh, die Kämpfe hinter sich gelassen zu haben.

Gerade in sehr traditionell orientierten Unternehmen herrschen ein Anwesenheitskult, eine Überstundenkultur und eine Diskussionsform, auf die viele Frauen keine Lust mehr haben. Junge Frauen wollen ihr Leben nicht mehr den Vorgaben *weißer alter Männer* anpassen. Sie wollen ihr eigenes Ding machen. Sie wollen ihre Biografie selbstständig gestalten und aus dem Hamsterrad ausbrechen. Diese Einstellung hat allerdings eine deutliche Kehrseite.

Nina Rieke kritisiert, dass das Frauenbild sich aus ihrer Sicht gerade rückwärts entwickle: »Es gibt viele gut ausgebildete Frauen um die 30, die lieber in einem Reihenhaus sitzen wollen. Das ist eine respektable Entscheidung. Allerdings ist es schwierig, etwas zu wollen, ohne bereit zu sein, den Preis dafür zu zahlen. Es ist schade, dass viele Frauen glauben, der Rückzug sei ein Heilsbringer. Aus dem Beruf auszusteigen ist ein kurzsichtiger Blick auf die Welt. Besonders bei studierten Frauen finde ich das schon fast unverschämt und blauäugig. Das muss Frauen vor Augen geführt werden, damit sie einfordern können, zu führen und Karriere zu machen.« Sie sagt auch, dass Frauen Karriere und Familie nicht als Entweder-oder-Entscheidung sehen dürfen, sondern dass beides durch gute Planung vereinbar ist.[203]

Ich teile diese Meinung. Ich glaube nicht, dass der Rückzug vom Erwachsenenspielplatz die Lösung ist. Ich glaube – nein ich bin überzeugt –, dass die Arbeitswelt sich nur dann verändert, wenn entsprechend viele Frauen, und zwar eine kritische Masse, in Positionen ist, wo sie die Bedingungen selbst bestimmen können. Und das heißt, dass ein bedeutender Teil von Frauen eine Zeit lang im Hamsterrad mitläuft, bis sie an dem Punkt sind, an dem sie selbst entscheiden können. Solange diese kritische Masse nicht erreicht ist, werden sich die Bedingungen nicht im großen Stil ändern.

Vielfach wird angeführt, Frauen seien nicht bereit, die für eine Karriere notwendigen Opfer zu erbringen. Ich bin nicht sicher, ob die Frage nach Opfern wirklich die richtige Frage ist. Was genau ist ein Opfer? Okay, manche Frauen entscheiden sich gegen Kinder. Das muss nicht zwingend in ihrem Beruf verankert sein, sondern es kann einfach so sein, dass eine Frau sich kein Kind wünscht. Ja, ein Beruf erfordert zeitliche Ressourcen und wer aufsteigen will, muss

Leistungen erbringen. Diese sind teilweise mit einem höheren Zeit-investment verbunden. Aber es ist ja keineswegs so, dass in Füh-rungspositionen alle Menschen ausgemergelt, geschunden und auf-geopfert wirken.

Es ist doch auch toll, eine verantwortungsvolle Stelle zu haben, und es ist mit vielen Privilegien verbunden. Dazu gehören beispiels-weise Teams, die Ihnen zuarbeiten, ein höheres Einkommen, viel-leicht ein Dienstwagen. Ich finde es durchaus legitim, sich auch die Nicht-Opfer-Seite eines beruflichen Aufstiegs vor Augen zu führen. Vielleicht haben Sie ja Lust darauf und lassen sich vom Opfer-Dis-kurs nur einschüchtern? Glauben Sie ernsthaft, Männer wären so scharf auf Führungspositionen, wenn Aufstieg nur auf Opfern basie-ren würde? Ich nicht.

Hinter einer erfolgreichen Frau steht ein erfolgreiches Coaching

Gehen wir davon aus, dass Sie wissen, wo Sie hinwollen, und dass Sie wissen, dass Sie sich problemlos um viel mehr Jobs bewerben können, als Sie es aktuell tun. Die Wahrscheinlichkeit, dass es viel schlechtere Bewerber gibt, die sich überschätzen, ist allein deshalb hoch, weil Sie sich konsequent unterschätzen.

Es gibt für fast alle Karriereschritte Menschen, die sich damit aus-kennen. Wenn Sie aktuell erst mal einen Einstieg suchen, brauchen Sie keinen Executive-Headhunter. Aber vielleicht haben Sie ehema-lige Kolleginnen, die Sie beraten können, oder Netzwerke, die Sie wieder aktivieren können. Vielleicht kann Ihnen auch ein Coaching dabei helfen, erst mal eine Richtung zu finden. Dieses Coaching kön-nen Sie als Bewerbungskosten steuerlich absetzen. Meist ist das erste Gespräch kostenfrei, Sie können sich also erst informieren, ob die Person die richtige für Sie ist.

Es gibt einen unüberschaubaren Markt an Potenzialanalysen, von denen ich auch schon ein paar gemacht habe. Auch wenn diese Ana-lysen nicht hochwissenschaftlich sind, werden Fragen gestellt, über die Sie nachdenken können. Bei mir kam oft das Gegenteil von dem heraus, was ich dachte. Und das fand ich interessant. Wo widersprechen sich Selbst- und Fremdwahrnehmung? Was ist Ihnen wichtig? Welche Werte vertreten Sie? Welcher Arbeitsstil liegt Ihnen?

Es gibt eine Methode in der sozialen Arbeit, die sich die Stolpersteinmethode nennt und die ich selbst in der Beratung von Müttern beim Wiedereinstieg angewendet habe. Hierbei visualisieren Sie die eigene Vision und malen auf dem Weg dorthin die Hürden, die Ihnen im Weg stehen. Für jede einzelne Hürde bauen Sie eine Brücke. Dadurch wird Ihr Weg in einzelne Abschnitte unterteilt und scheint nicht mehr so unüberschaubar.

Laut reden und sich nicht entschuldigen: Lernen Sie von Kindern

Es ist immer noch so: Frauen wollen gemocht werden. Klar, sie wurden entsprechend sozialisiert. Anerkennung für Mädchen gibt es dafür, dass sie nett sind. Ich habe als Kind noch den Spruch gehört, dass Kinder erst reden sollen, wenn sie von Erwachsenen etwas gefragt werden. Als Teenie haben mir meine Freundinnen gesagt, dass ich vielleicht eher einen Freund (laut *Bravo Girl* einen *Boy*) finde, wenn ich weniger rede. Ich war eine Spätzünderin und habe eigentlich erst im Soziologiestudium meinen ersten Freund gehabt. Aber das lag vermutlich daran, dass es an der Uni endlich normal war, wenn Frauen viel reden.

Was heißt das für Ihr Verhalten im Beruf? In öffentlichen Diskussionen oder in Debatten im Team halten Frauen sich oft zurück. Sie wollen nicht unharmonisch wirken, sie unterschätzen die eigenen Ideen und werden teilweise sogar überhört. Auch das ist mir beruflich schon öfter passiert: Ich habe etwas vorgeschlagen, niemand hat darauf reagiert. Kurz darauf sagt ein älterer männlicher Kollege das Gleiche und es wird in der folgenden Diskussion mehrfach aufgegriffen. Die Idee ist dann nicht mehr meine. Ich hätte deutlicher meinen Standpunkt vertreten sollen.

Erst vor Kurzem habe ich gelernt, dass ich mir in einem Sitzungs-raum durchaus einen Platz aussuchen darf, auch dann, wenn es nicht genug Plätze gibt. Haben Sie schon mal Kinder in einem Stuhl-kreis erlebt? Kinder rennen in den Raum, suchen sich den besten Platz und rufen dann ihre Freund*innen zu sich, damit sie sich da-zusetzen. Vielleicht ist Rennen in Ihrem Fall nicht angemessen. Aber suchen Sie sich ruhig den Platz, der Ihnen passt und den Sie wollen.

In Podiumsdiskussionen oder großen Räumen sind die Hürden, sich zu Wort zu melden, oft noch größer. Mikrofone sind nämlich, auch das erst eine neue Erkenntnis von mir, auf tiefe Stimmen abge-stimmt, weil der Toningenieur, der vorher den Soundcheck macht, meistens ein Mann ist. Wenn Sie zum Saalmikro gehen, hört es sich viel öfter schrill an als bei Männern.[204] Gehen Sie trotzdem zum Saal-mikrofon, wenn Sie etwas zu sagen haben. Gehen Sie auch, wenn Sie noch nicht genau wissen, was Sie zu sagen haben. Mir ist es oft passiert, dass ich in einem Saal etwas gesagt habe, und meine Stimme hat gezittert oder gequäkt und ich habe mich geschämt. Aber beim Büfett danach gab es für Menschen, die ich noch gar nicht kannte, einen Gesprächsanlass. Und was folgte daraus? Ver-netzung. Genau.

Und auch wenn es schon von allen gesagt wurde: Entschuldigen Sie sich weniger. In neun von zehn Fällen entschuldigen Sie sich ohne Grund. Zum Beispiel, weil Sie etwas sagen wollen. Oder weil Sie zu ungestüm durch die Tür gegangen sind. Oder weil Sie glau-ben, etwas zu spät abgegeben zu haben oder nicht 100 Prozent ge-geben zu haben. Ein Grund für eine Entschuldigung ist es, wenn Sie jemanden wirklich verletzt haben. Dann ist die Entschuldigung wert-voll und auch authentisch. In allen anderen Fällen schlucken Sie sie einfach runter.

Finden Sie Ihre innere Angela

Unter dem Stichwort Krebskorb-Prinzip wird eine Beobachtung von Krebsen in Gefangenschaft beschrieben. Wenn ein Krebs aus dem

Korb aussteigt, ziehen die anderen Krebse ihn zurück. In der Psychologie wird dies auf ein Gruppenverhalten übertragen, in dem niemand herausstechen soll. Tatsächlich ist es bei Frauen in beruflichen Umfeldern so, dass sie sich seltener verbünden, um sich gegenseitig voranzubringen. Solidarität unter Frauen besteht zwar immer wieder und zunehmend, aber sie ist bei Weitem nicht so ausgeprägt wie unter Männern. Generell halte ich nicht viel von sozialpsychologischen Zuschreibungen. Es ist aber zunächst menschlich, dass die meisten Personen den eigenen Lebensentwurf verteidigen, und dies erfolgt oft auch dadurch, dass andere Entwürfe abgelehnt werden. Der Kampf um den richtigen Lebensentwurf wird heute immer noch unter Frauen ausgetragen. Die Vollzeitmütter regen sich über Berufstätige auf, die Erzieherinnen machen den Müttern Vorwürfe, die ihr Kind lange in die Kita bringen, und kinderlose Frauen werden gegen Frauen mit Kindern aufgehetzt.

Selbst wenn es kein Streit ist, führt die Präsenz anderer Mütter in sozialen Medien bei Frauen zu einem überhöhten Druck. Teresa Bücker, eine wichtige feministische Journalistin, wurde gefragt, wie sie damit umgeht, dass ihre Präsenz bei Instagram auch wieder Druck auf andere ausübt. Bücker ist sechs Monate nach der Geburt ihres ersten Kindes wieder in den Beruf eingestiegen. Auch sie beschreibt den Struggle, den es bedeutet, Karriere und Familie zu vereinbaren.[205] Lebensentwürfe können nur individuell entschieden und gelebt werden. Kein Vergleich bringt wirklich weiter. Ich selbst habe weibliche Vorbilder. Die ändern sich hin und wieder, aber ich sehe sie eher als Leitsterne an, die mir zeigen, was ich wollen kann.

Nichtsdestotrotz wissen wir: Karrierefrauen, also Frauen, die bewusst ihre Laufbahn dem beruflichen Aufstieg verschreiben, sind statistisch gesehen seltener als Männer. Sie werden daher oft als Einzelkämpferinnen beschrieben. Ihre Besonderheiten werden herausgestellt und wenn sie keine Frauen fördern, werden sie schnell als stutenbissig bezeichnet.[206]

Angela Merkel, die mächtigste Politikerin in Deutschland, wurde auch nach ihrer Wahl zur Bundeskanzlerin noch als Kohls Mädchen bezeichnet. Ihr Kleidausschnitt bei den Opernfestspielen in Bayreuth wurde begutachtet und auch heute noch wird öfter kommentiert, ob sie müde aussieht. Frauen stehen unter Beobachtung, wenn sie aufsteigen, und sie müssen sich Kritik anhören, die ein Mann niemals hören würde. Die Ungerührtheit, mit der Angela Merkel auf diesen Quatsch reagiert beziehungsweise nicht reagiert, finde ich herausragend. Finden Sie Ihre innere Angela und reagieren Sie einfach nicht auf Kommentare zu Ihrer Mutterschaft, Ihrem Ehrgeiz oder Ihrer Anstrengung.

Zum Stichwort Stutenbissigkeit ist es vielleicht so, dass Frauen in Führungspositionen viel weniger Auswahl an anderen Frauen haben, die sie fördern könnten. Während ein Mann in einer Führungsposition vielleicht gleich unter mehreren jungen aufstrebenden Kandidaten denjenigen auswählen kann, der ihm am sympathischsten ist, wirkt eine Frau stutenbissig, nur weil sie die eine Frau, die zur Verfügung steht, vielleicht nicht gut findet oder sich nicht mit ihr versteht.

Ich finde, es ist erst einmal egal, ob etwas an diesen Thesen dran ist oder nicht. Aber es ist doch ein gutes Ziel, im Austausch über Lebensentwürfe mehr Toleranz einzufordern. Und das kann für Frauen wie für Männer gelten. Der Druck, der für Mütter in der gegenwärtigen Gesellschaft besteht, sollte nicht zu gegenseitiger Abwertung führen. Denn dann wird die Diskussion unsolidarisch. Es macht mehr Sinn, sich gegenseitig zu unterstützen, auch dann, wenn es unterschiedliche Ziele sind.

Ein Coach sagte einmal zu mir, dass Konkurrenz das Geschäft belebt. Neid zeigt mir, was ich vielleicht auch will. Wenn ich nicht auf dem gleichen Weg dorthin komme, ist das auch okay, aber es zeigt mir eben Anteile dessen, was mir wichtig sein könnte.

Versuchen Sie, einen Vergleich nicht zu Ihren Ungunsten auszulegen, sondern es eher als Ansporn zu sehen, wenn Sie eine Lebenssituation beneiden. *The struggle is real* – alle Frauen kämpfen mit dem einen oder anderen Anteil in ihrem Leben, das ist ein Grund zur Solidarität, nicht zur Vernichtung.

Teilen Sie sich die Teilzeit mit Ihrem Partner

Die *Rush Hour of Life* zeigt, dass im Leben junger Erwachsener vieles gleichzeitig passiert: Berufseinstieg, Karriereentscheidung und Familiengründung laufen parallel. Das erzeugt Druck. Wenn wir die Lebenslaufperspektive einnehmen, sehen wir, dass Menschen heute viel älter werden. Sie bleiben auch länger gesund.[207, 208]

Der Anteil an Personen, die vor dem Alter von 65 Jahren in Rente gehen, steigt; gleichzeitig steigt auch der Anteil derjenigen, die während der Rente erwerbstätig sind. Die Zeitkontingente, die hier zur Verfügung stehen, werden aktuell kaum genutzt. Zwar gibt es Maßnahmen zur Aktivierung von älteren Menschen, aber diese zeigen nur wenig Effekte. Das zeigt, dass ein Großteil der Personen ab 60 Jahren aufwärts sowohl willens als auch in der Lage ist, weiter am Arbeitsmarkt teilzuhaben. Eine Verlängerung von Berufsbiografien bietet auch für Elternpaare Chancen, dabei muss allerdings die Bereitschaft von Unternehmen steigen, auch Karrieren ab 40 zu ermöglichen.

Wenn Sie Ihren eigenen Lebenslauf anschauen und vor allem die Verbindung von Ihrer Biografie und der Biografie Ihres Partners anschauen, kann diese Perspektive Ihnen auch Druck nehmen.[209] Was ich damit meine, ist aber keinesfalls, dass Sie jetzt einfach zehn Jahre aussteigen, um sie hinten an Ihre Erwerbsbiografie anzuhängen. Das wäre unrealistisch und auch mit Blick auf die Einkommensentwicklung fatal. Sie können aber Ihre beiden beruflichen Biografien durchaus wie eine Wippe gestalten, auf der mal der eine, mal die andere nach oben wippt. Für diese Arrangements brauchen Sie eine gute Verhandlung und einen konsequent gleichberechtigten Blick auf Ihre beiden Leben. Das kann bedeuten, dass Ihr Partner den nächsten Karriereschritt um ein bis zwei Jahre verschiebt und in dieser Zeit mehr Familienaufgaben übernimmt. Wenn wir es streng anschauen, sind es ohnehin nur gut zehn Jahre, bevor Ihre Kinder Ihnen sagen, dass Sie nerven und Sie endlich wieder arbeiten gehen sollen. Bezogen auf zwei Berufsbiografien sind das dann nur noch fünf Jahre pro Person, in denen vorübergehende Teilzeiten notwendig wären.

Eine Schwangerschaft ist kein Schicksalsschlag

> *Als Anne schwanger wurde, waren Jan und Anne überglücklich. Immerhin hatten sie es ein gutes Jahr probiert, sodass die Schwangerschaft mittlerweile sehnlichst erwartet war. Das Projekt, in dem Anne befristet arbeitete, ging noch ein halbes Jahr, sodass ihr Vertrag kurz vor dem Mutterschutz endete. Ihr Einkommen aus einer 0,75-Stelle reduzierte sich in der Elternzeit auf 65 Prozent davon. Jan arbeitete erst mal weiter, damit sie sich die Wohnung weiter leisten konnten. Doch wie geht es nach der Elternzeit von Anne weiter? Und was ist, wenn Jan auch Elternzeit nehmen möchte? Geht das überhaupt? Der Weg zwischen finanziellen Zwängen und dem Wunsch nach Gleichberechtigung ist schwer zu finden. Gleichzeitig ist es gerade für Anne wichtig, langfristig zu denken.*

Wenn Sie ein Kind erwarten, rechnen Sie als Frau vermutlich mit einigen Veränderungen in Ihrem Erwerbsleben. Sie planen wahrscheinlich Ihre Elternzeit, Sie sprechen mit Ihrem Partner über die Verteilung. Vielleicht sind Sie gerade in einer Bewerbungsphase und schwanger und fragen sich, ob Sie den Job jetzt annehmen sollten. Oder Sie haben einen befristeten Vertrag und fragen sich, was danach kommt. Eltern zu sein und Businessfrau zu sein sind in Deutschland immer noch zwei völlig getrennte Lebenswelten.

Der große Bruch in der Karriere von Frauen entsteht dann, wenn sie Kinder bekommen. Das statistische Erstgeburtenalter von Frauen liegt bei 30 Jahren, das ist auch genau der Zeitpunkt, zu dem sich die Löhne von Männern und Frauen auseinanderentwickeln. Und diese Lücke schließt sich bis zur Rente nicht mehr. Die eigentlich selbstverständliche Annahme, dass man im Verlauf der Karriere immer mehr verdient, stimmt für einen Großteil von Frauen nicht. Bei Frauen sinkt die Erwerbsbeteiligung und damit auch ihr Einkommen mit der Anzahl der Kinder. Bei Männern sieht es eher andersherum aus.

In der Gruppe der männlichen Akademiker sind 89 Prozent erwerbstätig, wenn keine Kinder im Haushalt leben, mit Kindern unter sechs Jahren steigt die Quote auf 96 Prozent. Das heißt: Männer mit Kindern arbeiten mehr, Frauen mit Kindern arbeiten weniger.[210] Im Jahr 2020 stellt sich die Lohnentwicklung für moderne junge Männer und Frauen weitgehend dar wie vor 60 Jahren.[211] Da die Einkommensunterschiede von Männern und Frauen schon vor der Geburt eines Kindes angelegt sind und Partnerwahlmuster nach wie vor dazu führen, dass Männer in Partnerschaften besser verdienen, ist auch das Elterngeld für Frauen in der Regel nicht existenzsichernd, da es auf ihrem Einkommen basiert.[212]

Die Idee, durch das Elterngeld mehr Gleichberechtigung zu etablieren, funktioniert also nur zum Teil. Zu Elternzeit, Vätermonaten, Elterngeld und Karriereunterbrechungen gibt es zahlreiche Daten.[213] Sie belegen, wie ungünstig sich lange Erwerbsunterbrechungen auf die Einkommen von Frauen auswirken. Die Karriereerwartungen an Männer und Gelegenheitsstrukturen greifen laut mehrerer Studien so ineinander, dass die längere Elternzeit für die Mutter als einzig rationale Lösung erscheint. Hinzu kommen soziale Erwartungen seitens des Umfeldes wie Verwandten, anderen Eltern oder Erzieher*innen, deren Äußerungen vielfach dazu beitragen, dass es als unnormal gilt, sein Kind vor dem ersten Lebensjahr in eine Kita zu geben. Politik und empirische Realität klaffen deutlich auseinander.

Wie können Sie Ihre Familienpläne und -realitäten mit Ihren beruflichen Wünschen übereinbringen? Wie etablieren Sie sich als Mutter in Ihrer Karriere? Wo stehen Hürden, die Sie vielleicht nehmen müssen? Werfen wir einen Blick auf die erste Zeit der Schwangerschaft und Elternzeiten.

Die ambivalenten Wirkungen des Elterngeldes

Wir hatten bereits gesehen, dass zurzeit die Elternzeitmonate zwischen Frauen und Männern extrem ungleich verteilt sind. Es gibt auch nach wie vor gut zwei Drittel der Männer, die gar keine Elternzeit im ersten Jahr nehmen. Die Unterschiede sind vielfältig und hängen von Einkommen, Milieu und anderen Dingen ab. Es gibt etwa Einkommenskonstellationen, die so angespannt sind, dass es teilweise nicht möglich ist, dass die Väter in Elternzeit gehen. Und es gibt akademische, alternative und urban lebende Milieus, in denen die ausgewogene Verteilung der Elternzeitmonate wesentlich geläufiger ist. Aber auch in diesen Gruppen ist nicht alles so, wie es scheint. Denn gerade in den privilegierteren Kreisen sind die gemeinsam verlängerten Bali-Urlaube in der Elternzeit verbreitet.

Sie erinnern sich vielleicht, dass gerade die alleinige Elternzeit von Vätern im ersten Jahr Handlungskompetenzen etabliert, die sich auf eine gleichberechtigte Arbeitsteilung positiv auswirken. Jetzt stellt sich die Frage, wie sich die Elternzeit- und Elterngeldregelungen auf dem Arbeitsmarkt machen. Eigentlich müssten ja Väter, da sie heute mit dem gleichen Risiko in Elternzeit gehen könnten, die gleichen Erwerbsrisiken haben. Das ist nicht der Fall. Im Gegenteil, amerikanische Studien zeigen, dass Vätern mehr Verantwortungsbewusstsein und Leistungsbereitschaft unterstellt wird. Bei Frauen zwischen 30 und 40 Jahren wird entweder angenommen, dass sie Mütter werden könnten, auch wenn sie das gar nicht vorhaben. Oder es wird, wenn sie Mütter sind, davon ausgegangen, dass sie öfter fehlen – wegen Kinderkrankentagen oder insgesamt weil sie das Kind gegenüber der Arbeit priorisieren.

Seien wir ehrlich: In vielen Fällen entspricht das der Realität. Aber nicht in allen Fällen und sicher auch nicht in dem Ausmaß, wie kritische Stimmen das gern ausmalen. Denn die Tatsache, dass Mütter die Kinder priorisieren, ist zum einen einer jahrzehntelangen Zuschreibung und Zuständigkeitsverteilung auf struktureller Ebene geschuldet (hier kommt wieder das Ehegattensplitting ins Spiel). Zum anderen ist es bereits bestehenden Zuständigkeiten in Partnerschaften geschuldet (Sie erinnern sich an die fünf Hürden auf dem Weg zum aktiven Vater). Es ist also nicht so, dass Frauen immer bewusst sagen, dass ihnen ihr Beruf weniger bedeutet als ihre Familie. Es hat sich einfach oft so ergeben.

Hinzu kommen die Zuschreibungen an Mütter, die nur kurz in Elternzeit gehen. Neben den Arbeitsmarktnachteilen, dass sie bei kurzer Elternzeit als Rabenmütter etikettiert werden, wird auch privat massiv Druck ausgeübt. Da sind zum einen die Normen zum Stillen. Das Stillen hat in Deutschland eine extrem hohe Bedeutung, sowohl mit Blick auf Bindungsentwicklung als auch im Hinblick auf die gesundheitliche Entwicklung des Kindes. Mütter, die nicht stillen können, sind einem massiven Druck ausgesetzt. Und schwangere Frauen, die eine frühe Berufsrückkehr ankündigen, werden oft von anderen Müttern verurteilt, denn sie scheinen das Stillen zu wenig wichtig zu nehmen. Sie können es als Mutter also ohnehin nur falsch machen.

Zudem wirken sich die langen Elternzeitregelungen (bis zu 36 Monate) in Deutschland insofern negativ aus, als zumindest das Risiko besteht, dass Frauen bis zu drei Jahre aus ihrem aktuellen Job aussteigen. Auf die Auswirkungen aus der Perspektive der Chefin gehe ich später ein. Auch wenn das ungerecht ist, kann ich aus eigener Erfahrung sagen, dass ein Team mit vier Frauen unter 40, von denen drei in Elternzeit sind, Herausforderungen mit sich bringt.

Zwar haben Mütter in der Schwangerschaft und Elternzeit einen Kündigungsschutz, die dazugehörenden werdenden Väter aber nicht. Es gibt keinen Vaterschutz. Das kann man lächerlich finden. Aber wenn erwartet wird, dass Väter länger in Elternzeit gehen, braucht es auch Vorlaufzeiten. Wenn ein Mitarbeiter zum Beispiel ein Jahr in Elternzeit geht, macht es Sinn, dass er das ein halbes Jahr vorher ankündigt. Da er als Vater aber keinen Kündigungsschutz hat, kann er die Elternzeit erst sehr spät anmelden. Anderenfalls kann ihm tatsächlich gekündigt werden. Wenn wir diese Konstellation zu Ende denken, heißt das für Männer auch, dass es für sie schwieriger ist, direkt nach der Geburt für die Mutter da zu sein und zu Hause zu bleiben. Denn sie haben keine Wochenbettmöglichkeiten, sie können allenfalls Urlaub nehmen. Um Elternzeiten zu realisieren, setzen sie diese oft ans Ende der Elternzeit, denn dann greift bereits der Kündigungsschutz.

Daten aus Spanien deuten übrigens darauf hin, dass Väter, die allein in Elternzeit waren, sich wenn, dann eher später ein zweites Kind wünschen.[214] Das heißt, eine Elternzeit sollte auf jeden Fall paritätisch geteilt werden.

Sie sind schwanger! Was ist mit Ihrem Job?

Eine Schwangerschaft ist keine Überraschung. Bei einem durchschnittlichen Erstgeburtenalter von 30 Jahren kann man davon ausgehen, dass die meisten Erwachsenen sehr genau wissen, wann sie ein Kind zeugen wollen. Es ist außerdem damit zu rechnen, dass vier von fünf Frauen zwischen 30 und 45 Jahren einmal Mutter werden. Nur ein Fünftel aller Frauen zwischen 45 und 49 ist kinderlos. Man müsste davon ausgehen, dass sowohl die werdenden Eltern als auch die Arbeitgeber*innen, bei denen junge Menschen angestellt sind, bestens auf diese Situation vorbereitet sind.

Nicht zuletzt ist Deutschland mit umfassenden gesetzlichen Regelungen zum Mutterschutz und zur Elternzeit ausgestattet. Trotzdem erscheint es, als wäre jede neue Schwangerschaft ein Ereignis aus heiterem Himmel. Von den Frauen, die in letzter Zeit in meinem beruflichen und privaten Umfeld schwanger geworden sind, hatte nur eine einen konkreten Plan, wie lange sie in Elternzeit gehen will. Alle anderen haben sich gegenüber den Arbeitgeber*innen vage gehalten – und auch gegenüber dem Partner, sich selbst und allen anderen. Das ist ihr gutes Recht. Frauen müssen gesetzlich erst nach der Geburt ihres Kindes angeben, wie lange sie in Elternzeit gehen wollen.

Der Chef einer Freundin schlug ihr vor, dass sie zeitnah nach der Geburt wiederkommt, sie könne das Kind auch mitbringen. Die Freundin war beleidigt, weil der Chef kein Verständnis für sie habe. Keine Frage: Eine Schwangerschaft ist ein wichtiges Ereignis und eine hochemotionale Zeit. Die Geburt eines Kindes und der Verlauf einer Schwangerschaft sind nicht immer vorhersehbar. Aber bedenken Sie, dass Sie laut Mutterschutzgesetz sogar einen gesetzlichen Anspruch auf Stillpausen haben. Es ist also nicht unmöglich, auch früher aus der Elternzeit zurückzukehren. Und es macht Sinn, sich die Situation Ihres Arbeitgebers oder Ihrer Arbeitgeberin zu vergegenwärtigen, bevor Sie sich einfach zurückziehen.

Familienfreundlichkeit schließt Ihren Job nicht aus

Betrachten wir die Situation aus der Perspektive einer Vorgesetzten: Ich stelle viele junge Frauen ein im Wissen, dass die meisten von ihnen eine Familie gründen. Ich verstehe mich als familienfreundliche Chefin und würde niemals junge Frauen nicht einstellen oder nicht fördern in der Aussicht auf ihre Mutterschaft. Wenn mir eine Mitarbeiterin sagt, dass sie schwanger ist, freue ich mich von Herzen für sie. Ich frage sie dann, wie lange sie in Elternzeit gehen wird, und rechne im Kopf auch schon zusammen, wie ich die Zeit des Mutterschutzes zwischenfinanziere, in der kein Elterngeld fließt, improvisiere Stellenanteile und plane voraus.

Wenn die Mitarbeiterin mir dann sagt: »Och, du, puh, darüber habe ich mir noch keine Gedanken gemacht, mindestens mal ein Jahr ...«, entsteht eine Pause im Gespräch, von der wir uns nur schwer erholen. Ich erwarte, dass mir die werdende Mutter einen möglichst sinnvollen Vorschlag macht, wie lange sie in Elternzeit geht und wann sie in welchem Umfang zurückkehrt. Natürlich kann sich das noch ändern, aber eine gewisse Planung zeigt auch Kompetenz.

Ich kenne beide Seiten. Freundinnen erzählen mir, dass ihre Chefs zu unsensibel reagiert haben, sich zu wenig gefreut haben oder zu viel gefreut haben oder das Falsche gesagt haben. Ich habe bei einem kleinen Team die Herausforderung, dass ich, wenn eine Frau in Elternzeit geht, ihre Vertretung organisieren muss. Die Einstellung einer Vertretung dauert mit Ausschreibung und allen Formalia gut zwei Monate, wenn es von der anderen Seite keine Kündigungsfristen gibt. Da ich schon während des Mutterschutzes eine Besetzung vornehmen will, ist es sinnvoll, wenn werdende Mütter oder Väter mir im sechsten Schwangerschaftsmonat sagen können, was sie planen. Denn wenn ich Bewerbungsgespräche mit Elternzeitvertretungen führe, kann ich ihnen zunächst nur einen Vertrag bis zum Ende des Mutterschutzes anbieten, denn bis dahin hat die Mutter Zeit, mir zu sagen, wie lange sie in Elternzeit geht. Kurz: Wenn mir eine Frau im vierten oder fünften Monat sagt, dass sie schwanger ist, fange ich an zu planen. Und weil die Elternzeitvertretung oft auch eine junge Frau ist, die mich nach Perspektiven fragt, wäre es mir persönlich lieb, wenn es möglichst konkrete Arbeitszeitvorstellungen gibt. Das ist nicht familienunfreundlich, sondern pragmatisch. Wenn mir also empört gespiegelt wird: »Ich war kein halbes Jahr schwanger, da werde ich schon nach Elternzeiten gefragt!«, fehlt mir mitunter ein bisschen das Verständnis.

Es gibt verschiedene Szenarien, wie man mit Schwangerschaften umgehen kann. Es ist häufig nicht ausgeschlossen, früher zurückzukommen oder flexible Lösungen zu finden. Diese Flexibilität sollte aber von beiden Seiten kommen. Solange auch vonseiten zukünftiger Eltern ein eher unprofessioneller Umgang mit der Familiengründung vorherrscht, wird die potenzielle Schwangerschaft zu einem großen Karrierehindernis. Junge Frauen werden nicht eingestellt oder steigen nicht auf, denn sie könnten ja schwanger werden. Die sozialen Erwartungen und Vorstellungen von Arbeitgeber*innen führen daher oft schon lange vor einer Schwangerschaft dazu, dass junge Frauen systematisch benachteiligt werden.

Es ist wirklich nicht verfrüht, auch schon in der Schwangerschaft für die Zeit des Wiedereinstiegs zu planen. Die Fragen, die sich Frauen stellen sollten, sind: Würde ich dieses Leben auch ohne Partner so wollen? Wie will ich leben, wenn die Kinder aus dem Haus sind? Und das Wichtigste: Wie definiere ich selbst gute Mutterschaft und was bin ich bereit, dafür zu tun? Mutterschaft muss keineswegs immer gleich ablaufen, alle Eltern können und sollen ihren individuellen Weg gehen.

Ich weiß, dass jede Äußerung, die man als Chefin zum Thema Schwangerschaft macht, falsch ausgelegt werden kann und dass man im Zweifel mit Klagen rechnen muss. Aber ich möchte hier für etwas Verständnis werben. Unter dem Stichwort Schwangerschaftssexismus wird verhandelt, dass Schwangere in Arbeitskontexten nur noch auf ihren körperlichen Zustand angesprochen werden. Ich habe auch das Gegenteil erlebt. Mir wurde vorgeworfen, dass ich die Schwangerschaft zu wenig beachte. Wenn ich Sie frage, wann Sie wiederkommen, dann heißt das einfach nur: Ich vermisse Sie jetzt schon, denn Sie sind ein wertvoller Teil des Unternehmens!

Ich finde auch die kontinuierliche Anbindung von Eltern in der Elternzeit wichtig. Hier höre ich auch, dass Mütter sich unter Druck gesetzt fühlen. Ich habe schon viele Geschenke und Windeltorten und Drogeriemarktgutscheine zu Geburten verschenkt. Das ist natürlich toll. Aber ich fände es auch gut, wenn eine Mutter zwischendurch den Kontakt zum Unternehmen aufnimmt, vielleicht ab und an signalisiert, dass sie auf dem Laufenden bleiben möchte, was gerade passiert. Und warum gibt es eigentlich keine Geschenke, wenn eine Mutter wiederkommt? Ich würde mich durchaus über beispielsweise ein Survival-Paket mit Schokoriegeln für die ersten Wochen freuen. Ich finde, wenn wir es ernst meinen mit der Vereinbarkeit von Beruf und Familie, dann sollte auch wirklich beides Bedeutung haben. Das heißt, nicht nur der Elternzeitausstieg sollten geregelt sein, sondern Elternzeit und auch die Elternschaft sollte von allen Seiten als Prozess des kontinuierlichen Kontakts gesehen werden.

So finden Sie den goldenen Mittelweg

Wir wissen mittlerweile, dass die empirische Realität heute anders aussieht. Um Beruf und Familie in irgendeiner Form zu vereinbaren, wählen Frauen meist Teilzeitstellen oder manövrieren sich in karrieretechnisch ungünstigere Situationen. So wechseln sie auf vermeintlich familienfreundlichere Stellen (anders ausgedrückt: Sackgassen) oder sie verzichten auf Aufstiege. Mit der Dauer der Erwerbsunterbrechung sinkt die Wahrscheinlichkeit, dass Mütter nach ihrer Rückkehr eine gleichwertige Position beim selben Unternehmen erhalten. Bei der Rückkehr innerhalb von fünf Jahren liegt sie noch bei 50 Prozent, bei längeren Unterbrechungen nur noch bei 16 Prozent.[215]

Frauen fühlen sich also teilweise zu Recht am Arbeitsmarkt diskriminiert. Und ich muss sagen, dass es auch eine schwierige Auseinandersetzung ist, die Ursachenkomplexe auseinanderzuhalten. Niemand würde es heute wagen, für Deutschland einen Abbau von Mutterschutz oder Elternzeitregelungen zu fordern. Das ist flächendeckend tabu. Schließlich sind Familiengründungen und Geburten auch politisch extrem erwünscht. Dennoch wirken sich wie von Geisterhand all diese Regeln nur zum Nachteil von Frauen, nicht aber zum Nachteil von Männern aus. Vielleicht bräuchte es wirklich einen Vaterschutz, der mit dem ersten Tag der Schwangerschaft eintritt, weil dann zumindest kein legitimer Grund mehr für eine Diskriminierung gegeben wäre. Auf europäischer Ebene gibt es dazu bereits Initiativen.[216] Ich möchte Sie aber nachhaltig ermutigen, sich zumindest nicht selbst zu diskriminieren. Und damit meine ich: Denken Sie bei der Entscheidung über eine Aufstiegsposition nicht in erster Linie an Ihre Familie. Ein Mann in vergleichbarer Situation würde das auch nicht tun. Planen Sie gemeinsam mit Ihrem Partner die Elternzeiten. Bestehen Sie auf einer ausgewogenen Verteilung.

》》 Gleichberechtigung ist mehr als nur eine Sonntagsrede. Gleichberechtigung zeigt sich dann, wenn es ernst wird. Der Ernstfall ist die Familiengründung.

Nennen Sie Ihrem Chef oder Ihrer Chefin konkrete Pläne zu Ihrer Rückkehr. Auch wenn völlig klar ist, dass die Pläne sich ändern können, ist ein voraussichtlicher Plan besser als gar kein Plan. Ich weiß, dass ich Frauen dann als kompetent wahrnehme, wenn sie mir klare Ansagen machen, wie sie sich ihre Rückkehr vorstellen. Gehen Sie nicht in die Schmollecke, wenn Ihr Chef oder Ihre Chefin sich zu viel, zu wenig, falsch oder blöd freut. Aller Wahrscheinlichkeit nach hat er beziehungsweise sie gerade im Kopf, wann und wie Ihre Stelle ausgeschrieben wird, wer infrage kommt, wie die Zeit überbrückt wird. Wenn Sie tatsächlich Zweifel daran haben, wie Ihre Rückkehr aussieht, dann fragen Sie Chef*in, Personalabteilung und Kolleg*innen.

Wie viel Kinderbetreuung ist zu viel?

Schon vor der Geburt von Lena hat Anne geplant, spätestens nach einem Jahr wieder in Vollzeit in den Beruf einzusteigen. Annes Freundinnen waren entsetzt. Aus allen Ecken lautete es: »Und wie bitte schön willst du stillen?« Oder: »Weißt du, was du deinem Kind damit antust?!« Anne hat das erst mal locker gesehen. Schließlich ist es in anderen Ländern ganz normal, dass Kinder früh in die Kinderbetreuung gehen. Annes Mutter hat ihr dann ein Buch über Bindungsbeziehungen geschenkt und dabei bedeutungsvoll die Augenbrauen hochgezogen. Nach der Geburt von Lena hat Anne eine Zeitungsüberschrift gesehen: »Erzieherinnen schlagen Alarm – zu viel Betreuung schadet der Kinderseele!« Anne war mittlerweile echt unsicher. Überall schlug es ihr plötzlich entgegen: erhöhte Cortisolwerte bei Kleinkindern in der Kita, karrieregeile Mütter, ADHS, vielleicht sogar Depressionen schon bei Grundschulkindern – das Schreckensbild wurde immer größer. Als die Erzieherin in der Krippe dann sagte, dass Lena Auffälligkeiten zeigte, hörte Anne auf den Rat, Lena nur vier Stunden in die Krippe zu bringen.

Wie viel Kinderbetreuung ist zu viel? Diese Frage macht mich wuschig. Als Professorin für Kindheitspädagogik werde ich immer wieder zu diesem Thema angefragt. Entweder weil Kitas Unterstützung wollen oder weil es mal wieder ein Pressethema ist. Der Tenor ist – übrigens sehr deutsch – immer ähnlich. Es geht meist um (kein Witz!) »zerbrechliche Kinderseelen«, die von ihren karrieresüchtigen Müttern (nie den Vätern) viel zu früh und zu lange in die Kinderbetreuung gegeben werden. Die Mütter sind diejenigen, die jetzt gefälligst mal zu Hause bleiben sollen, um ihr Kind nicht zu gefährden. Wenn man es so zusammenfasst, klingt es schlimm, aber diese und ähnliche Sätze höre ich von Erzieherinnen wie von anderen Expertinnen, die sich vermeintlich für das Kindeswohl einsetzen. Eine Studentin der Kindheitspädagogik sagte einmal zu mir, dass sie nicht verstehen kann, warum Mütter ihre Kinder in die Betreuung geben (!). Aber die Frage bewegt Eltern, deshalb schauen wir uns an, was wir eigentlich wissen.

Was wir über Kitas wissen

Studien zeigen, dass Kinder von Müttern, die Vollzeit zu Hause sind, nicht glücklicher sind als Kinder von arbeitenden Müttern. Die Idee der »Rabenmutter« ist ein empirisch nicht belegbarer Mythos. Trotzdem wird er gerade in Deutschland immer weitertransportiert, auch von vermeintlich feministischen Kolleginnen. Die Rabenmutter ist ein Zombie, der allem Feminismus zum Trotz immer wieder belebt wird. Wenn Mütter früh in den Beruf zurückkommen wollen, fallen Sätze wie: »Willst du das deinem Kind wirklich zumuten?« Diesem Mythos können Sie nur aktiv entgegentreten. Wenn Sie nicht lange in Elternzeit gehen wollen, lassen Sie es. Es gibt ohnehin keine Sicherheit, welche Form des Aufwachsens wirklich optimal für das eigene Kind ist, denn die Voraussetzungen ändern sich ständig.

>> **Eins ist aber sicher: Wer sein Kind dafür verantwortlich macht, die eigene Karriere abgeschrieben zu haben, wird weder ein glücklicher Elternteil noch entwickelt das Kind daraus eine glückliche Perspektive.**

Was wissen wir über die Auswirkungen der Dauer und Intensität von Kinderbetreuung? Vor allem ziemlich wenig. Dafür, dass mit einer solchen Vehemenz für mehr oder weniger Kinderbetreuung gestritten wird, wäre eine solide Datenbasis der erste Schritt. Die letzte bundesweit vergleichbare Erhebung zur Qualität in Kindertageseinrichtungen ist von 2013 und damit ziemlich alt. Bisher gab es zwar andere Studien, aber keine, die so übergreifend die Qualität deutscher Kindertageseinrichtungen abbildet. Die NUBBEK-Studie ist eine nationale Untersuchung zur Bildung, Betreuung und Erziehung in der frühen Kindheit. Sie hat belegt, dass die deutschen Kitas überwiegend von mittlerer Qualität sind. Es finden sich zahlreiche Qualitätsmängel, die sich aber größtenteils kaum auf die Kinder auswirken.[217] Mit Blick auf Bildungserfolge ist in Kitas der Matthäus-Effekt wirksam: »Wer hat, dem wird gegeben.« Das heißt, Kinder aus Elternhäusern, in denen auf eine förderliche Lernumgebung geachtet wird, profitieren von den zusätzlichen Angeboten der Kita sowohl mit Blick auf Bildung als auch in der sozial-emotionalen Entwicklung. Diese Effekte lassen sich noch nachweisen, wenn die Kinder 15 Jahre alt sind.

Das bestätigt auch ein internationaler Forschungsüberblick. Kinder, die eine gute Beziehung zu den eigenen Eltern haben und dort viel Förderung erleben, zeigen sich von Kinderbetreuung, egal welcher Qualität, relativ unbeeindruckt. Anders sieht es für Kinder aus, die aus weniger privilegierten Haushalten kommen und weniger Förderung zu Hause erhalten. Diese Kinder profitieren von Betreuung vor allem dann, wenn diese von sehr guter Qualität ist. Hinsichtlich der Dauer der täglichen Betreuung ist die Studienlage ziemlich uneindeutig. Bei schlechter Qualität wirkt sich eine Betreuung von mehr als acht Stunden am Tag negativ aus. Belegt ist auch, dass ein häufiger Wechsel der Bezugspersonen in der Kita sich negativ auswirkt.[218]

Ich selbst habe mit meinem Team eine Beobachtungsstudie zu sogenannten Randzeiten durchgeführt. Wir wollten herausfinden, wie sich Kinder fühlen, die vor 8 Uhr und nach 16 Uhr in der Kita sind. Auch hier können wir keine pauschalen Unterschiede feststellen. Es gibt Hinweise, die sich abzeichnen, die aber eher auf die Angebote in der Einrichtung zurückzuführen sind. So mögen viele Kinder Verlässlichkeit. Das heißt, sie wollen wissen, wann sie abgeholt werden und wann sie morgens starten. Kinder zeigen vor allem dann Unwohlbefinden, wenn die Bring- und Abholsituation stressig ist. Man kann sich das eigentlich ganz einfach vorstellen: Für Kinder ist ein Kita- oder Krippentag wie ein Arbeitstag für Erwachsene. Wir wollen auch gern abends noch schnell was fertig machen oder unseren Kolleg*innen zeigen, was wir geschafft haben. So ähnlich ist es für Kinder auch. Das heißt, wenn sie gerade an einem wichtigen Projekt sind, ist es natürlich wichtig, den Abholprozess auch anzupassen. Hinzu kommt, dass Kinder durchaus aufnehmen, wenn die Fachkräfte sich negativ über die Eltern äußern. Es sollte selbstverständlich sein, dass das nicht vorkommt. Wir haben jedoch beobachtet, dass das Wegbleiben der Eltern, das Zuspätkommen oder das Nichtverabschieden eher von den Fachkräften thematisiert wurde als von den Kindern.

Die meisten Fragen in Bezug auf Kinderbetreuung lassen sich lösen, wenn man das eigene Kind gut im Blick hat. Sie kennen Ihr Kind am besten. Erzieher*innen sind keine Psycholog*innen. Sie können Ihnen Hinweise geben, wenn ihnen etwas auffällt. Es kommt aber leider auch immer wieder vor, dass pädagogisches Fachpersonal einen eingeschränkten Blick hat. Es sind eben oft nicht die vielen Betreuungsstunden, die stressig sind. Es kann sein, dass der Raum insgesamt zu unruhig ist, dass zu viele oder zu wenige Angebote gemacht werden oder, und auch das kommt immer wieder vor, dass die späteren Stunden vor allem für andere Aufgaben genutzt werden. Aus der individuellen Perspektive eines Kindes ist es vor allem wichtig, dass sein Tagesverlauf betrachtet wird. Welche Anregungen sind notwendig? Wo ist vielleicht die Ruhe des Nachmittags sogar toll? Oder wo ist es auch toll, mal einfach in einer kleineren Gruppe mit der Fachkraft zu sein?

Ein offenes Gespräch, in dem beide Seiten, auch die Betreuungseinrichtung, offen für Veränderungen oder Vorschläge sind, kann helfen, die Einzelsituation zu entspannen und wieder den Blick für das Wesentliche zu öffnen: das Kind.

In einem Projekt, das Kitaqualität aus Kindersicht erhoben hat, haben Kinder drei zentrale Qualitätsdimensionen erarbeitet. Die, finde ich, können Ihnen bei der Auswahl oder der Weiterentwicklung Ihrer Einrichtung eine gute Leitlinie sein. Eine Kita ist aus Kindersicht dann gut, wenn:

- Kinder sich in ihrer Individualität anerkannt fühlen und die Gelegenheit haben, sich zugehörig zu fühlen;
- Kinder sich als kompetent erleben und ihre Kompetenzen zeigen können;
- Kinder autonome Entscheidungsspielräume haben und gemeinsam partizipative Entscheidungen treffen können.[219]

Sie sehen daran, dass die Kinder nicht die Zeit in den Vordergrund ihrer Betrachtungen gestellt haben. Kindern in allen Altersstufen ist es wichtig, dass sie als Personen anerkannt werden. Sie sind Persönlichkeiten mit eigenen Zielen, Vorstellungen, Ideen und Begründungen. Sie wollen, genau wie wir Erwachsene, Teil einer Gemeinschaft sein. Und das kann durchaus die Bärengruppe in der Kita sein.

Die bekannte Schriftstellerin Juli Zeh, selbst Mutter von zwei Kindern, hat mal in einem Interview gesagt, dass für Kinder jeder Tag eine Überraschung ist, weil sie ja viel mehr neu kennenlernen als Erwachsene.[220] Das ist eine treffende Beschreibung. Daraus kann eine neue Perspektive auf die Kinderbetreuung abgeleitet werden: Die Kita ist ein Erfahrungs- und Lernraum für Kinder. Es ist einer von vielen Räumen, in denen sie die Welt entdecken. Im Vordergrund sollten deshalb die Lebenswelt und die Bedürfnisse von Kindern als Akteure stehen. Damit meine ich, dass die Diskussion über die Vereinbarkeit und die Betreuungszeiten den Kern der frühkindlichen Bildung aus dem Blick verliert. Nicht die Mutter ist eine Rabenmutter, wenn das Kind acht Stunden in der Kita ist. Die Kita muss sich vielmehr fragen, ob sie nicht eine Rabenkita ist, wenn dies die vorherrschende Ansicht ist.

Leider sind berufstätige Frauen auch heute noch vielen Vorurteilen ausgesetzt. Ich weiß aus der Diskussion mit meinen Studentinnen, die parallel als Erzieherinnen arbeiten, dass viele die Informationen – dazu zählen Zettel, die unterschrieben werden müssen, oder Listen mit Dingen, die besorgt werden müssen – lieber den Müttern mitgeben (Stichwort *Mental Load*) als den Vätern. Sie machen zudem auch meistens die Mütter verantwortlich, wenn etwas fehlt. Väter sind dabei komplett *out of the picture*, selbst wenn sie die Kinder morgens zur Kita bringen. An der Ausbildung von Erzieher*innen hat sich in der Zwischenzeit vieles geändert und auch Geschlechtergerechtigkeit ist ein Bestandteil der Inhalte. Trotzdem ist der Alltag in Kitas oft noch sehr tradiert. Hier ist noch deutlich Entwicklungsbedarf, sowohl bei der Ausbildung als auch in der Haltung einiger Fachkräfte und Träger.

Unsere Beobachtungen zeigen, dass Kinder sich ihren Raum in der Kita nehmen und so gestalten, dass es für sie angemessen ist. Dafür braucht es ausgezeichnet qualifizierte Pädagog*innen, und zwar gerade für die kleinsten Kinder. Qualität ist keine Frage der Uhrzeit, sondern der Einrichtung und des Personals. Wenn das nicht stimmt, können sich auch vier Stunden pro Tag negativ auswirken. Entscheidend ist hierbei die sogenannte Interaktionsqualität: Also wie ist die Beziehung zwischen Fachkraft und Kind? Gibt es genug Gelegenheiten für individuellen Austausch? Findet der Austausch auf Augenhöhe statt? Die meisten Fachkräfte wünschen sich auch Zeit für Bildung und Interaktionsprozesse mit Kindern. Hier stehen Sie gemeinsam auf einer Seite und können sich für gelungene Bildungsprozesse starkmachen.

Kinder berufstätiger Mütter sind besser

Okay, das klingt provokativ, aber die Forschung zeigt, dass Kinder von berufstätigen Müttern eine höhere Leistungsmotivation haben und bessere Schulnoten.[221] So gesehen tun Sie Ihren Kindern einen Gefallen, wenn Sie arbeiten. Andererseits ist es auch naheliegend. Kinder, die ihre Mütter als engagiert und voll im Berufsleben sehen, nehmen diese auch als leistungsbereiter wahr und übertragen das auf ihren eigenen Lebensentwurf. In Familien mit einer klassischen Arbeitsteilung bekommen insbesondere Mädchen das Rollenvorbild vorgelebt, dass es sich nicht lohnt, im Beruf zu sein. Dazu kommt, dass es natürlich auch etwas mit der persönlichen Zufriedenheit der Eltern zu tun hat. Wenn die Arbeit oft zum Konflikt wird oder Eltern unzufrieden in ihrem Job sind, wirkt sich das natürlich weniger positiv aus.[222]

Es zeigte sich aber zum Beispiel auch, dass berufstätige Mütter ihre Kinder eher mitreden lassen und die Freizeit mit den Kindern aktiver gestalten. Die meisten Kinder profitieren vom vielfältigeren Kontakt mit unterschiedlichen Personen, der eher gegeben ist, wenn die Eltern aktiv im Erwerbsleben stehen.

Bestimmt finden sich zu diesen Studienergebnissen auch gegenteilige Befunde, weil es fast immer in der Forschung unterschiedliche Ergebnisse gibt. Aber das Entscheidende erscheint mir doch sehr überzeugend:

» **Wer aktiv im eigenen Leben steht, hat generell eher die Perspektive, dass die eigenen Handlungen etwas bringen, Stichwort Selbstwirksamkeit. Und Selbstwirksamkeit ist das wichtigste Rollenmodell, das wir unseren Kindern vorleben können.**

Mütter, die Ihre Kinder in Vollzeit betreuen lassen, sind vor allem dann zufriedener, wenn sie selbst in Vollzeit arbeiten. Besonders erhöht sich die Zufriedenheit bei Alleinerziehenden.[223] Höher gebildete Frauen nutzen früher und länger Kindertagesbetreuung als Frauen mit geringerer Bildung. Bei Vorhandensein gut ausgebauter Betreuung bekommen hochgebildete Frauen auch eher ein zweites Kind. Zwischen West- und Ostdeutschland finden sich in der Nutzung von Kindertagesbetreuung nach wie vor Unterschiede: Ostdeutsche Mütter nutzen Kinderbetreuung wesentlich selbstverständlicher.[224]

All das schützt nicht davor, dass die Vereinbarkeit von Beruf und Familie ein Netzwerk erfordert. Edeltraud Botzum hat in einer Befragung von Führungskräften und Personalentscheiderinnen in den Spitzenverbänden der freien Wohlfahrtspflege herausgearbeitet, dass vor allem Mütter in Führungspositionen auf ein breites Netzwerk zurückgreifen. Der Alltag wird dennoch als anstrengend beschrieben, da neben langen Arbeitszeiten auch abends noch viel Engagement im Bildungsbereich erforderlich ist.[225]

Wie geht es den Kindern?

Es wird ziemlich viel darüber diskutiert, wie viel Zeit Eltern für ihre Kinder haben, haben sollten und wer dafür zuständig ist. Ziemlich selten werden Kinder auch mal dazu befragt. Die Kindheitsforschung widmet sich der Erhebung der Perspektive von Kindern, zum Beispiel auf ihre Eltern. Verschiedene Studien zeigen, dass Kinder schon sehr früh ein differenziertes Bild von Familienleben haben. Ihnen ist es wichtig, enge Bezugspersonen und Vertraute zu haben, sie hängen aber keineswegs an einem engen Familienbegriff fest. Im Gegenteil, aus Kindersicht zählen auch Haustiere oder Verwandte zur Familie – das *Doing Family*, also die Familie als soziale Handlung, ist viel wichtiger als die institutionelle Form.[226]

Kinder haben also beispielsweise ein sehr erweitertes Verständnis von Familie. Die Fokussierung auf die mütterliche Zuständigkeit erfolgt hier überwiegend von außen. Interessant sind die Äußerungen von Kindern zur Zeit, die ihre Eltern für sie haben. *GEOlino*, UNICEF und das Bundesarbeitsministerium haben eine Studie bei 1012 Kindern zwischen 5 und 14 Jahren durchgeführt.[227] Von den Kindern, deren Mütter weniger als 20 Stunden pro Woche gearbeitet haben, gaben 96 Prozent an, dass sie meistens zufrieden oder sehr zufrieden mit der Zeit sind, die ihre Eltern für sie haben. Dieser Anteil sinkt mit steigender Arbeitszeit – so weit, so verständlich. Bei Müttern, die mehr als 38 Stunden arbeiten, sind nur noch 65 Prozent der Kinder meistens zufrieden oder sehr zufrieden. Zwischen 31 und 38 Stunden sind 77 Prozent der Kinder zufrieden. Deutlich höhere Unzufriedenheit zeigen die Kinder in Bezug auf die Väter, hierbei wurde übrigens anders abgestuft. Die kleinste Stufe waren weniger als 41 Stunden, die höchste mehr als 50 Stunden. Bei der kleinsten Stufe (weniger als 41 Stunden) waren 83 Prozent der Kinder mindestens zufrieden, bei der höchsten Stufe (mehr als 50 Stunden) waren 52 Prozent gar nicht zufrieden. Sie sehen zweierlei: Kinder nehmen wahr, wie viel Eltern arbeiten und wie viel Zeit sie haben. Eine normale Vollzeit ist relativ unschädlich, sowohl bei Vätern als auch bei Müttern.

Man muss sich auch vor Augen führen, dass die Lebenswelt Ihrer Kinder heute eine andere ist als die Lebenswelt, die Sie als Kind erlebt haben. Der Wunsch nach dem Hausfrauendasein in Verbindung mit der Vorstellung guter Mutterschaft orientiert sich an Ihrer eigenen Kindheit. Diese Kindheit war von anderen Wohnumgebungen, anderem Straßenverkehr, anderer Vorstellung von Erziehung und anderen Lern- und Schulumwelten geprägt. Kinder haben heute mehr außerschulische Aktivitäten als in den 1970er- und 1980er-Jahren, sie leben in einer mediatisierten Umwelt, sie haben andere Kontaktmöglichkeiten und neue Autonomiebedarfe. Es ist also nicht unwahrscheinlich, dass Ihr Kind spätestens mit zehn Jahren, wenn Sie ihm Apfelpfannkuchen servieren, sagt: »Ich bin aber Veganer!«, und den Eierkuchen verschmäht.

Übrigens haben alle Kinder, unabhängig von der Arbeitszeit ihrer Eltern, angegeben, dass sie die Zeit, die sie mit den Eltern verbringen, schön finden. Falls Sie sich also gefragt haben, ob Ihre Kinder Sie mögen: Ja.

Jetzt stellen Sie sich vor, wie die Kinder die Situation einschätzen würden, wenn die Zeitverteilung ausgeglichener wäre. Stellen Sie sich die 11 Prozent vor, bei denen die Väter auch unter der Woche mal für Fragen ansprechbar sind oder man ihnen von der Schule erzählen kann. Ja genau, dafür können wir etwas tun.

Aus der Kindheitsforschung wissen wir, dass Kinder sehr früh einen differenzierten Blick auf die Erziehungsstile ihrer Eltern haben. Heute ist es in sehr vielen Familien so, dass Kinder mitentscheiden, dass sie Spielräume haben und ihre Meinung sagen. Natürlich gibt es auch Familien, in denen es Kindern nicht gut geht. Das ist tragisch. Doch hier geht es um Ihre Familie: Sie können also davon ausgehen, dass es Ihrem Kind auch gut geht, wenn es in eine Betreuungseinrichtung geht. Natürlich entbindet Sie das nicht davon, einen aufmerksamen Blick auf das kindliche Wohlbefinden zu behalten. Ich bin aber überzeugt, dass Sie ziemlich genau wissen, was Ihr Kind braucht, und dass Sie gemeinsam mit Ihrem Partner eine Lösung finden, die für Sie alle passt.

Ich erlebe sowohl in meiner Forschung als auch im privaten Umfeld, dass Eltern sich unheimlich viele Sorgen und Gedanken machen. Erwerbsarbeit und Elternschaft werden bei diesen Überlegungen vor allem von Frauen als Alternativen gegenübergestellt.[228] Vielfach werden dann auch eigene Kindheitserinnerungen herangezogen und gerade Mütter wollen gern am Nachmittag für ihre Kinder da sein. Natürlich ist das ein schönes Ziel, Stichwort Apfelpfannkuchen. Aber wenn gemäß *GEOlino*/UNICEF-Daten die Untergrenze bei den Vätern bei 40 Wochenstunden liegt und die Untergrenze bei den Müttern bei weniger als 20 Wochenstunden, dann ist doch die Frage erlaubt, wer die Hauptzuständigkeit für das Wohlbefinden von Kindern tragen sollte. Sind dann wirklich die Mütter gefragt, die ohnehin schon zu hohen Anteilen in Teilzeit arbeiten, oder gibt es da noch die Option, dass Väter statt 50 bis 60 Wochenstunden auch mal 30 bis 40 Wochenstunden arbeiten? Wie viel zufriedener sind Kinder denn, wenn sie erleben, dass es nicht nur die Mama gibt, die ansprechbar ist, sondern auch den Papa?

Denken Sie auch an die langfristigen Auswirkungen. Kinderbücher, Filme und Kinderlieder sind nach wie vor voll von total traditionellen Geschlechterbildern. Die Kinder erleben in den Kitas tagein, tagaus, dass Frauen für sie zuständig sind, und zwar nahezu nur Frauen. Das Internet ist voll von scheinbar lustigen Storys über »Papa allein zu Haus«, wo alles Mögliche schiefgeht, weil die Männer es angeblich nicht im Griff haben.

Wenn Ihr Sohn oder Ihre Tochter Sie als mündige und kompetente Mama erlebt und den Papa als genauso fähig, dann haben Sohn wie Tochter später die Freiheit, einen autonomen Lebensentwurf zu wählen. Und allein das sollte es uns wert sein, dass wir jetzt die Zeit investieren, um Zuständigkeiten neu zu diskutieren, Lebensentwürfe zu planen und uns nicht mit Halbwahrheiten oder Ausreden abspeisen zu lassen.

Was nehmen Sie aus diesem Kapitel mit?

» Die Bildungserfahrungen von Mädchen und die entsprechenden Geschlechterstereotype führen dazu, dass Frauen sich von Kindesbeinen an unterschätzen.

» Aus dieser Spezifik ergibt sich oft eine einseitige Berufs- und Studienwahl, die vor allem in Richtung geringerer Karrierechancen geht.

» Frauen wählen Berufe oft schon prospektiv mit der Aussicht auf die Vereinbarkeit von Familie und Beruf, Männer nicht.

» Die gesetzlichen Regelungen für Eltern sind in Deutschland so gestaltet, dass Gleichberechtigung durchaus möglich ist, wenn individuell intelligent verhandelt wird. Quotenregelungen, Entgelttransparenz und Allgemeine Gleichbehandlung spielen Frauen in die Hände, aber nur dann, wenn sie sich entsprechend orientiert zeigen. Machen Sie deshalb deutlich, dass Sie Karriere machen wollen.

» Es herrscht ein dramatischer Mangel an Fach- und Führungskräften. Das ist die ideale Chance für Frauen durchzustarten.

» Frauen unterschätzen sich bei Bewerbungen und Gehaltsverhandlungen. Das Einstiegsgehalt ist entscheidend für Aufstiege und den Jahresbonus.

» Machen Sie Ihre Leistungen sichtbar, sowohl im Kollegenkreis als auch gegenüber Vorgesetzten.

» Zeigen Sie Mut zum Risiko, sei dies bei spannenden Projekten oder bei Redebeiträgen.

» Planen Sie Ihre Elternzeit, aber erst dann, wenn Sie wirklich schwanger sind, und planen Sie gemeinsam mit Ihrem Partner. Es gibt keinen Grund, dass nur Sie die Risiken eines Erwerbsausstiegs tragen.

» Der Mythos der schädlichen Kindertagesbetreuung hält sich nur in Deutschland hartnäckig, ist aber empirisch nicht belegbar. Schauen Sie nur auf Ihr Kind, wie geht es Ihrem Kind? Das können Sie am besten beantworten.

Wie geht das gute Leben?

Das gute Leben geht, wenn alle an Bord sind

Ich habe dieses Buch mit einer Portion Wut im Bauch geschrieben. Seit Jahren stehe ich in Hörsälen und habe kluge junge Frauen vor mir. Viele von ihnen bleiben hinter ihren Möglichkeiten. Seit Jahrzehnten bin ich im Beruf und erlebe, wie links und rechts von mir die Frauen aussteigen und wegbleiben. Im öffentlichen Diskurs sehe ich teilweise einen Backlash. Wo vor Jahren noch um echte Gleichstellung gekämpft wurde, beobachte ich eine Resignation. Die Diskussion dreht sich mehr um Strukturen, politische Forderungen und Familienfreundlichkeit als darum, was tatsächlich geschieht. Mir geht das alles viel zu langsam. Jede Maßnahme ist ein Schritt vor, dann geht es wieder ein paar Schritte zurück.

In der feministischen Diskussion ist aktuell teilweise ein Schwerpunkt auf Mutterschaft festzustellen. Der ist sicherlich gerechtfertigt und ich stimme zu, dass es noch viele strukturelle Maßnahmen braucht, bis Mutterschaft und Karriere wirklich zusammenpassen. Es ist auch wichtig, die körperlichen Aspekte und Bedürfnisse von Mutterschaft ernst zu nehmen und zu diskutieren. Frauen sind aber so viel mehr als Mütter.

Die Arbeitswelt entwickelt sich unterdessen weiter. Vielfach schert sich Wirtschaft nicht um Gleichstellung, sie macht gerade eben das, was notwendig ist, und klebt sich noch ein Familien-Label auf. Dem können wir nur dann entgegenwirken, wenn wir nicht aufgeben, sondern dranbleiben. Die Ideen des Feminismus aus den 1970er-Jahren sind heute so aktuell wie damals. Es ist aber jetzt an uns und den Männern in unseren Umfeldern, diese Versprechen auch einzufordern und umzusetzen.

Auf politischer Ebene wird um viele Maßnahmen gerungen, wie den Betreuungsausbau, die Frauenquote, Entgelttransparenz oder das Familienrecht. Kaum bricht aber eine Pandemie über uns herein, ist der Rückschritt für Frauen schneller da, als sie »Quote« sagen können. Homeoffice ist zwar plötzlich Pflicht, wird aber letztlich zu einer Falle für die Frauen, die jetzt neben ihrer Arbeit die Kinder beschulen, während Väter wieder früher im Büro Präsenz zeigen.

Ich plädiere hier dafür, dass die Zusammenhänge stärker in den Fokus kommen. Nur alle drei Lebensbereiche zusammen machen es möglich, dass Frauen ihre Potenziale ausschöpfen. Nur wer sich im Privatleben nicht in die Haus- und Familienarbeit drängen lässt, hat zeitliche Freiräume für berufliche Zielfindung. Nur wer finanziell nicht am Tropf des Partnereinkommens hängt, hat die Souveränität, privat wie beruflich die eigenen Interessen zu vertreten. Nur wer zeitliche Spielräume hat – aktuell und biografisch – kann die eigene Berufsbiografie so planen, dass sie nicht mehr nur ein Zubrot ist.

Die Frauen um mich herum sind keineswegs Memmen. Sie alle tun ihr Bestes für ein gutes Leben. Widerstreitende Interessen ziehen sich dabei durch ihren Alltag. Wir wollen eine gute Mutter sein, wir wollen Erfolg haben, wir wollen eine gleichberechtigte Partnerschaft, wir wollen auch Zeit für uns haben. Die Nachmoderne macht es uns nicht leicht, unseren Weg zu finden. Die gegenwärtigen Widersprüche sind im Leben von Frauen wie unter einem Brennglas konzentriert und die meisten machen die Probleme mit sich selbst aus.

Der Feminismus hat gerade eine öffentliche Aufmerksamkeit wie nie zuvor. Durch Debatten über Sexismus und Diskriminierung, über Gewalt gegen Frauen und gendergerechte Sprache ist Gender in aller Munde. Was mir in der Auseinandersetzung fehlt, ist die Frage nach dem Konkreten. Ich nehme mit diesem Buch ernst, dass jede Frau individuell vor der Frage steht, wie es in ihrem Leben funktionieren kann, dass sie ihre Ziele verwirklicht. Es geht mir genau um das Klein-Klein, das sich durch die Entscheidungen zu schmutzigen Socken, Edelstahlspülen und Kita-Grillfesten zieht; die Details, die sich in der Kontoführung, der Budgetierung und der Rentenvorsorge zeigen; die vielen kleinen Entscheidungen im Berufsleben, die bei der Mikrofoneinstellung im Saal, beim Bewerbungsgespräch und im Jahresbonusgespräch verhandelt werden. All diese Kleinigkeiten sind politisch und sie fügen sich zu einem Bild zusammen, das Frauen in die Selbstverantwortung führt.

Nicht zuletzt bin ich Soziologin. Insofern müssen Mikro-, Meso- und Makroebene auch zusammenpassen. Es wird langfristig nicht funktionieren, nur das Verhalten auf der individuellen Ebene oder innerhalb von Familien zu verändern. Für eine gleichberechtigte Gesellschaft müssen politische und gesellschaftliche Rahmenbedingungen so ineinandergreifen, dass Gleichberechtigung nicht mehr nur ein Privileg akademischer Schichten ist, die im Fokus dieses Buches standen. Lassen Sie uns kurz beleuchten, wie der Umriss einer Gesellschaft aussieht, in der Familie nicht mehr nur auf den Schultern von Frauen liegt, in der Frauen und Männer sich frei entscheiden können, wie sie ihr Leben gestalten.

Langfristig werden wir nur vorankommen, wenn Männer wirklich im großen Stil das Thema Gleichberechtigung genauso wichtig nehmen wie Frauen. Wenn Männer sich bewusst machen, dass ihre Vorteile, ihre Macht und ihr Vermögen auch darauf ruhen, dass Frauen weniger davon haben. Und das bedeutet, dass Gleichberechtigung dazu führen wird, dass Männer etwas abgeben. Sie werden nicht mehr selbstverständlich die Führungspositionen erhalten und sie werden auch nicht mehr selbstverständlich davon ausgehen, dass die Partnerin sich schon um das Kind kümmert.

Sie erhalten dafür aber neue Freiräume. Denn wenn sie eine Frau an ihrer Seite haben, die für sich selbst sorgen kann, stehen sie weniger unter Druck. Sie haben die Gelegenheit, sich Zeit für die gemeinsame Familie zu nehmen, und sie können vielleicht neue Seiten im Leben entdecken, die über *corporate culture* hinausgeht.

Der Weg in diese Gesellschaft läuft auch über private Aushandlungen. Es ist nicht einfach für viele Frauen, sich für die eigenen Interessen einzusetzen und diese auch gegen Widerstände zu verteidigen. Aber dieser Weg wird sich lohnen. Es ist aktuell immer noch viel zu bequem und einfach für Männer, den traditionellen Weg zu gehen. Es ist auch dann einfacher, wenn sich eine andere Lösung vielleicht besser anfühlen würde. Die Situation ist für Frauen heute viel komplexer. Sie haben die Forderungen des Feminismus verinnerlicht, sie sind gut ausgebildet und sie wollen diese Versprechen eingelöst sehen.

Der gleiche Druck muss auch für Männer entstehen. Dabei sind weniger privilegierte Männer mit geringeren Einkommen anders gefragt als die White-Collar-Männer aus den Führungsetagen. Gleichberechtigung heißt für weniger privilegierte Paare mehr rechtliche Rahmenbedingungen und sozialpolitische Unterstützungsstrukturen, während diejenigen mit den notwendigen finanziellen Ressourcen stärker an ihrer individuellen Lage arbeiten können.

Nicht zuletzt wird diese Frage nicht nur unter Cis-Frauen und Cis-Männern[229] entschieden; Geschlechtergerechtigkeit heißt auch, die Vielfalt der Geschlechterverhältnisse anzuerkennen. Schon der erste Gleichstellungsbericht sprach von der Lebensverlaufsperspektive, wenn es um eine Gleichstellungspolitik geht, die nicht nur Einzelmaßnahmen in den Blick nimmt. Dabei geht es darum, alle Aspekte im Leben von Männern und Frauen zu betrachten und diese aufeinander abzustimmen. Wenn in der institutionellen Bildung eine konsequent geschlechtersensible Pädagogik als Richtlinie gilt und nicht nur im Ermessen einzelner Lehrender steht, dann trauen sich schon Mädchen vielleicht eher zu, sich auch Naturwissenschaften zuzuwenden. Gleiches gilt für die Jungen, die Schulversagen als Teil ihrer Geschlechtsidentität betrachten. Wenn die Berufsberatung die Talente und Interessen in den Fokus nimmt und ebenfalls eine geschlechtergerechte Beratung als feste Leitlinie hat, dann trauen sich auch Männer zu, den Erzieherberuf zu ergreifen, und Frauen, die technisch interessiert sind, studieren Physik.

Wenn die geschlechtshierarchische Bewertung von Tätigkeiten abgebaut wird, werden auch Pflege- und Sozialberufe so entlohnt, dass sie für alle Geschlechter attraktiv sind. Das kann bedeuten, dass im Sozialsystem höhere Kosten verursacht werden, was wiederum eine Erhöhung der Sozialbeiträge mit sich bringt. Diese Rahmenbedingungen werden aber beispielsweise dadurch ausgeglichen, dass mehr Menschen in die Sozialsysteme einzahlen, wenn es finanziell nicht mehr attraktiv ist, als Hausfrau zu Hause mitversichert zu sein und durch Steuererleichterungen auch noch Anreize dafür zu erhalten.

Nicht zuletzt sind Veränderungen in der Arbeitswelt notwendig, aber an vielen Stellen auch zielführender als eine reine Konzentration auf den Status quo. Diverse Teams sind leistungsfähiger als Monokulturen. Um die Besetzungsentscheidungen auf allen Ebenen zu ändern, braucht es Quotenregelungen. Alle anderen Wege bisher haben keine Wirkung gezeigt. Für diese Quotenregelungen müssen Unternehmen schon jetzt Pools mit leistungsfähigem Nachwuchs mit allen sozialen Merkmalen aufbauen. Das heißt, eine Quote in Vorständen und Aufsichtsräten allein macht keine Geschlechtergerechtigkeit, wenn Frauen Schwierigkeiten haben, in die Aufstiegspositionen auf der Karriereleiter zu kommen.

Familienfreundlichkeit von Unternehmen bringt hier nichts. Denn Familienfreundlichkeit, die sich allein an Mütter richtet – und das ist aktuell der Fall – ist Mütterfreundlichkeit. Mütterfreundlichkeit ist insofern väterfreundlich, als diese genauso weitermachen können wie bisher. Hier greifen private Vereinbarungen mit politischen Maßnahmen und Unternehmenskulturen ineinander.

Jede Rahmenbedingung kann letztlich so ausgelegt werden, dass nur eine Gruppe profitiert oder Nachteile hat. Deshalb ist es so wichtig, diese Bedingungen auf der individuellen Ebene zu reflektieren. Ein Mutter-Kind-Büro, ein Homeoffice, Kinderkrankentage, eine familienbedingte Auszeit oder die Verbesserung von Pflegezeiten für Angehörige, all diese Maßnahmen bringen nur dann etwas, wenn es nicht eine Stand-by-Gruppe gibt, die genau diese Maßnahmen in Anspruch nimmt. Das sind aktuell fast nur Frauen. Die Einlösung der Versprechen der Gleichberechtigung kann nur dann gehen, wenn sowohl Männer als auch Frauen, sowohl Wirtschaft als auch Politik, sowohl alte als auch junge Generationen dieses Ziel gemeinsam verfolgen.

Die Coronapandemie hat gezeigt, wie schnell verlässliche Systeme zusammenbrechen können. Selbstverständlichkeiten wurden auf den Kopf gestellt. Die Coronapandemie hat aber auch gezeigt, wie schnell Bedingungen geändert werden können. Aus einer Anwesenheitskultur wurde eine Zoom-Etikette. Aus der strikten Trennung von Beruflichem und Privatem wurden Katzen und Kinder, die durch Videobildschirme laufen. Aus Krawattenzwang wurde Jogginhosenmode. Systeme können sich also verändern. Ein winzig kleiner Virus hat die Verhältnisse umgestürzt. Der Feminismus könnte viel, viel mehr. Dazu braucht es den Mut zur Auseinandersetzung auf allen Ebenen. Sie können genau jetzt mit Ihrem eigenen Leben anfangen. Legen Sie sich mit Ihrem Chef an, legen Sie sich ein finanzielles Polster zu und legen Sie sich zu einem Mann auf Augenhöhe. Echter Feminismus passiert im echten Leben und ist nicht mehr nur eine Zukunftsvision. Wenn wir aus der Pandemie nicht den Schluss ziehen, dass wir einfach nur über eine Rolle rückwärts in die 1950er-Jahre geraten, in der Mama neben der Videokonferenz das Mittagessen kocht und der Papa nicht gestört werden darf, dann birgt die Pandemie auch ein Potenzial für Hoffnung– ein Potenzial für eine Frauenrolle vorwärts.

Quellen, Literatur, Danksagung

Quellen und Erläuterungen

1   Bundeszentrale für politische Bildung: »Frauenanteil im Deutschen Bundestag«; 15.11.2017; https://www.bpb.de/gesellschaft/gender/ frauen-in-deutschland/49418/frauenanteil-im-deutschen-bundestag; zuletzt aufgerufen am 15.4.2021.

2   AllBright Stiftung: »Deutscher Sonderweg: Frauenanteil in DAX-Vorständen sinkt in der Krise«; September 2020; https://static1. squarespace.com/static/5c7e8528f4755a0bedc3f8f1/t/5f7cb22f-2f46821aa896e185/1602007640517/AllBrightBericht_Herbst+2020. pdf; zuletzt aufgerufen am 15.4.2021.

3   Destatis: »Gender Pay Gap«; https://www.destatis.de/DE/Themen/ Arbeit/Arbeitsmarkt/Qualitaet-Arbeit/Dimension-1/gender-pay-gap. html; zuletzt aufgerufen am 15.4.2021.

4   Alexandra Wagner/Christina Klenner/Peter Sopp: *Alterseinkommen von Frauen und Männern. Neue Auswertungen aus dem WSI GenderDatenPortal.* Düsseldorf (WSI Wirtschafts- und Sozialwissenschaftliches Institut) 2017.

5   Katja Karger: »Auf Talfahrt: Warum Frauen von Altersarmut besonders bedroht sind«. In: *Altersarmut: Schicksal ohne Ausweg? Was auf uns zukommt, wenn nichts geändert wird.* Hamburg (VSA: Verlag) 2017, S. 70–78.

6   Karin Jurczyk/Josefine Klinkhardt: *Vater, Mutter, Kind? Acht Trends in Familien, die Politik heute kennen sollte.* Gütersloh (Verlag Bertelsmann Stiftung) ²2014.

7   Unveröffentlichte Daten aus eigener Erhebung im Rahmen des Projekts »Herausforderungen von Kindertageseinrichtungen in einer vielfältigen Gesellschaft« (2017).

8   Destatis: »Arbeitszeit von Frauen: ein Drittel Erwerbsarbeit, zwei Drittel unbezahlte Arbeit«; Pressemitteilung Nr. 179 vom 18.5.2015; https://www.destatis.de/DE/Presse/Pressemitteilungen/Frueher/ PD15_179_63931.html; zuletzt aufgerufen am 15.4.2021.

9   Bundesministerium für Familie, Senioren, Frauen und Jugend (BMFSFJ), Referat Öffentlichkeitsarbeit: »Zweiter Gleichstellungsbericht der Bundesregierung«; 24.1.2019; https://www.bmfsfj.de/bmfsfj/service/publikationen/zweiter-gleichstellungsbericht-der-bundesregierung-122402; zuletzt aufgerufen am 15.4.2021.

10 Destatis: »Bevölkerung und Erwerbstätigkeit. Haushalte und Familien«; 2019; https://www.destatis.de/DE/Themen/Gesellschaft-Umwelt/Bevoelkerung/Haushalte-Familien/Publikationen/ Downloads-Haushalte/haushalte-familien-2010300187004.pdf?__ blob=publicationFile; zuletzt aufgerufen am 15.4.2021.

11 Destatis: »In 35 % der Paarfamilien mit Kind unter 3 Jahren arbeiteten 2018 beide Eltern. Aber: Bei 54 % der Elternpaare war der Vater Alleinverdiener«; Pressemitteilung Nr. 473 vom 11.12.2019; https://www.destatis.de/DE/Presse/Pressemitteilungen/2019/12/PD19_473_122.html; zuletzt aufgerufen am 15.4.2021.

12 Dietmar Hobler/Christina Klenner/Svenja Pfahl/Peter Sopp/Alexandra Wagner: *Wer leistet unbezahlte Arbeit? Hausarbeit, Kindererziehung und Pflege im Geschlechtervergleich. Aktuelle Auswertungen aus dem WSI GenderDatenPortal*. Düsseldorf (Hans-Böckler-Stiftung) 2017.

13 Angela McRobbie: *Top Girls. Feminismus und der Aufstieg des neoliberalen Geschlechterregimes*. Wiesbaden (Springer VS) ²2016.

14 Jean-Claude Kaufmann: *Schmutzige Wäsche. Ein ungewöhnlicher Blick auf gewöhnliche Paarbeziehungen*. Konstanz (UVK Verlagsgesellschaft mbH) 2005.

15 Arlie R. Hochschild: *Keine Zeit. Wenn die Firma zum Zuhause wird und zu Hause nur Arbeit wartet*. Wiesbaden (VS Verlag für Sozialwissenschaften) ²2006.

16 Josef Brüderl: »Beziehungen und Familienleben in Deutschland«; https://www.beziehungen-familienleben.de; zuletzt aufgerufen am 15.4.2021.

17 1060 Personen wurden im Mai 2020 befragt.

18 Barbara von Würzen: »Traditionelle Rollenverteilung in Corona-Krise belastet die Frauen«; https://www.bertelsmann-stiftung.de/fileadmin/files/user_upload/Spotlight_Rollen_und_Aufgabenverteilung_bei_Frauen_und_Maennern_in_Zeiten_von_Corona.pdf; zuletzt aufgerufen am 15.4.2021.

19 Karin Jurczyk/Sabine Walper: »Vorgezogener Endbericht für das Projekt ›Gemeinsames Sorgerecht nicht miteinander verheirateter Eltern‹«; München (DJI Deutsches Jugendinstitut) 2010; https://www.vamv.de/fileadmin/user_upload/bund/dokumente/Stellungnahmen/Sorgerecht_Endbericht_30_11_10.pdf; zuletzt aufgerufen am 15.4.2021. In Auszügen ist die Studie auch als Buch erhältlich: Karin Jurczyk/Sabine Walper: *Gemeinsames Sorgerecht nicht miteinander verheirateter Eltern. Empirische Studien und juristische Expertisen*. Wiesbaden (Springer Fachmedien) 2013.

20 Ebd.

21 Cornelia Behnke: *Partnerschaftliche Arrangements und väterliche Praxis in Ost- und Westdeutschland. Paare erzählen*. Opladen u. a. (Verlag Barbara Budrich) 2012.

22 Ebd.

23 Eve Rodsky: *Auch Männer können bügeln. Mit Fair Play gehen Familie und Haushalt wie von selbst*. München (Knaur) 2020.

24   Karin Jurczyk/Sabine Walper: »Vorgezogener Endbericht für das
      Projekt ›Gemeinsames Sorgerecht nicht miteinander verheirateter
      Eltern‹«; München (DJI Deutsches Jugendinstitut) 2010; https://www.
      vamv.de/fileadmin/user_upload/bund/dokumente/Stellungnah-
      men/Sorgerecht_Endbericht_30_11_10.pdf; zuletzt aufgerufen am
      15.4.2021. In Auszügen ist die Studie auch als Buch erhältlich: Karin
      Jurczyk/Sabine Walper: *Gemeinsames Sorgerecht nicht miteinander
      verheirateter Eltern. Empirische Studien und juristische Expertisen.*
      Wiesbaden (Springer Fachmedien) 2013.

25   Ulrich Beck: *Risikogesellschaft. Auf dem Weg in eine andere Moderne.*
      Frankfurt am Main (Suhrkamp) 2003.

26   Candace West/Don H. Zimmerman: »Doing gender«. In: Judith Lorber/
      Susan A. Farrell: *The social construction of gender.* Newbury Park u. a.
      (Sage Publications) 1991, S. 13–37.

27   Michael Meuser (Hg.)/Ursula Müller (Hg.)/Raewyn Connell: *Der ge-
      machte Mann. Konstruktion und Krise von Männlichkeiten. Geschlecht
      und Gesellschaft,* Band 8. Wiesbaden (Springer VS) [4]2015.

28   Michael Meuser: *Geschlecht und Männlichkeit. Soziologische Theorie
      und kulturelle Deutungsmuster.* Wiesbaden (VS Verlag für Sozialwis-
      senschaften) [3]2010.

29   Otto Penz: *Schönheit als Praxis. Über klassen- und geschlechtsspezi-
      fische Körperlichkeit.* Frankfurt/New York (Campus Verlag) 2010.

30   Norbert F. Schneider (Hg.): *Familienleitbilder in Deutschland. Kultu-
      relle Vorstellungen zu Partnerschaft, Elternschaft und Familienleben.*
      Opladen u. a. (Verlag Barbara Budrich) 2015.

31   Cornelia Behnke: *Partnerschaftliche Arrangements und väterliche
      Praxis in Ost- und Westdeutschland. Paare erzählen.* Opladen u. a.
      (Verlag Barbara Budrich) 2012.

32   Eigene unveröffentlichte Daten.

33   Sabine Diabaté/Kerstin Ruckdeschel/Martin Bujard/Jürgen Dorbritz/
      Lück Detlev/Robert Naderi/Katrin Schiefer/Norbert F. Schneider:
      »Familienleitbilder. Alles wie gehabt? Partnerschaft und Elternschaft
      in Deutschland«; Wiesbaden (Bundesinstitut für Bevölkerungs-
      forschung) 2017; https://www.bib.bund.de/Publikation/2017/
      Familienleitbilder-Alles-wie-gehabt-Partnerschaft-und-Eltern-
      schaft-in-Deutschland.html?nn=9751912; zuletzt aufgerufen am
      15.4.2021.

34   Stephanie Bethmann: *Liebe. Eine soziologische Kritik der Zweisam-
      keit.* Weinheim (Beltz Juventa) 2013.

35   Sabine Diabaté/Kerstin Ruckdeschel: »Glückliche Partnerschaft
      gleich glückliche Eltern? Zum Zusammenhang von Partnerschafts-
      bildern und Kinderwunsch«; Wiesbaden (Bundesinstitut für

Bevölkerungsforschung) 2014; https://www.bib.bund.de/Publikation/2014/Gueckliche-Partnerschaft-gleich-glueckliche-Eltern.html?nn=9751912; zuletzt aufgerufen am 15.4.2021.

36 Kirsten Hanssen/Karin Jurczyk/Sabina Schutter (Hg.): *Familienpolitik im 21. Jahrhundert. Herausforderungen, Innovationen und Synergien.* Gütersloh (Verlag Bertelsmann Stiftung) 2011.

37 Sabine Diabaté/Kerstin Ruckdeschel/Martin Bujard/Jürgen Dorbritz/Lück Detlev/Robert Naderi/Katrin Schiefer/Norbert F. Schneider: »Familienleitbilder. Alles wie gehabt? Partnerschaft und Elternschaft in Deutschland«; Wiesbaden (Bundesinstitut für Bevölkerungsforschung) 2017; https://www.bib.bund.de/Publikation/2017/Familienleitbilder-Alles-wie-gehabt-Partnerschaft-und-Elternschaft-in-Deutschland.html?nn=9751912; zuletzt aufgerufen am 15.4.2021.

38 Michael Meuser (Hg.)/Ursula Müller (Hg.)/Raewyn Connell: *Der gemachte Mann. Konstruktion und Krise von Männlichkeiten. Geschlecht und Gesellschaft,* Band 8. Wiesbaden (Springer VS) [4]2015.

39 Angela McRobbie: *Top Girls. Feminismus und der Aufstieg des neoliberalen Geschlechterregimes.* Wiesbaden (Springer VS) [2]2016.

40 Ulrich Beck: *Risikogesellschaft. Auf dem Weg in eine andere Moderne.* Frankfurt am Main (Suhrkamp) 2003.

41 Stephanie Bethmann: Liebe. *Eine soziologische Kritik der Zweisamkeit.* Weinheim (Beltz Juventa) 2013.

42 Dazu reicht es, einmal bei YouTube den Begriff »Verlobung« zu suchen.

43 Laurence Cawley: »De Beers myth: Do people spend a month's salary on a diamond engagement ring?«; *BBC News Magazine,* 16.5.2021; https://www.bbc.com/news/magazine-27371208; zuletzt aufgerufen am 15.4.2021.

44 Ebd.

45 Eyah Iyluz: *Der Konsum der Romantik. Liebe und die kulturellen Widersprüche des Kapitalismus.* Frankfurt am Main (Suhrkamp) 2007.

46 Christine Wimbauer/Mona Motakef: *Prekäre Arbeit, prekäre Liebe. Über Anerkennung und unsichere Lebensverhältnisse.* Frankfurt/New York (Campus Verlag) 2020.

47 Johanna Possinger: *Vaterschaft im Spannungsfeld von Erwerbs- und Familienleben. »Neuen Vätern« auf der Spur.* Zugl.: Berlin, Humboldt-Univ., Diss., 2012. Wiesbaden (Springer VS) 2013.

48 Sabine Diabaté/Kerstin Ruckdeschel/Martin Bujard/Jürgen Dorbritz/Lück Detlev/Robert Naderi/Katrin Schiefer/Norbert F. Schneider: »Familienleitbilder. Alles wie gehabt? Partnerschaft und Elternschaft in Deutschland«; Wiesbaden (Bundesinstitut für Bevölkerungsforschung) 2017; https://www.bib.bund.de/Publikation/2017/Familien-

leitbilder-Alles-wie-gehabt-Partnerschaft-und-Elternschaft-in-Deutsch-
land.html?nn=9751912; zuletzt aufgerufen am 15.4.2021.

49 Carol Hagemann-White, *Sozialisation: Weiblich – männlich?* Wiesbaden (VS Verlag für Sozialwissenschaften) 1984; Zusatzmaterialien
online unter http://dx.doi.org.

50 Destatis, Todesursachen 2019. Suizide; online abrufbar unter https://
www.destatis.de.

51 Sabine Diabaté/Samira Beringer: »Simply the Best!? – Kulturelle
Einflussfaktoren zum ›intensive mothering‹ bei Müttern von Klein-
kindern in Deutschland«; *Journal of Family Research*, 30(3) (2018),
S. 293–315; https://doi.org/10.3224/zff.v30i3.04.

52 Sabine Diabaté/Kerstin Ruckdeschel/Martin Bujard/Jürgen Dorbritz/
Lück Detlev/Robert Naderi/Katrin Schiefer/Norbert F. Schneider:
»Familienleitbilder. Alles wie gehabt? Partnerschaft und Elternschaft
in Deutschland«; Wiesbaden (Bundesinstitut für Bevölkerungsforschung) 2017; https://www.bib.bund.de/Publikation/2017/
Familienleitbilder-Alles-wie-gehabt-Partnerschaft-und-Eltern-
schaft-in-Deutschland.html?nn=9751912; zuletzt aufgerufen am
15.4.2021.

53 Karin Jurczyk/Sabine Walper: »Vorgezogener Endbericht für das
Projekt ›Gemeinsames Sorgerecht nicht miteinander verheirateter
Eltern‹«; München (DJI Deutsches Jugendinstitut) 2010; https://www.
vamv.de/fileadmin/user_upload/bund/dokumente/Stellungnah-
men/Sorgerecht_Endbericht_30_11_10.pdf; zuletzt aufgerufen am
15.4.2021. In Auszügen ist die Studie auch als Buch erhältlich: Karin
Jurczyk/Sabine Walper: *Gemeinsames Sorgerecht nicht miteinander
verheirateter Eltern. Empirische Studien und juristische Expertisen.*
Wiesbaden (Springer Fachmedien) 2013.

54 Claudia Zerle-Elsäßer/Xuan Li: »Väter im Familienalltag – Determi-
nanten einer aktiven Vaterschaft«; *Journal of Family Research*, 29(1)
(2017), S. 11–31; https://doi.org/10.3224/zff.v29i1.01.

55 Almut Peukert/Julia Teschlade/Mona Motakef/Christine Wimbauer:
»Richtige Mütter und Schattengestalten«. In: Almut Peukert/Julia
Teschlade/Christine Wimbauer/Mona Motakef/Elisabeth Holzleithner
(Hg.): *Elternschaft und Familie jenseits von Heteronormativität und
Zweigeschlechtlichkeit.* Opladen u. a. (Verlag Barbara Budrich) 2020,
S. 60–76.

56 Tobias Miller: »Spitzenvater des Jahres: Mann von Astronautin bekommt Preis für Elternzeit«; *Berliner Zeitung* vom 11.3.2019; https://
www.berliner-zeitung.de/mensch-metropole/spitzenvater-des-jah-
res-mann-von-astronautin-bekommt-preis-fuer-elternzeit-li.44905;
zuletzt aufgerufen am 15.4.2021.

57   Cornelia Behnke/Diana Lengersdorf/Michael Meuser: »Egalitäts-
      ansprüche vs. Selbstverständlichkeiten: Unterschiedliche Rahmun-
      gen väterlichen Engagements bei Paaren aus den westlichen und den
      östlichen Bundesländern«, *Gender* Sonderheft 2 (2013), S. 192–209;
      https://doi.org/10.2307/j.ctvddzk7h.12.

58   Karin Jurczyk/Sabine Walper: »Vorgezogener Endbericht für das
      Projekt ›Gemeinsames Sorgerecht nicht miteinander verheirateter
      Eltern‹«; München (DJI Deutsches Jugendinstitut) 2010; https://www.
      vamv.de/fileadmin/user_upload/bund/dokumente/Stellungnah-
      men/Sorgerecht_Endbericht_30_11_10.pdf; zuletzt aufgerufen am
      15.4.2021. In Auszügen ist die Studie auch als Buch erhältlich: Karin
      Jurczyk/Sabine Walper: *Gemeinsames Sorgerecht nicht miteinander
      verheirateter Eltern. Empirische Studien und juristische Expertisen.*
      Wiesbaden (Springer Fachmedien) 2013.

59   Claudia Zerle-Elsäßer/Xuan Li: »Väter im Familienalltag – Determi-
      nanten einer aktiven Vaterschaft«; *Journal of Family Research*, 29(1)
      (2017), S. 11–31; https://doi.org/10.3224/zff.v29i1.01.

60   Bundesministerium für Familie, Senioren, Frauen und Jugend
      (BMFSFJ): »Familie zwischen Flexibilität und Verlässlichkeit. Per-
      spektiven für eine lebenslaufbezogene Familienpolitik. Siebter
      Familienbericht«; Berlin 2006; https://www.bmfsfj.de/resource/
      blob/76276/40b5b103e693dacd4c014648d906aa99/7--familienbe-
      richt-data.pdf; zuletzt aufgerufen am 15.4.2021.

61   Claudia Zerle-Elsäßer/Xuan Li: »Väter im Familienalltag – Determi-
      nanten einer aktiven Vaterschaft«; *Journal of Family Research*, 29(1)
      (2017), S. 11–31; https://doi.org/10.3224/zff.v29i1.01.

62   Karin Jurczyk/Sabine Walper: »Vorgezogener Endbericht für das
      Projekt ›Gemeinsames Sorgerecht nicht miteinander verheirateter
      Eltern‹«; München (DJI Deutsches Jugendinstitut) 2010; https://www.
      vamv.de/fileadmin/user_upload/bund/dokumente/Stellungnah-
      men/Sorgerecht_Endbericht_30_11_10.pdf; zuletzt aufgerufen am
      15.4.2021. In Auszügen ist die Studie auch als Buch erhältlich: Karin
      Jurczyk/Sabine Walper: *Gemeinsames Sorgerecht nicht miteinander
      verheirateter Eltern. Empirische Studien und juristische Expertisen.*
      Wiesbaden (Springer Fachmedien) 2013.

63   Carol Vincent/Nicola Rollock/Stephen Ball/David Gillborn: »Being
      strategic, being watchful, being determined: Black middle-class
      parents and schooling«; *British Journal of Sociology of Education* 33
      (2012), S. 337–354.

64   »Rede der Bundesministerin für Familie, Senioren, Frauen und Ju-
      gend, Ursula von der Leyen, am 5. Juni 2007 anlässlich der Impulsver-
      anstaltung des Projektes ›Kinder brauchen Werte‹, Berlin«; https://

www.bmfsfj.de/bmfsfj/rede-der-bundesministerin-fuer-familie-senio-
ren-frauen-und-jugend-ursula-von-der-leyen-am-5-juni-2007-anlaess-
lich-der-impulsveranstaltung-des-projektes-kinder-brauchen-wer-
te-berlin-99682; zuletzt aufgerufen am 15.4.2021.

65 Maria S. Rerrich: *Die ganze Welt zu Hause. Cosmobile Putzfrauen in
    privaten Haushalten.* Hamburg (Hamburger Edition) 2006.

66 Helma Lutz/Susanne Schwalgin: *Vom Weltmarkt in den Privathaus-
    halt. Die neuen Dienstmädchen im Zeitalter der Globalisierung.*
    Opladen u. a. (Verlag Barbara Budrich) ²2008.

67 Teresa Bücker: »Ist es radikal, alle Care-Arbeit selbst zu erledigen?«
    Süddeutsche Zeitung Magazin, 15.1.2020; https://sz-magazin.
    sueddeutsche.de/freie-radikale-die-ideenkolumne/gleichberechti-
    gung-haushalt-pflege-88262; zuletzt aufgerufen am 15.4.2021.

68 Destatis: »Einkommens- und Verbrauchsstichprobe. Geld- und
    Immobilienvermögen sowie Schulden privater Haushalte 2018«;
    Fachserie 15 Heft 2; https://www.destatis.de/DE/Themen/Gesell-
    schaft-Umwelt/Einkommen-Konsum-Lebensbedingungen/Vermoe-
    gen-Schulden/Publikationen/Downloads-Vermoegen-Schulden/
    evs-geld-immobilienvermoegen-schulden-2152602189004.pdf?__
    blob=publicationFile; zuletzt aufgerufen am 16.4.2021.

69 Destatis: »Gender Pay Gap«; https://www.destatis.de/DE/Themen/
    Arbeit/Arbeitsmarkt/Qualitaet-Arbeit/Dimension-1/gender-pay-gap.
    html; zuletzt aufgerufen am 15.4.2021.

70 Stefan Bach: »Frauen bekommen nur ein Drittel aller Einkommen«;
    DIW Wochenbericht; Deutsches Institut für Wirtschaftsforschung e. V.
    (DIW Berlin); 84, 2017, S. 962–970.

71 Karin Jurczyk/Josefine Klinkhardt: *Vater, Mutter, Kind? Acht Trends in
    Familien, die Politik heute kennen sollte.* Gütersloh (Verlag Bertels-
    mann Stiftung) ²2014.

72 Dietmar Hobler/Yvonne Lott/Svenja Pfahl/Karin Schulze Buschoff:
    »Stand der Gleichstellung von Frauen und Männern in Deutschland«;
    WSI Report 56, Februar 2020.

73 Destatis: »Einkommens- und Verbrauchsstichprobe. Geld- und
    Immobilienvermögen sowie Schulden privater Haushalte 2018«;
    Fachserie 15 Heft 2; https://www.destatis.de/DE/Themen/Gesell-
    schaft-Umwelt/Einkommen-Konsum-Lebensbedingungen/Vermoe-
    gen-Schulden/Publikationen/Downloads-Vermoegen-Schulden/
    evs-geld-immobilienvermoegen-schulden-2152602189004.pdf?__
    blob=publicationFile; zuletzt aufgerufen am 16.4.2021.

74 Zeit Magazin Online: »Der Heiratsmarkt bezahlt Frauen besser als der
    Arbeitsmarkt«; Interview mit Jutta Allmendinger; *Zeit Magazin Online*
    vom 27.8.2017.

75   Dietmar Hobler/Yvonne Lott/Svenja Pfahl/Karin Schulze Buschoff:
      »Stand der Gleichstellung von Frauen und Männern in Deutschland«;
      WSI Report 56, Februar 2020.

76   Destatis: »Anteil der von Armut und sozialer Ausgrenzung bedroh-
      ten Menschen in Deutschland stabil«; Pressemitteilung Nr. 419 vom
      30. Oktober 2019; https://www.destatis.de/DE/Presse/Pressemit-
      teilungen/2019/10/PD19_419_639.html; zuletzt aufgerufen am
      16.4.2021.

77   Franz Neuberger/Sabina Schutter/Klaus Preisner: »Einkommensun-
      terschiede zwischen alleinerziehenden und verheirateten Müttern
      1997–2015. Eine detaillierte Effekt-Dekomposition«; *Zeitschrift für
      Soziologie* 48 (2019), S. 42–69.

78   Sabine Diabaté/Kerstin Ruckdeschel/Martin Bujard/Jürgen Dorbritz/
      Lück Detlev/Robert Naderi/Katrin Schiefer/Norbert F. Schneider:
      »Familienleitbilder. Alles wie gehabt? Partnerschaft und Elternschaft
      in Deutschland«; Wiesbaden (Bundesinstitut für Bevölkerungsfor-
      schung) 2017; https://www.bib.bund.de/Publikation/2017/Familien-
      leitbilder-Alles-wie-gehabt-Partnerschaft-und-Elternschaft-in-Deutsch-
      land.html?nn=9751912; zuletzt aufgerufen am 15.4.2021.

79   »Rede von Bundespräsident Horst Köhler beim Jahresempfang
      der Evangelischen Akademie Tutzing«; 18.1.2006; https://www.
      bundespraesident.de/SharedDocs/Reden/DE/Horst-Koehler/
      Reden/2006/01/20060118_Rede.html; zuletzt aufgerufen am
      16.4.2021.

80   Gosta Esping-Andersen: »The sustainability of welfare states. Re-
      shaping social protection«. In: Barbara Harriss-White: *Globalization
      and insecurity: political, economic and physical challenges*. Basing-
      stoke u. a. (Palgrave) 2002, S. 218–232.

81   Christiane Flüter-Hoffmann: »Top-Managerinnen: Vorbild USA«;
      6.6.2017; Der Informationsdienst des Instituts der deutschen
      Wirtschaft; https://www.iwd.de/artikel/topmanagerinnen-vor-
      bild-usa-342401/; zuletzt aufgerufen am 16.4.2021.

82   Bundesagentur für Arbeit: »Die Arbeitsmarktsituation von Frauen und
      Männern 2018«; *Blickpunkt Arbeitsmarkt,* Juli 2019.

83   Bundesministerium für Familie, Senioren, Frauen und Jugend
      (BMFSFJ), Referat Öffentlichkeitsarbeit: »Zweiter Gleichstellungsbe-
      richt der Bundesregierung«; 24.1.2019; https://www.bmfsfj.de/bmfs-
      fj/service/publikationen/zweiter-gleichstellungsbericht-der-bundes-
      regierung-122402; zuletzt aufgerufen am 15.4.2021.

84   Ebd.

85   Stefan Bach/Björn Fischer/Peter Haan/Katharina Wrohlich: »Reform
      des Ehegattensplittings: Realsplitting mit niedrigem Übertragungsbe-

trag ist ein guter Kompromiss«; *DIW Wochenbericht;* Deutsches Institut für Wirtschaftsforschung e. V. (DIW Berlin), 87(43) (2020), S. 785–794.

86 Almut Peukert: »Geschlecht und Arbeit«; *KZfSS Kölner Zeitschrift für Soziologie und Sozialpsychologie* 70 (2018), S. 161–164.

87 Bundesministerium für Gesundheit: »Versicherte in der gesetzlichen Krankenversicherung«; 2020; online abrufbar unter https://www.bundesgesundheitsministerium.de.

88 Bundesministerium für Familie, Senioren, Frauen und Jugend (BMFSFJ): »Familie heute. Daten, Fakten, Trends. Familienreport 2020«; https://www.bmfsfj.de/bmfsfj/service/publikationen/familie-heute-daten-fakten-trends-familienreport-2020-163110?view=; zuletzt aufgerufen am 16.4.2021.

89 Hermann Bullinger: *Wenn Paare Eltern werden. Die Beziehung zwischen Frau und Mann nach der Geburt ihres Kindes.* Reinbek bei Hamburg (Rowohlt) 2017.

90 Carsten Wippermann/Silke Borgstedt/Heide Möller-Slawinski (Hg.): *Partnerschaft und Ehe – Entscheidungen im Lebensverlauf. Einstellungen, Motive, Kenntnisse des rechtlichen Rahmens.* Berlin/Rostock (Bundesministerium für Familie, Senioren, Frauen und Jugend; Publikationsversand der Bundesregierung) ⁵2014.

91 Ebd.

92 Ebd.

93 Ebd.

94 Karin Jurczyk/Sabine Walper: »Vorgezogener Endbericht für das Projekt ›Gemeinsames Sorgerecht nicht miteinander verheirateter Eltern‹«; München (DJI Deutsches Jugendinstitut) 2010; https://www.vamv.de/fileadmin/user_upload/bund/dokumente/Stellungnahmen/Sorgerecht_Endbericht_30_11_10.pdf; zuletzt aufgerufen am 15.4.2021. In Auszügen ist die Studie auch als Buch erhältlich: Karin Jurczyk/Sabine Walper: *Gemeinsames Sorgerecht nicht miteinander verheirateter Eltern. Empirische Studien und juristische Expertisen.* Wiesbaden (Springer Fachmedien) 2013.

95 Die folgenden Hinweise erfolgen auf allgemeiner Basis und ersetzen keine anwaltliche Beratung im Einzelfall.

96 Andrea Dernbach: »Alleinerziehende müssen voll arbeiten. Der Bundesgerichtshof (BGH) hat es erneut für zumutbar erklärt, dass eine alleinerziehende Mutter unter bestimmten Umständen ganztags arbeitet«; *Der Tagesspiegel* vom 2.8.2011.

97 Bastian Hartmann: »Unterhaltsansprüche und deren Wirklichkeit. Wie groß ist das Problem nicht gezahlten Kindesunterhalts?«; Berlin 2014; https://www.diw.de/documents/publikationen/73/diw_01.c.466460.de/diw_spo660.pdf; zuletzt aufgerufen am 16.4.2021.

98 Destatis: »Lebendgeborene nach Familienstand der Eltern«; 2019, online abrufbar unter https://www-genesis.destatis.de.

99 Nicole Hiekel/Aart C. Liefbroer/Anne-Rigt Poortman: »Income pooling strategies among cohabiting and married couples«; *Demographic Research* 30 (2014), S. 1527–1560.

100 Rüdiger Peuckert: *Das Leben der Geschlechter. Mythen und Fakten zu Ehe, Partnerschaft und Familie.* Frankfurt am Main (Campus Verlag) 2015.

101 Miriam Beblo/Christina Boll: »Ökonomische Analysen des Paarverhaltens aus der Lebensverlaufsperspektive und politische Implikationen«. In: Deutsches Institut für Wirtschaftsforschung: *Familienpolitische Maßnahmen in Deutschland – Evaluationen und Bewertungen.* Berlin (Duncker & Humblot) 2014, S. 121–144.

102 Stefan Liebig/Carsten Sauer/Jürgen Schupp: »Die wahrgenommene Gerechtigkeit des eigenen Erwerbseinkommens. Geschlechtstypische Muster und die Bedeutung des Haushaltskontextes«; KZfSS *Kölner Zeitschrift für Soziologie und Sozialpsychologie* 63 (2011), S. 33–59.

103 Barbara von Würzen: »Traditionelle Rollenverteilung in Corona-Krise belastet die Frauen«; https://www.bertelsmann-stiftung.de/fileadmin/files/user_upload/Spotlight_Rollen_und_Aufgabenverteilung_bei_Frauen_und_Maennern_in_Zeiten_von_Corona.pdf; zuletzt aufgerufen am 15.4.2021.

104 Carsten Wippermann/Silke Borgstedt/Heide Möller-Slawinski (Hg.): *Partnerschaft und Ehe – Entscheidungen im Lebensverlauf. Einstellungen, Motive, Kenntnisse des rechtlichen Rahmens.* Berlin/Rostock (Bundesministerium für Familie, Senioren, Frauen und Jugend; Publikationsversand der Bundesregierung) [5]2014.

105 Miriam Beblo/Christina Boll: »Ökonomische Analysen des Paarverhaltens aus der Lebensverlaufsperspektive und politische Implikationen«. In: Deutsches Institut für Wirtschaftsforschung: *Familienpolitische Maßnahmen in Deutschland – Evaluationen und Bewertungen.* Berlin (Duncker & Humblot) 2014, S. 121–144.

106 Carolin Fries: »Unterdrückung per Brieftasche. Psychische und ökonomische Formen der Gewalt haben stark zugenommen. Ein Ehevertrag kann oft das Schlimmste verhindern«; *Süddeutsche Zeitung* vom 25.11.2015.

107 Ebd.

108 Jutta Allmendinger: *Frauen auf dem Sprung. Wie junge Frauen heute leben wollen. Die BRIGITTE-Studie.* Bonn (Bpb) 2009.

109 Silke Kull/Barbara Riedmüller/Katy Münzner: *Auf dem Weg zur Arbeitsmarktbürgerin? Neue Konzepte der Arbeitsmarktpolitik am Beispiel allein erziehender Frauen.* Berlin (Ed. Sigma) 2007.

110 Judith Langowski: »Investiere wie eine Frau«; *Die Zeit* vom 13.3.2017.

111 Sabina Schutter: »Nichteheliche Lebensgemeinschaften zwischen ›romantischer Himmelsmacht‹ und rechtsfreiem Raum?«; *Sozialwissenschaften und Berufspraxis* (2014), S. 30–43.

112 Ulrich Beck: *Risikogesellschaft. Auf dem Weg in eine andere Moderne.* Frankfurt am Main (Suhrkamp) 2003.

113 Bundesministerium für Familie, Senioren, Frauen und Jugend (BMFSFJ): »Neue Wege, gleiche Chancen. Gleichstellung von Frauen und Männern im Lebensverlauf«; Erster Gleichstellungsbericht; Stellungnahme der Bundesregierung zum Gutachten der Sachverständigenkommission, Berlin ³2013.

114 Jens Schneider: »Gegen das ›Wickelvolontariat‹. Vor allem die CSU tut sich mit Familienministerin von der Leyen schwer«; *Süddeutsche Zeitung* vom 19.5.2010.

115 Claire Samtleben/Clara Schäper/Katharina Wrohlich: »Elterngeld und Elterngeld Plus: Nutzung durch Väter gestiegen, Aufteilung zwischen Müttern und Vätern aber noch sehr ungleich«; *DIW Wochenbericht;* Deutsches Institut für Wirtschaftsforschung e. V. (DIW Berlin), 86(35), 2019, S. 607–613.

116 Bundesministerium für Familie, Senioren, Frauen und Jugend (BMFSFJ): Familienportal des Bundes. Elterngeldrechner; online abrufbar unter https://familienportal.de; zuletzt aufgerufen am 16.4.2021.

117 Sabina Schutter/Claudia Zerle-Elsäßer: »Das Elterngeld. Wahlfreiheit und Existenzsicherung für (alle) Eltern?«; *WSI-Mitteilungen: Zeitschrift des Wirtschafts- und Sozialwissenschaftlichen Instituts der Hans-Böckler-Stiftung* 65 (2012), S. 216–225.

118 NerdWallet: »The 7 Best Budget Apps for 2021. These budget apps vary in their scope, methods and features — but they all rank high among users«; 21.12.2020; https://www.nerdwallet.com/article/finance/best-budget-apps; zuletzt aufgerufen am 16.4.2021.

119 https://www.youneedabudget.com/the-four-rules/; zuletzt aufgerufen am 28.3.2021.

120 Stiftung Warentest: »Alle Banken im Test. Durchschnittszins bei 9,61 %«; 2020; online abrufbar unter https://www.test.de; zuletzt aufgerufen am 15.2.2021.

121 Kai-Uwe Hellmann (Hg.)/Dominik Schrage (Hg.)/Jean Baudrillard: *Die Konsumgesellschaft. Ihre Mythen, ihre Strukturen.* Wiesbaden (Springer VS) 2015.

122 GfK Verein: »Trendsensor Konsum 2018 – eine Studie des GfK Vereins«; https://www.nim.org/sites/default/files/medien/135/dokumente/2018_-_trendsensor_konsum_-_deutsch.pdf; zuletzt aufgerufen am 16.4.2021.

123 Ebd.

124 Andreas Frey: »Shopping ist schlimmer als Steakessen. Fast Fashion schadet dem Klima«; *Frankfurter Allgemeine Zeitung* vom 7.1.2020.

125 GfK Verein: »Trendsensor Konsum 2018 – eine Studie des GfK Vereins«; https://www.nim.org/sites/default/files/medien/135/dokumente/2018_-_trendsensor_konsum_-_deutsch.pdf; zuletzt aufgerufen am 16.4.2021.

126 Dietmar Hobler/Yvonne Lott/Svenja Pfahl/Karin Schulze Buschoff: »Stand der Gleichstellung von Frauen und Männern in Deutschland«; *WSI Report* 56, Februar 2020.

127 »Grundrente: Bis zu 447 Euro mehr für arme Senioren. Die Koalition will eine Grundrente einführen, um Senioren vor Altersarmut zu schützen«; *Berliner Morgenpost* vom 3.2.2019.

128 Werner Siepe/Friedmar Fischer: »Die Rendite der gesetzlichen Rente«; *Die Rentenversicherung* (2021).

129 Deutsche Rentenversicherung: FAQ Rentenniveau; https://www.deutsche-rentenversicherung.de/DRV/DE/Rente/Allgemeine-Informationen/Wissenswertes-zur-Rente/FAQs/Rente/Rentenniveau/Rentenniveau_Liste.html; zuletzt aufgerufen am 16.4.2021.

130 Bundesministerium für Familie, Senioren, Frauen und Jugend (BMFSFJ), Referat Öffentlichkeitsarbeit: »Zweiter Gleichstellungsbericht der Bundesregierung«; 24.1.2019; https://www.bmfsfj.de/bmfsfj/service/publikationen/zweiter-gleichstellungsbericht-der-bundesregierung-122402; zuletzt aufgerufen am 15.4.2021.

131 Verbraucherzentrale: »Das kleine Einmaleins der Geldanlage«; 2020; online abrufbar unter https://www.verbraucherzentrale.de; zuletzt aufgerufen am 15.2.2021.

132 Verbraucherzentrale: »Aktien: Geld und Risiko richtig streuen«; 2020; online abrufbar unter https://www.verbraucherzentrale.de; zuletzt aufgerufen am 15.2.2021.

133 Klaus-Rainer Jackisch: »Zinsen bleiben bei Null, Inflation steigt«; *Tagesschau*, 11.3.2021; https://www.tagesschau.de/wirtschaft/finanzen/ezb-zinssitzung-inflationserwartung-101.html; zuletzt aufgerufen am 1.4.2021.

134 Jan Altmann: »Ein robustes ETF-Portfolio erstellen in sechs Schritten«; 2.2.2021; https://www.justetf.com/de/news/etf/ein-robustes-portfolio-erstellen-in-sechs-schritten.html; zuletzt aufgerufen am 16.4.2021.

135 just ETF: »Die besten ETFs für globale Dividendentitel«; 23.2.2021; online abrufbar unter https://www.justetf.com; zuletzt aufgerufen am 24.2.2021.

136 Hendrik Buhrs: »Digitale Anlagehilfe gegen Aufpreis«; *Finanztip* vom 10.6.2020; https://www.finanztip.de/robo-advisor/?IG=oae-

011af753f469193000000008d0aae&cHash=ff77fb275a087ef-
c6032346af78b15c5; zuletzt aufgerufen am 16.4.2021.
137 Judith Langowski: »Investiere wie eine Frau«; *Die Zeit* vom 13.3.2017.
138 Natascha Wegelin: *Madame Moneypenny – wie Frauen ihre Finanzen
selbst in die Hand nehmen können.* Reinbek bei Hamburg (Rowohlt
Taschenbuch Verlag) [9]2020.
139 Carol Hagemann-White, *Sozialisation: Weiblich – männlich?* Wiesbaden (VS Verlag für Sozialwissenschaften) 1984; Zusatzmaterialien
online unter http://dx.doi.org.
140 Barbara Zimmermann: »Gender Gap in the Career Success of Uni-
versity Graduates: Effects of Work-Related Values«; *Swiss Journal of
Sociology* 46 (2020), S. 37–71.
141 Anne-Marie Slaughter: *Unfinished business. Women, men, work,
family.* New York (Random House) 2015.
142 Ute Ehrhardt: *Gute Mädchen kommen in den Himmel, böse überall
hin. Warum Bravsein uns nicht weiterbringt.* Frankfurt am Main (Krü-
ger) [5]1994.
143 Bundesministerium für Familie, Senioren, Frauen und Jugend
(BMFSFJ), Referat Öffentlichkeitsarbeit: »Zweiter Gleichstellungsbericht der Bundesregierung«; 24.1.2019; https://www.bmfsfj.de/
bmfsfj/service/publikationen/zweiter-gleichstellungsbericht-der-
bundesregierung-122402; zuletzt aufgerufen am 15.4.2021.
144 Annick Ehmann/Amna Franzke/Julius Tröger/Paul Blickle: »So viele
Frauen wie noch nie«; *Die Zeit* vom 21.10.2019.
145 Martin Baethge/Volker Baethge-Kinsky: »Entwicklung des Arbeitsmarktes unter geschlechtsspezifischen Aspekten – mit einem Exkurs
zu Frauenerwerbstätigkeit und Digitalisierung. Expertise im Rahmen
des Zweiten Gleichstellungsberichts der Bundesregierung«; 2017;
online abrufbar unter https://www.gleichstellungsbericht.de; zuletzt
aufgerufen am 15.2.2021.
146 Juliane Roloff: »Frauen und Einkommen. Warum verdienen Frauen
weniger als Männer?« In: Sabine Berghahn/Ulrike Schultz (Hg.):
Rechtshandbuch für Frauen- und Gleichstellungsbeauftragte. Hamburg (Dashöfer) 2011.
147 Sarah Lillemeier: »Der ›Comparable Worth‹-Index als Instrument zur
Analyse des Gender Pay Gap: Arbeitsanforderungen und Belastungen
in Frauen- und Männerberufen«; *WSI Working Papers* 205 (2016);
https://www.econstor.eu/bitstream/10419/147524/1/871492393.
pdf; zuletzt aufgerufen am 16.4.2021.
148 Thomas Rauschenbach/Christiane Meiner-Teubner/Melanie Böwing-
Schmalenbrock/Ninja Olszenka: »Plätze. Personal. Finanzen.
Bedarfsorientierte Vorausberechnungen für die Kindertages- und

Grundschulbetreuung bis 2030«; 2020; online abrufbar unter https://www.dji.de; zuletzt aufgerufen am 15.2.2021.

149 Inge Schreyer/Martin Krause/Marion Brandl:»AQUA – Arbeitsplatz und Qualität in Kitas«; *Frühe Bildung* 2 (2013), S. 45–47.

150 Autorengruppe Fachkräftebarometer/Deutsches Jugendinstitut: »Fachkräftebarometer Frühe Bildung 2017«; München (Deutsches Jugendinstitut) 2017; https://www.fachkraeftebarometer.de/fileadmin/Redaktion/Publikation_FKB2017/Fachkraeftebarometer_Fruehe_Bildung_2017_web.pdf; zuletzt aufgerufen am 16.4.2021.

151 Jens Lange:»Leitung von Kindertageseinrichtungen. Eine Bestandsaufnahme von Leitungskräften und Leitungsstrukturen in Deutschland«; 2017; https://www.bertelsmann-stiftung.de/de/publikationen/publikation/did/leitung-von-kindertageseinrichtungen/; zuletzt aufgerufen am 15.2.2021.

152 Autorengruppe Fachkräftebarometer/Deutsches Jugendinstitut: »Fachkräftebarometer Frühe Bildung 2017«; München (Deutsches Jugendinstitut) 2017; https://www.fachkraeftebarometer.de/fileadmin/Redaktion/Publikation_FKB2017/Fachkraeftebarometer_Fruehe_Bildung_2017_web.pdf; zuletzt aufgerufen am 16.4.2021.

153 Gewerkschaft Erziehung und Wissenschaft:»Männer ins Grundschullehramt. Wie Geschlechtervielfalt in Kollegien von Grundschulen erreicht werden kann«; 2018; online abrufbar unter https://www.gew.de, zuletzt aufgerufen am 15.2.2021.

154 Autorengruppe Bildungsberichterstattung: *Bildung in Deutschland 2018. Ein indikatorengestützter Bericht mit einer Analyse zu Bildung und Migration.* Bielefeld (wbv) 2018.

155 Cornelia Helfferich:»Nicht nur kleine Machos – Männlichkeit und Herstellung von Überlegenheit bei 13- bis 15-jährigen Hauptschülern«. In: Uta Fenske/Gregor Schuhen (Hg.): *Ambivalente Männlichkeit(en). Maskulinitätsdiskurse aus interdisziplinärer Perspektive.* Opladen u. a. (Verlag Barbara Budrich) 2012, S. 61–82.

156 Martin Scheele:»Fördern Mädchenschulen die Karriere? Wissenschaftler finden keine Belege, Politiker sind dagegen. Aber die Absolventinnen sehen Vorteile«; *Süddeutsche Zeitung* vom 25.8.2017.

157 OECD (Hg.)/Anthony Mann/Vanessa Denis/Andreas Schleicher/Hamoon Ekhtiari/Terralynn Forsyth/Elvin Liu/Nick Chambers:»Dream Jobs? Teenagers' Career Aspirations and the Future of Work«; 2018; https://www.oecd.org/berlin/publikationen/Dream-Jobs.pdf; zuletzt aufgerufen am 16.4.2021.

158 Ebd.

159 Annick Ehmann/Amna Franzke/Julius Tröger/Paul Blickle:»So viele Frauen wie noch nie«; *Die Zeit* vom 21.10.2019.

160 Ebd.
161 Korn Ferry Institute: »Future of Work. The Global Talent Crunch 2019«.
162 Alexander Kubis: »IAB-Stellenerhebung 4/2018: Neuer Rekord mit 1,5 Millionen offenen Stellen«; 19.2.2019; https://www.iab-forum.de/iab-stellenerhebung-4-2018-neuer-rekord-mit-15-millionen-offenen-stellen/; zuletzt aufgerufen am 11.2.2021.
163 Bundesministerium für Familie, Senioren, Frauen und Jugend (BMFSFJ): Perspektive Wiedereinstieg; online abrufbar unter https://www.perspektive-wiedereinstieg.de; zuletzt aufgerufen am 15.2.2021.
164 Monika Sieverding: »Frauen unterschätzen sich: Selbstbeurteilungs-Biases in einer simulierten Bewerbungssituation«; *Zeitschrift für Sozialpsychologie* 34 (2003), S. 147–160.
165 Ebd.
166 Martina Stangel-Meseke/Pia Hahn: »Der kleine Unterschied«; *Die Personalwirtschaft* (2012); Zusatzmaterialien zum Artikel online unter https://www.personalwirtschaft.de.
167 Ernesto Reuben/Pedro Rey-Biel/Paola Sapienza/Luigi Zingales: »The emergence of male leadership in competitive environments«; *Journal of Economic Behavior & Organization* 83 (2012), S. 111–117.
168 Jan Friedmann/Miriam Olbrisch: »Das bescheidene Geschlecht«; *Der Spiegel* vom 11.10.2010.
169 Glassdoor; online abrufbar unter https://www.glassdoor.de; zuletzt aufgerufen am 24.2.2021.
170 Sheryl Sandberg/Nell Scovell: *Lean In. Frauen und der Wille zum Erfolg*. Berlin (Ullstein) [3]2015.
171 XING E-Recruiting: »Wechselbereitschaft in Corona-Zeiten: Arbeitnehmerinnen und Arbeitnehmer sind offen für Neues«; 2021; online abrufbar unter https://www.new-work.se; zuletzt aufgerufen am 24.2.2021.
172 Jobware: »Frauen sind im Job besonders treu – und risikoscheu! Forsa-Umfrage im Auftrag von Jobware: 40 Prozent der Männer würden sich auf etwas Neues einlassen«; 12.10.2015; https://www.jobware.de/Ueber-Jobware/Presse/2015/Frauen-sind-im-Job-besonders-treu-und-risikoscheu.html; zuletzt aufgerufen am 16.4.2021.
173 Helen Pluut/Marion Büttgen/Jan Ullrich: »Spousal influence on employees' career paths in dual ladder systems: a dyadic model«; *European Journal of Work and Organizational Psychology* 4 (2018), S. 1–16.
174 Destatis: »Frauenanteile nach akademischer Laufbahn«; 2020; https://www.destatis.de/DE/Themen/Gesellschaft-Umwelt/Bildung-Forschung-Kultur/Hochschulen/Tabellen/frauenanteile-akademischelaufbahn.html; zuletzt aufgerufen am 11.2.2021.

175 Destatis: »Statistiken der Kinder- und Jugendhilfe. Einrichtungen und tätige Personen (ohne Tageseinrichtungen für Kinder)«; 2018; https://www.destatis.de/DE/Themen/Gesellschaft-Umwelt/Soziales/Kinder-hilfe-Jugendhilfe/Publikationen/Downloads-Kinder-und-Jugendhilfe/sonstige-einrichtungen-5225403189004.pdf?__blob=publicationFile; zuletzt aufgerufen am 24.2.2021.

176 Elke Holst/Anne-Katrin Stahn: »Top Posts in Big Companies Firmly in Male Hands«; *DIW Wochenbericht;* Deutsches Institut für Wirtschafts-forschung e. V. (DIW Berlin) 3(6), 2007, S. 33–37.

177 AllBright Stiftung: »Deutscher Sonderweg: Frauenanteil in DAX-Vor-ständen sinkt in der Krise«; September 2020.

178 Klaus Schwab/Robert Crotti/Thierry Geiger/Vesselina Ratcheva: *Global gender gap report 2020. Insight report.* Geneva (World Economic Forum) 2019.

179 Ebd.

180 Vivian Hunt/Dennis Layton/Sara Prince: »Why Diversity Matters«; 1.1.2015; https://www.mckinsey.com/business-functions/organi-zation/our-insights/why-diversity-matters; zuletzt aufgerufen am 12.2.2021.

181 Marion Weckes: »Strahlungsarmes ›Quötchen‹: Die Geschlechter-verteilung in Aufsichtsrat und Vorstand 2019«; Mitbestimmungs-report Nr. 48, 03/2019; https://www.boeckler.de/pdf/p_mbf_re-port_2019_48.pdf; zuletzt aufgerufen am 16.4.2021.

182 Christina Wieser/Jakob Werni: »*Frauen.Management.Report.2020. Die Aufsichtsratsquote wirkt – was jetzt?*« Wien (Kammer für Arbeiter und Angestellte für Wien) 2020; https://noe.arbeiterkammer.at/interessenvertretung/frauen/AK_Frauen.Management.Report.2020.pdf; zuletzt aufgerufen am 16.4.2021.

183 Katharina Wrohlich/Anja Kirsch: »Managerinnen-Barometer 2020«; *DIW Wochenbericht;* Deutsches Institut für Wirtschaftsforschung e. V. (DIW Berlin). 4, 2020.

184 Jennifer Morgan, Twitter Account; online abrufbar unter https://twit-ter.com, zuletzt aufgerufen am 22.2.2021.

185 Zeit Magazin Online: »Der Heiratsmarkt bezahlt Frauen besser als der Arbeitsmarkt«; Interview mit Jutta Allmendinger; *Zeit Magazin Online* vom 27.8.2017.

186 Barbara Zimmermann: »Gender Gap in the Career Success of Uni-versity Graduates: Effects of Work-Related Values«; *Swiss Journal of Sociology* 46 (2020), S. 37–71.

187 Edeltraud Botzum: »Chancengleichheit im Aufstieg? Welche Faktoren fördern und hemmen Frauen, eine Führungsposition zu erreichen? Eine Analyse mit Fokus auf die obere Führungsebene in Organisatio-

nen der Sozialen Arbeit, dargestellt an der Freien Wohlfahrtspflege«;
Koblenz-Landau, Univ., Diss., 2014. Landau 2014; https://kola.opus.
hbz-nrw.de/frontdoor/index/index/docId/869; zuletzt aufgerufen
am 16.4.2021.

188 Carsten Wippermann: *Frauen in Führungspositionen. Barrieren und Brücken.* Berlin/Rostock (Bundesministerium für Familie, Senioren, Frauen und Jugend; Publikationsversand der Bundesregierung) 2010.

189 Lena Hipp: »Damned if you do, damned if you don't? Experimental evidence on hiring discrimination against parents with differing lengths of family leave«; 2018. https://doi.org/10.31235/osf.io/qsm4x.

190 Barbara Zimmermann: »Gender Gap in the Career Success of University Graduates: Effects of Work-Related Values«; *Swiss Journal of Sociology* 46 (2020), S. 37–71.

191 KPMG: »Risk, Resilience, Reward. 2019 KPMG Women's Leadership Study 2019«; online abrufbar unter https://info.kpmg.us; zuletzt aufgerufen am 11.2.2021.

192 Siri Hustvedt: *Die zitternde Frau. Eine Geschichte meiner Nerven.* Reinbek (Rowohlt) [4]2015.

193 Manager's Way: »Katrin Müller-Hohenstein – Fernseh- und Sportmoderatorin«; 7.12.2020; https://managersway.de/katrin-mueller-hohenstein-fernseh-und-sportmoderatorin; zuletzt aufgerufen am 16.4.2021.

194 Elke Holst/Anne Busch: »Glass ceiling effect and earnings. The gender pay gap in managerial positions in Germany«; Deutsches Institut für Wirtschaftsforschung e. V. (DIW Berlin); Berlin, Juni 2009; https://www.diw.de/documents/publikationen/73/diw_01.c.99981.de/dp905.pdf; zuletzt aufgerufen am 16.4.2021.

195 Patrick A. Puhani/Katja Sonderhof: »The effects of parental leave extension on training for young women«; *Journal of Population Economics* 24 (2011), S. 731–760.

196 Elke Holst/Anne Busch: »Der ›Gender Pay Gap‹ in Führungspositionen der Privatwirtschaft in Deutschland«; Deutsches Institut für Wirtschaftsforschung e. V. (DIW Berlin); Berlin, April 2009; https://www.diw.de/documents/publikationen/73/diw_01.c.96864.de/diw_sp0169.pdf; zuletzt aufgerufen am 16.4.2021.

197 Jutta Allmendinger: *Es geht nur gemeinsam! Wie wir endlich Geschlechtergerechtigkeit erreichen.* Berlin (Ullstein Taschenbuch Verlag) 2021.

198 Cecilia L. Ridgeway: »Gender, Status, and Leadership«; *Journal of Social Issues* 57 (2001), S. 637–655.

199 New Business: »DDB-Managerin Nina Rieke: ›Führen ist eine Persönlichkeits- und keine Geschlechterfrage‹«; www.newbusiness.de (Rubrik Kommunikation, Meldung vom 20.4.2017).

200 Carsten Wippermann: *Frauen in Führungspositionen. Barrieren und Brücken.* Berlin/Rostock (Bundesministerium für Familie, Senioren, Frauen und Jugend; Publikationsversand der Bundesregierung) 2010.

201 Christina Wieser/Jakob Werni: *»Frauen.Management.Report.2020. Die Aufsichtsratsquote wirkt – was jetzt?«* Wien (Kammer für Arbeiter und Angestellte für Wien); 2020; https://noe.arbeiterkammer.at/ interessenvertretung/frauen/AK_Frauen.Management.Report.2020. pdf; zuletzt aufgerufen am 16.4.2021.

202 Ebd.

203 New Business: »DDB-Managerin Nina Rieke: ›Führen ist eine Persönlichkeits- und keine Geschlechterfrage‹«; www.newbusiness.de (Rubrik Kommunikation, Meldung vom 20.4.2017).

204 Helmut Ebert/Iryna Fisiak: »Modul 1: Modelle der Textverständlichkeit«. In: Helmut Ebert/Iryna Fisiak (Hg.): *Bürgerkommunikation auf Augenhöhe: Wie Behörden und öffentliche Verwaltung verständlich kommunizieren können.* Wiesbaden (Springer Fachmedien Wiesbaden) 2018, S. 3–38.

205 Süddeutsche Zeitung: Der Ideen-Podcast. Kinder und Karriere 2020; online abrufbar unter https://sz-magazin.sueddeutsche.de; zuletzt aufgerufen am 16.4.2021.

206 Meike Winnemuth: »Ziemlich beste Freundinnen? Warum kriegen Frauen es nicht hin, einander zu unterstützen, zusammenzuhalten, Seilschaften zu bilden? Ein Plädoyer gegen die Stutenbissigkeit«; *Süddeutsche Zeitung Magazin*, 7.3.2013.

207 Rahul M. Kohli: »Altersgrenzen als gesellschaftliches Regulativ individueller Lebenslaufgestaltung: ein Anachronismus?«; *Zeitschrift für Gerontologie und Geriatrie* 33 Suppl 1 (2000), S. 15–23.

208 Ludwig Amrhein: »Altersintegration als Rezept gegen Ageism? Anmerkungen zum Konzept der ›Age Integration‹ von Matilda W. Riley«. In: Kai Brauer/Wolfgang Clemens (Hg.): *Zu alt?* Wiesbaden (VS Verlag für Sozialwissenschaften) 2010, S. 81–96.

209 Scott D. Landes/Richard A. Settersten: »The inseparability of human agency and linked lives«; *Advances in Life Course Research* 42 (2019), 100306.

210 Bundesagentur für Arbeit: »Die Arbeitsmarktsituation von Frauen und Männern 2018«; *Blickpunkt Arbeitsmarkt*, Juli 2019.

211 Karin Jurczyk/Josefine Klinkhardt: *Vater, Mutter, Kind? Acht Trends in Familien, die Politik heute kennen sollte.* Gütersloh (Verlag Bertelsmann Stiftung) ²2014.

212 Sabina Schutter/Claudia Zerle-Elsäßer: »Das Elterngeld. Wahlfreiheit und Existenzsicherung für (alle) Eltern?«; *WSI-Mitteilungen: Zeitschrift des Wirtschafts- und Sozialwissenschaftlichen Instituts der*

Hans-Böckler-Stiftung 65 (2012), S. 216–225.

213 Claire Samtleben/Clara Schäper/Katharina Wrohlich: »Elterngeld und Elterngeld Plus: Nutzung durch Väter gestiegen, Aufteilung zwischen Müttern und Vätern aber noch sehr ungleich«; *DIW Wochenbericht;* Deutsches Institut für Wirtschaftsforschung e. V. (DIW Berlin), 86(35), 2019, S. 607–613.

214 Lídia Farré/Libertad González: »Does paternity leave reduce fertility?« *Journal of Public Economics* 172 (2019), S. 52–66.

215 Bundesministerium für Familie, Senioren, Frauen und Jugend (BMFSFJ): »Perspektive Wiedereinstieg. Ziele, Motive und Erfahrungen von Frauen vor, während und nach dem beruflichen Wiedereinstieg«; Quantitative Repräsentativuntersuchung von Sinus Sociovision im Auftrag des BMFSFJ; 2008.

216 Lazar Backovic: »Doch kein bezahlter Vaterschaftsurlaub in Deutschland. Beruf und Familie sollen besser vereinbar sein, so hat es die EU-Kommission angekündigt. Doch die Bundesregierung sieht keinen Handlungsbedarf«; *Handelsblatt* vom 2.8.2019.

217 Kathrin Beckh/Daniela Mayer/Julia Berkic/Fabienne Becker-Stoll: »Ergebnisse der NUBBEK-Studie zu Qualitätsdimensionen in der Kindertagesbetreuung. Interpretation aus bindungstheoretischer Sicht«; *Diskurs Kindheits- und Jugendforschung* 10 (2015), S. 183–201.

218 Yvonne Anders/Hans-Günther Roßbach: »Auswirkungen frühkindlicher Bildung«. In: Lutz Bellmann/Gerd Grözinger: *Bildung in der Wissensgesellschaft.* Marburg (Metropolis-Verlag) 2016, S. 13–29.

219 Iris Nentwig-Gesemann/Bastian Walther/Minste Thedinga: »Kita-Qualität aus Kindersicht. Eine Studie des DESI-Instituts im Auftrag der Deutschen Kinder- und Jugendstiftung«; 2018; https://www.dkjs. de/fileadmin/Redaktion/Dokumente/programme/180914_Quaki_Abschlussbericht_web.pdf; zuletzt aufgerufen am 16.4.2021.

220 »Juli Zeh: Ich war an dem Punkt, wo ich dachte: Das mit dem Schreiben ist beerdigt«; Viertausendhertz: *Durch die Gegend,* 2016; https:// viertausendhertz.de/ddg13/; zuletzt aufgerufen am 4.4.2021.

221 Una M. Röhr-Sendlmeier: »Wie viel Mutter braucht das Kind? Zur Situation berufstätiger Mütter und ihrer Kinder«; Sankt Augustin (Konrad-Adenauer-Stiftung) 2015.

222 Martina Rahe/Una M. Röhr-Sendlmeier/Mathias Krüger/Simone Diener: »Die Sicht und die Zufriedenheit der Kinder im Kontext von Erwerbstätigkeit und berufsbezogenen Schuldgefühlen ihrer Eltern«. In: Una M. Röhr-Sendlmeier (Hg.): *Berufstätige Mütter und ihre Familien.* Berlin (Logos-Verlag) 2014, S. 277–313.

223 Pia S. Schober/Juliane F. Stahl: »Expansion of Full-Day Childcare and Subjective Well-Being of Mothers: Interdependencies with Culture

and Resources«; *European Sociological Review* 32 (2016), S. 593–606.

224 Juliane F. Stahl/Pia S. Schober: »Convergence or Divergence? Educational Discrepancies in Work-Care Arrangements of Mothers with Young Children in Germany«; *Work, Employment and Society* 32 (2018), S. 629–649.

225 Edeltraud Botzum: »Chancengleichheit im Aufstieg? Welche Faktoren fördern und hemmen Frauen, eine Führungsposition zu erreichen? Eine Analyse mit Fokus auf die obere Führungsebene in Organisationen der Sozialen Arbeit, dargestellt an der Freien Wohlfahrtspflege«; Koblenz-Landau, Univ., Diss., 2014. Landau 2014; https://kola.opus.hbz-nrw.de/frontdoor/index/index/docId/869; zuletzt aufgerufen am 16.4.2021.

226 Ulrike Zartler: »How Children See Their Families«. In: Andreas Lange/Herwig Reiter/Sabina Schutter/Christina Steiner (Hg.): *Handbuch Kindheits- und Jugendsoziologie.* Wiesbaden (Springer VS) 2018, S. 543–552.

227 »GEOlino-UNICEF-Kinderwertemonitor 2014«; https://www.unicef.de/blob/56990/a121cfd7c7acbdc2f4b97cbcdfocc716/geolino-unicef-kinderwertemonitor-2014-data.pdf; zuletzt aufgerufen am 15.4.2021.

228 Sabina Schutter/Andreas Lange: »Familienkindheit(-en)«. In: Andreas Lange/Herwig Reiter/Sabina Schutter/Christina Steiner (Hg.): *Handbuch Kindheits- und Jugendsoziologie.* Wiesbaden (Springer VS) 2018, S. 481–498.

229 Cis-Männer und -Frauen sind diejenigen, die entsprechend ihrem bei der Geburt zugewiesenen Geschlecht leben.

Weiterführende Literatur und Informationen

Säule I: Zu Hause abstauben

- Eve Rodsky: *Auch Männer können bügeln. Mit Fair Play gehen Familie und Haushalt wie von selbst.* Knaur 2020.
- Patricia Cammarata: *Raus aus der Mental-Load-Falle. Wie gerechte Arbeitsteilung in der Familie gelingt.* Beltz 2020.
- Initiative »Care.Macht.Mehr«: https://care-macht-mehr.com/
- Informationen des Bundesfamilienministeriums zu haushaltsnahen Dienstleistungen mit Informationen zu Kosten und Steuererleichterungen: https://www.hilfe-im-haushalt.de/
- Au-pair-Vermittlung: https://www.au-pair.com/

Säule II: Ein finanzielles Polster schaffen

- Natascha Wegelin: *Madame Moneypenny. Wie Frauen ihre Finanzen selbst in die Hand nehmen können.* Rowohlt 2018.
- Verband alleinerziehender Mütter und Väter, Bundesverband e. V. – VAMV (Hg.): »Alleinerziehend – Tipps und Informationen«; Berlin 2020; kostenlos über die Broschürenstelle des BMFSFJ: publikationen@bundesregierung.de
- Familienportal des Bundes, Elterngeldrechner: https://familienportal.de/familienportal/rechner-antraege/elterngeldrechner
- Familienportal des Bundes, Steuererleichterungen für Familien: https://familienportal.de/familienportal/familienleistungen/steuerentlastungen

Säule III: Die erfolgreiche Businessfrau

- Tijen Onaran: *Nur wer sichtbar ist, findet auch statt: Werde deine eigene Marke und hol dir den Erfolg, den du verdienst.* Goldmann 2020.
- Verband berufstätiger Mütter: https://vbm-online.de/
- BMFSFJ (Hg.): »So sag ich's meinen Vorgesetzten. Elternzeit, Wiedereinstieg und flexible Arbeitsmodelle erfolgreich vereinbaren«; https://www.bmfsfj.de/blob/jump/95324/so-sag-ich-s-meinen-vorgesetzten-data.pdf

Danksagung

Als ich im ersten Semester in der Vorlesung zu Theorien der Soziologie saß, hatte ich ein Erweckungserlebnis. Soziologie hat mir damals die Welt erklärt. Noch heute habe ich bei neuen Erkenntnissen Gänsehaut. Empirische Daten und soziologische Erkenntnisse bilden die Basis für dieses Buch. Der erste Dank gebührt deshalb allen Soziolog*innen vor und nach mir, die mit ihrer immerwährenden Neugier erforschen, was Menschen tun, und die manchmal auch erklären können, warum sie es tun.

Meine Literaturagentin Dr. Michaela Röll hat dieses Buch vom ersten Exposé an begleitet. Das Jahr 2020 steht für mich unter dem Motto: Frag Menschen, die sich auskennen. Frau Dr. Röll ist eine dieser Personen, und deshalb danke ich ihr, dass sie den Mut hatte, das Projekt anzunehmen.

Vom Verlag Gräfe und Unzer ist Angela Gsell, Eva Dotterweich und Miriam Nüberlin zu danken, denn ohne sie hätte es das Buchprojekt nicht gegeben. Die Lektorin Silke Panten hat *Frauenrolle vorwärts* den letzten Schliff verliehen.

Christian, mein Partner, hat mir gesagt, dass er durch mich viel über Feminismus gelernt hat. Ich habe dafür von ihm gelernt, wie man sich nicht einschüchtern lässt, und außerdem, was ein ETF-Fonds ist. Dafür danke ich ihm und dafür, dass er von Anfang an gesagt hat, dass das Buch gut und notwendig ist.

Anna, Frank und Andreas haben gegengelesen, mitdiskutiert und mitgestritten. Rocco hat geschmust und mich abgelenkt. Meine Freundin Karin ist mit ihrer Kraft und ihrem Durchhaltevermögen eine Inspiration für mich. Danke dafür.

Impressum

© 2021 GRÄFE UND UNZER VERLAG GmbH,
Postfach 860366, 81630 München

GRÄFE UND UNZER

Gräfe und Unzer ist eine eingetragene Marke der GRÄFE UND UNZER VERLAG GmbH, www.gu.de

ISBN 978-3-8338-8056-8

1. Auflage 2021

Projektleitung: Miriam Nüberlin
Lektorat: Silke Panten
Covermotiv und Covergestaltung: FAVORITBUERO, München
Autorinnenfoto: berglicht filmproduktion
Herstellung: Markus Plötz
Satz und Innenlayout: Björn Fremgen, KONTRASTE
Reproduktion: Repro Ludwig, Zell am See
Druck und Bindung: LIVONIA, Latvia

Umwelthinweis: Dieses Buch ist auf PEFC-zertifiziertem Papier gedruckt. PEFC garantiert, dass Holz- und Papierprodukte aus nachhaltig bewirtschafteten Wäldern stammen.

Die GU-Homepage finden Sie unter www.gu.de

 www.facebook.com/gu.verlag

GRÄFE UND UNZER

Ein Unternehmen der
GANSKE VERLAGSGRUPPE